心一堂彭措佛緣叢書・索達吉堪布仁波切譯著文集

藏傳淨土論

喇拉曲智仁波切　著

索達吉堪布仁波切　譯

Śūnyatā

書名：藏傳淨土論
系列：心一堂彭措佛緣叢書‧索達吉堪布仁波切譯著文集
原著：喇拉曲智仁波切
漢譯：索達吉堪布仁波切
責任編輯：陳劍聰

出版：心一堂有限公司
地址/門市：香港九龍尖沙咀東麼地道六十三號好時中心LG六十一室
電話號碼：+852-6715-0840　+852-3466-1112
網址：www.sunyata.cc　publish.sunyata.cc
電郵：sunyatabook@gmail.com
心一堂 彭措佛緣叢書論壇：　http://bbs.sunyata.cc
心一堂 彭措佛緣閣：　http://buddhism.sunyata.cc
網上書店：　http://book.sunyata.cc

香港及海外發行：香港聯合書刊物流有限公司
地址：香港新界大埔汀麗路三十六號中華商務印刷大廈三樓
電話號碼：+852-2150-2100
傳真號碼：+852-2407-3062
電郵：info@suplogistics.com.hk

台灣發行：秀威資訊科技股份有限公司
地址：台灣台北市內湖區瑞光路七十六巷六十五號一樓
電話號碼：+886-2-2796-3638
傳真號碼：+886-2-2796-1377
網絡書店：www.bodbooks.com.tw
台灣讀者服務中心：國家書店
地址：台灣台北市中山區松江路二〇九號一樓
電話號碼：+886-2-2518-0207
傳真號碼：+886-2-2518-0778
網路網址：http://www.govbooks.com.tw/

中國大陸發行‧零售：心一堂‧彭措佛緣閣
深圳地址：中國深圳羅湖立新路六號東門博雅負一層零零八號
電話號碼：+86-755-8222-4934
北京流通處：中國北京東城區雍和宮大街四十號
心一店淘寶網：http://sunyatacc.taobao.com/

版次：二零一四年八月初版，平裝

定價：
港幣　一百一十八元正
新台幣　四百八十元正

國際書號 ISBN 978-988-8058-08-2

目錄

喬美仁波切簡介

藏傳佛教中湧現出的歷代高僧大德，無一不是為了繼承、發揚、廣弘釋迦牟尼佛的教法披肝瀝膽光前裕後，樹立起一座座昭彰顯著的里程碑。在層出不窮的無數持教大德中，噶瑪喬美仁波切以其卓越的實證功德脫穎而出，為如今的修行者樹立了一個鮮明的楷模。並將寧瑪噶舉兩大宗派的法源匯融成一支，創立內多噶舉派，成了這一派系的開山祖師。從此，聲譽威震四海，名揚天下。

喬美仁波切約於公元十七世紀（具體生卒時間、地點不詳）出生在一個普通的牧民家庭裡，父親名為班瑪旺扎，母親秋炯傑。他生來便具有強烈的慈悲心與非凡的智慧。由於前世的宿緣善根，從小就對三寶有猛烈的誠信，對正法有迫切的希求心。從孩提時代就對觀修心性有濃厚的興趣。小時候經常在草坪上打坐，尋找心的來蹤去跡。五歲時已對心的本來面目有了一定的認識。

六歲開始學習文字的讀誦與書寫。由於天資聰穎，沒用多久，便運用自如，流利閱讀經論謄寫典籍。七歲的時候，在仲巴上師前剃度出家，從此以後，謹持淨戒，修持六度萬行。

與其他修學者不同的是，他並未進行廣泛的聞思，而幾乎將所有的精力全部投注在修行上，精進實修，廢寢忘食，甚至通宵達旦，徹夜不眠。他追循前輩苦行的足跡，歷盡風風雨雨，為修法所付出的努力和經歷的艱難困苦，實非我們常人所能想像的。

二十歲那一年，在被公認為阿彌陀佛化身的紅帽金剛上師前恭聽了「蘭結即約」修法引導，並且潛心專研了因明的入門《攝類學》，同時也認真背誦許多經典論著，也聽受了噶舉派、寧瑪派的諸多教言及竅訣，儘管如此，但大部分時間仍然用於觀修心性上，行住坐臥無時無刻不在修行的境界中，無論身居鬧市，還是獨處靜處都是一模一樣，自心不為外緣所轉，修斷提高，日臻究竟。此後，也時常到俗家作經懺，超度亡靈，隨緣度化眾生，攝受有緣弟子。

高僧大德的品行，有時從一件事情中也可表現出來。一次，當地的人們染上了一種嚴重的傳染病，部分人不幸身亡，許多人祈請喬美仁波切慈悲加持消除這場災難，他親自到患者家中念經加持，絲毫未考慮自己時刻有被傳染上此病的危險。而被他挽救了生命的那些人卻沒有感恩戴德之心。對此喬美仁波切並未放在心上，而是真摯祈願生生世世救度他們擺脫更大的疾患——業惑。諸如此類的事例有許多，恐繁不述。

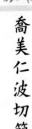

到了晚年，他一如既往地勤奮實修，隱居幽境閉關，期間也為部分有緣眷屬傳授修法竅訣，指導他們修持。弟眾中獲得共同、殊勝成就的人，為數不鮮。與此同時也著書立傳，為後代的學人留下了《山法論》、《轉經輪功德》等許多無價之寶——修法竅訣。其中最為廣泛弘傳的是《極樂願文》，文句優美流暢，意義深奧，具有不共的加持力，可謂是雅俗共賞的傑作。尤其是在雪域，幾乎家喻戶曉，人人皆能背誦，諸大尊者以此在各地舉行極樂法會，無量眾生依此趨向解脫的彼岸。

喬美仁波切圓滿人間的事業後，不捨肉身攜母親、家犬等一同往生西方淨土——極樂世界。

他真正實踐了受持證法，為佛教作了卓越的貢獻，實為我們這些後學效仿的典範。

喬美仁波切簡介

༄། །མཁས་གྲུབ་རཱ་ག་ཨ་སྱས་མཛད་པའི་རྣམ་དག་བདེ་ཆེན་ཞིང་གི་སྨོན་ལམ་བཞུགས་སོ། །

極樂願文

喬美仁波切　著

འདི་ཉིད་རང་གི་ཐུགས་དམ་ཡིན།།
此乃我所修持法，

།མང་པོ་འགའ་ལ་ཨེ་ཕན་བསམ།།
思維饒益多眾生，

ལག་པ་ན་ཡང་འབད་ནས་བྲིས།།
手雖痛卻勤書寫，

།དཔེ་གཙོད་འདོད་མི་གདའ་ན་གཡར།།
若有欲抄者應借。

འདི་ལས་ཕན་ཡོན་ཆེ་བ་མེད།།
無有勝此之功德，

།འདི་ལས་ལྷག་པའི་གདམས་ངག་མེད།།
無有更深之教言，

ང་ཡི་ཆོས་ཀྱི་རྩ་བ་ཡིན།།
乃是吾之根本法，

།རང་གར་མ་སྐྱུར་ཉམས་ལེན་འབྱུངས།།

精進修持勿捨棄。

འདི་ནི་མདོ་ལུགས་ཡིན་པའི་ཕྱིར།།

此屬顯宗法要故，

།ལུང་མ་ཐོབ་ཀྱང་འདོན་ན་རུང་།།

未得傳承亦可誦。

ཨེ་མ་ཧོཿ

唉瑪吙

འདི་ནས་ཉི་མ་ནུབ་ཀྱི་ཕྱོགས་རོལ་ན། །

德 內 涅瑪 訥吉 效 入 那

自此日落之方向

གྲངས་མེད་འཇིག་རྟེན་མང་པོའི་ཕ་རོལ་ན། །

章 美 傑 定 芒 布 帕 入那

越過無數眾世界

ཅུང་ཟད་སྟེང་དུ་འཕགས་པའི་ཡུལ་ས་ན། །

炯 雜 當 德 啪 畢 耶 沙那

稍許上方聖境處

རྣམ་པར་དག་པའི་ཞིང་ཁམས་བདེ་བ་ཅན། །

南 巴 達 畢 樣 刊 得哇 間

即是清淨極樂剎

བདག་གི་ཆུ་བུར་མིག་གིས་མ་མཐོང་ཡང་། །

達 個 切窩 墨 給 瑪 同 央

我等肉眼雖未見

རང་སེམས་གསལ་བའི་ཡིད་ལ་ལམ་མེར་གསལ། །
讓 森 薩 唯 夜 拉 蘭 沒 薩

自心卻應明然觀

དེ་ན་བཅོམ་ལྡན་རྒྱལ་བ་འོད་དཔག་མེད། །
得那 炯 丹 嘉 哇奧 花 美

彼刹阿彌陀佛尊

པདྨ་རཱ་གའི་མདོག་ཅན་གཟི་བརྗིད་འབར། །
巴瑪局給 到 間 則 吉 巴

紅蓮寶色光耀眼

དབུ་ལ་གཙུག་ཏོར་ཞབས་ལ་འཁོར་ལོ་སོགས། །
竇 拉 則 多 壓 拉 闊 落 索

無見頂相足輪等

མཚན་བཟང་སོ་གཉིས་དཔེ་བྱད་བརྒྱད་ཅུས་སྤྲས། །
參 奘 所 尼 會 夏 加 寄 這

三十二相八十好

ཞལ་གཅིག་ཕྱག་གཉིས་མཉམ་བཞག་ལྷུང་བཟེད་འཛིན།།
壓 及 夏 尼 年 壓 龍 賊 怎

一面二臂定持缽

ཆོས་གོས་རྣམ་གསུམ་གསོལ་ཞིང་སྐྱིལ་ཀྲུང་གིས། །
求 姑 南 森 所 央 節 中 給

著三法衣跏趺坐

པདྨ་སྟོང་ལྡན་ཟླ་བའི་གདན་སྟེང་དུ། །
巴瑪動 單 達 唯 單 當 德

千瓣蓮花月墊上

བྱང་ཆུབ་ཤིང་ལ་སྐུ་རྒྱབ་བརྟེན་མཛད་དེ། །
向 且 向拉 歌加 定 雜 得

身背依靠菩提樹

ཐུགས་རྗེའི་སྤྱན་གྱིས་རྒྱང་ནས་བདག་ལ་གཟིགས། །
特 吉 先 雞 江 內 達 拉 則

慈悲慧眼遙視我

གཡས་སུ་བྱང་ཆུབ་སེམས་དཔའ་སྤྱན་རས་གཟིགས།།
衣 色 向 且 森 花 先 銳 則

右側觀世音菩薩

སྐུ་མདོག་དཀར་པོ་ཕྱག་གཡོན་པད་དཀར་འཛིན། །
各 到 嘎 布 夏 雲 巴 呷 怎

身白左手持白蓮

གཡོན་དུ་བྱང་ཆུབ་སེམས་དཔའ་མཐུ་ཆེན་ཐོབ། །
雲 德 向 且 森 花 特 欽 托

左側大勢至菩薩

སྔོན་པོ་རྡོ་རྗེས་མཚན་པའི་པདྨ་གཡོན། །
溫 波多 吉 參 畢 巴瑪 雲

身藍左持金剛蓮

གཡས་གཉིས་སྐྱབས་སྦྱིན་ཕྱག་རྒྱ་བདག་ལ་བསྟན། །
衣 尼 加 新 夏 加 達 拉 單

右手施依印向吾

གཙོ་བོ་གསུམ་པོ་རི་རྒྱལ་ལྷུན་པོ་བཞིན། །
左　握　森　波熱　嘉　倫　波　陰

三大主尊如山王

ལྷང་ངེ་ལྷན་ནེ་ལྷམ་མེར་བཞུགས་པའི་འཁོར། །
朗　誒　蘭內　拉　美　業　畢　闊

巍然朗然坦然住

བྱང་ཆུབ་སེམས་དཔའི་དགེ་སློང་བྱེ་བ་འབུམ། །
向　且　森　回　給龍　細哇　波

大乘比丘十千億

ཀུན་ཀྱང་གསེར་མདོག་མཚན་དང་དཔེ་བྱད་བརྒྱན། །
根　江　色　到　參　當　會　夏　堅

身皆金色相好飾

ཆོས་གོས་རྣམ་གསུམ་གསོལ་ཞིང་སེར་ལྷེམ་མེ། །
求　顧　南　森　所　央　色　定　美

著三法衣黃燦燦

མོས་གུས་ཕྱག་ལ་ཉེ་རིང་ཁྱད་མེད་ཕྱིར། །
幕　給　夏　拉尼讓　恰　沒些

敬禮遠近無別故

བདག་གི་སྒོ་གསུམ་གུས་པས་ཕྱག་འཚལ་ལོ། །
達　個過　森　給　貝　夏　擦　落

我以三門敬頂禮

ཆོས་སྐུ་སྣང་བ་མཐའ་ཡས་རིགས་ཀྱི་བདག །
秋　歌　囊哇　他　耶　日　吉　達

法身無量光部主

ཕྱག་གཡས་འོད་ཟེར་ལས་སྤྲུལ་སྤྱན་རས་གཟིགས། །
夏　衣　奧　色　雷　哲　先　瑞　則

右手放光化觀音

ཡང་སྤྲུལ་སྤྱན་རས་གཟིགས་དབང་བྱེ་བ་བརྒྱ། །
樣　哲　先　瑞　則　汪　細　哇駕

復化百俱胝觀音

ཕྱག་གཡོན་འོད་ཟེར་ལས་སྤྲུལ་སྒྲོལ་མ་སྟེ། །
夏　雲　奧　賊　雷　哲　卓　瑪得

左手放光化度母

ཡང་སྤྲུལ་སྒྲོལ་མ་བྱེ་བ་ཕྲག་བརྒྱ་འགྱེད། །
樣　哲　卓　瑪些哇　叉　嘉　結

復化百俱胝度母

ཐུགས་ཀྱི་འོད་ཟེར་ལས་སྤྲུལ་པདྨ་འབྱུང་། །
特　界　奧　色　雷　哲　巴瑪　炯

心間放光化蓮師

ཡང་སྤྲུལ་ཨོ་རྒྱན་བྱེ་བ་ཕྲག་བརྒྱ་འགྱེད། །
樣　哲　烏堅　些哇叉　嘉　結

復化百俱胝蓮師

ཆོས་སྐུ་འོད་དཔག་མེད་ལ་ཕྱག་འཚལ་ལོ། །
秋　歌　奧　花　美　拉夏　擦　落

頂禮法身阿彌陀？

སངས་རྒྱས་སྤྱན་གྱིས་ཉིན་མཚན་དུས་དྲུག་ཏུ། །
桑 吉 先 吉 您 參 第 哲德

佛於晝夜六時中？

སེམས་ཅན་ཀུན་ལ་བརྩེ་བས་རྟག་ཏུ་གཟིགས། །
森 間 根 拉賊 為 達 德 則

慈眸恆視諸有情？

སེམས་ཅན་ཀུན་གྱི་ཡིད་ལ་གང་དྲན་པའི། །
森 間 根吉 耶 拉 剛 占畢

諸眾心中所生起

རྣམ་རྟོག་གང་འགྱུ་རྟག་ཏུ་ཐུགས་ཀྱིས་མཁྱེན། །
南 到 剛 結達 德 特 吉 親

任何分別皆明知？

སེམས་ཅན་ཀུན་གྱིས་ངག་ཏུ་གང་སྨྲས་ཚིག །
森 間 根 吉 阿 德剛 內 策

諸眾口中所言語

རྟག་ཏུ་མ་འདྲེས་སོ་སོར་སྙན་ལ་གསན། །
達 德瑪 這 所 所 年 拉 三

永無混雜一一聞

ཀུན་མཁྱེན་འོད་དཔག་མེད་ལ་ཕྱག་འཚལ་ལོ། །
根 親 奧 花 美 拉 夏 擦 落

頂禮遍知無量光

ཆོས་སྤངས་མཚམས་མེད་བྱས་པ་མ་གཏོགས་པ། །
秋 邦 參 美 些 巴瑪 到 巴

除造捨法無間罪

ཁྱེད་ལ་དད་ཅིང་སྨོན་ལམ་བཏབ་ཚད་ཀུན། །
切　拉　達　江　門　蘭　大　擦　根

諸誠信您發願者

བདེ་བ་ཅན་དེར་སྐྱེ་བའི་སྨོན་ལམ་འགྲུབ། །
得　哇　間　得　吉臥　門　藍　哲

如願往生極樂剎

བར་དོར་ཁྲིད་ནས་ཞིང་དེར་འདྲེན་པར་གསུངས། །
哇　多　巡　內　央　得　針　巴　頌

佛臨中陰引彼剎

འདྲེན་པ་འོད་དཔག་མེད་ལ་ཕྱག་འཚལ་ལོ། །
針　巴　奧　花　沒　拉　夏　擦　落

頂禮導師無量光

ཁྱེད་ཀྱི་སྐུ་ཚེ་བསྐལ་པ་གྲངས་མེད་དུ། །
切　吉歌才　嘎　巴　章　美　德

您之壽量無數劫

མྱ་ངན་མི་འདའ་ད་ལྟ་མངོན་སུམ་བཞུགས། །
涅安　墨　大　達大　溫　色　耶

不趣涅槃今住世

ཁྱེད་ལ་རྩེ་གཅིག་གུས་པས་གསོལ་བཏབ་ན། །
切　拉賊　寄　給　貝　所　達　那

一心恭敬祈禱您

ལས་ཀྱི་རྣམ་པར་སྨིན་པ་མ་གཏོགས་པའི། །
雷　戒南　巴　門巴瑪　到　畢

除非異熟業果外

ཚེ་ཟད་པ་ཡང་ལོ་བརྒྱ་ཐུབ་པ་དང་། །
才雜巴樣　落　駕　特　巴　當

壽盡亦可享百歲

དུས་མིན་འཆི་བ་མ་ལུས་བཟློག་པར་གསུངས། །
第　門　切　哇瑪利　到　巴　頌

遣除一切諸橫死

མགོན་པོ་ཚེ་དཔག་མེད་ལ་ཕྱག་འཚལ་ལོ། །
滾　布　才花　沒　拉　夏　擦　落

頂禮怙主無量壽

སྟོང་གསུམ་འཇིག་རྟེན་རབ་འབྱམས་གྲངས་མེད་པ། །
動　森　傑　定　扃　間　章　美巴

無數廣大三千界

རིན་ཆེན་གྱིས་བཀང་སྦྱིན་པ་བྱིན་པ་བས། །
仁　欽　雞　剛　新　巴新　巴　唯

遍滿珍寶作布施

འོད་དཔག་མེད་པའི་མཚན་དང་བདེ་བ་ཅན། །
奧　花　沒　畢　參　當　得　哇間

不如聽聞極樂剎

ཐོས་ནས་དད་པས་ཐལ་མོ་སྦྱར་བྱས་ན། །

吐 內 達 貝 他 毛 壓 些 那

阿彌陀佛名號後

དེ་ནི་དེ་བས་བསོད་ནམས་ཆེ་བར་གསུངས། །

得訥得唯 所 南 切 哇 頌

以信合掌福德大

དེ་ཕྱིར་འོད་དཔག་མེད་ལ་གུས་ཕྱག་འཚལ། །

得些 奧 花 美 拉 給 夏 擦

是故敬禮無量光

གང་ཞིག་འོད་དཔག་མེད་པའི་མཚན་ཐོས་ནས། །

剛 壓 奧 花 沒 畢 參 吐 內

誰聞阿彌陀佛號

ཁ་ཞེ་མེད་པར་སྙིང་ཁོང་རུས་པའི་གཏིང་། །

卡意美 巴 釀 控 瑞 畢 擋

表裡如一自深心

ལན་གཅིག་ཙམ་ཞིག་དད་པ་སྐྱེས་པ་ན། །

蘭 及 咱 衣 達巴及 巴那

僅生一次誠信心

དེ་ནི་བྱང་ཆུབ་ལམ་ལས་ཕྱིར་མི་ལྡོག །

得訥向 且 蘭 雷 些 墨 到

彼不退轉菩提道

མགོན་པོ་འོད་དཔག་མེད་ལ་ཕྱག་འཚལ་ལོ། །

滾 布 奧 花 美 拉夏 擦 落

頂禮怙主無量光

སངས་རྒྱས་འོད་དཔག་མེད་པའི་མཚན་ཐོས་ནས། །
桑　吉　奧　花　美　畢　參　吐　內

聞佛阿彌陀名號

དེ་ནི་བྱང་ཆུབ་སྙིང་པོ་མ་ཐོབ་པར། །
得訥向　且　娘　布瑪　托　巴

乃至未獲菩提間

བུད་མེད་མི་སྐྱེ་རིགས་ནི་བཟང་པོར་སྐྱེ། །
窩　美　墨吉　日　訥　桑　波　吉

不轉女身轉貴族

ཚེ་རབས་ཀུན་ཏུ་ཚུལ་ཁྲིམས་རྣམ་དག་འགྱུར། །
才　扃　根　德慈　誠　南　達　節

生生世世具淨戒

བདེ་གཤེགས་འོད་དཔག་མེད་ལ་ཕྱག་འཚལ་ལོ། །
得　歇　奧　花　美　拉　夏　擦　落

頂禮善逝無量光

བདག་གི་ལུས་དང་ལོངས་སྤྱོད་དགེ་རྩར་བཅས། །
達　個　利　擋　龍　效　給　匝　及

吾身受用及善根

དངོས་སུ་འབྱོར་བའི་མཆོད་པ་ཅི་མཆིས་པ། །
烏　色　交　唯　橋　巴節　其　巴

一切真實之供品

ཡིད་སྤྲུལ་བཀྲ་ཤིས་རྫས་རྟགས་རིན་ཆེན་བདུན། །
耶　哲　扎　西　賊　達　仁　親　頓

意幻七寶瑞相物

གདོད་ནས་གྲུབ་པ་སྟོང་གསུམ་འཇིག་རྟེན་གྱི། །
多 內 哲 巴 動 森 傑 定 戒

本成三千世界中

གླིང་བཞི་རི་རབ་ཉི་ཟླ་བྱེ་བ་བརྒྱ། །
郎 意日 扇 涅 大些哇 加

十億日月洲須彌

ལྷ་ཀླུ་མི་ཡི་ལོངས་སྤྱོད་ཐམས་ཅད་ཀུན། །
拉樂麼耶 龍 效 談 加 根

天人龍之諸受用

བློ་ཡིས་བླངས་ཏེ་འོད་དཔག་མེད་ལ་འབུལ། །
落 衣 浪 得 傲 花 美 拉 波

意幻供養無量光

བདག་ལ་ཕན་ཕྱིར་ཐུགས་རྗེའི་སྟོབས་ཀྱིས་བཞེས། །
大 拉 潘 些 特 即 多 及 意

為利我故悲納受

ཕ་མས་ཐོག་དྲངས་བདག་སོགས་འགྲོ་ཀུན་གྱི། །
怕 美 桃 章 達 所 桌 根 戒

父母為主吾等眾

ཐོག་མ་མེད་པའི་དུས་ནས་ད་ལྟའི་བར། །
桃 嗎 美 畢 地 內 大 地 哇

從無始時至今生

སྲོག་བཅད་མ་བྱིན་ལེན་དང་མི་ཚངས་སྤྱོད། །
照 加 嗎 新 林 當 麼 倉 效

殺生偷盜非梵行

ལུས་ཀྱི་མི་དགེ་གསུམ་པོ་མཐོལ་ལོ་བཤགས། །
裡 戒 麼 給 森 布 吐 落 夏

發露懺悔身三罪

རྫུན་དང་ཕྲ་མ་ཚིག་རྩུབ་ངག་འཁྱལ་པ། །
怎 當 叉瑪 冊 則 啊 恰 巴

妄語離間綺惡語

ངག་གི་མི་དགེ་བཞི་པོ་མཐོལ་ལོ་བཤགས། །
啊 個麼 給 耶波 吐 落 夏

發露懺悔語四罪

བརྣབ་སེམས་གནོད་སེམས་ལོག་པར་ལྟ་བ་སྟེ། །
那 森 諾 森 勞 巴 大哇得

貪心害心與邪見

ཡིད་ཀྱི་མི་དགེ་གསུམ་པོ་མཐོལ་ལོ་བཤགས། །
耶 戒麼 給 森 波 吐 落 夏

發露懺悔意三罪

ཕ་མ་སློབ་དཔོན་དགྲ་བཅོམ་བསད་པ་དང་། །
帕瑪錄 昏 扎 軍 灑 巴 當

殺師父母阿羅漢

རྒྱལ་བའི་སྐུ་ལ་ངན་སེམས་སྐྱེས་པ་དང་། །
嘉 唯個 拉安 森 吉 巴 檔

惡心損害佛身體

མཚམས་མེད་ལྔ་ཡི་ལས་བསགས་མཐོལ་ལོ་བཤགས། །
參 沒 阿夜 雷 薩 吐 落 夏

發露懺悔無間罪

དགེ་སློང་དགེ་ཚུལ་བསད་དང་བཙུན་མ་ཕབ། །
給 龍 給 策 薩 檔 怎 瑪 帕

殺害比丘與沙彌

སྐུ་གཟུགས་མཆོད་རྟེན་ལྷ་ཁང་བཤིགས་པ་སོགས། །
個 惹 橋 定 拉 康 謝 巴 索

污尼毀像塔寺等

ཉེ་བའི་མཚམས་མེད་སྡིག་བྱས་མཐོལ་ལོ་བཤགས། །
尼唯 參 沒 德 些 吐 落 夏

發露懺悔近無間

དཀོན་མཆོག་ལྷ་ཁང་གསུང་རབ་རྟེན་གསུམ་སོགས། །
滾 巧 拉 抗 頌 帛 定 森 索

三寶殿經所依等

དཔང་ཞེས་ཚད་བཙུགས་མནའ་ཟོས་ལ་སོགས་པ། །
黃 意 擦 則 納 如 拉 所 巴

以彼作證違誓等

ཆོས་སྤངས་ལས་ངན་བསགས་པ་མཐོལ་ལོ་བཤགས། །
秋 邦 雷 安 沙 巴 吐 落 夏

發露懺悔捨法罪

極樂願文

ཁམས་གསུམ་སེམས་ཅན་བསད་ལས་སྡིག་ཆེ་བ། །
刊 森 森 間 薩 雷 德 切哇

誹謗諸菩薩之罪

བྱང་ཆུབ་སེམས་དཔའ་རྣམས་ལ་སྐུར་བ་བཏབ། །
向 且 森 花 南 拉個 哇 達

較殺三界有情重

དོན་མེད་སྡིག་ཆེན་བསགས་པ་མཐོལ་ལོ་བཤགས། །
噸 沒 德 欽 薩 巴 吐 落 夏

發露懺悔無義罪

དགེ་བའི་ཕན་ཡོན་སྡིག་པའི་ཉེས་དམིགས་དང་། །
給 唯 潘 雲 德 畢 尼 墨 檔

聞善功德惡過患

དམྱལ་བའི་སྡུག་བསྔལ་ཚེ་ཚད་ལ་སོགས་པ། །
涅 唯 德 阿 才 擦 拉 索 巴

地獄痛苦壽量等

ཐོས་ཀྱང་མི་བདེན་བཤད་ཚོད་ཡིན་བསམས་པ། །
吐 江 麼 定 夏 措 音 三 巴

認為不實僅說法

མཚམས་མེད་ལྔ་བས་ཐུ་བའི་ལས་ངན་པ། །
參 沒 阿 唯特 為 雷 安 巴

此罪重於五無間

ཐར་མེད་ལས་ངན་བསགས་པ་མཐོལ་ལོ་བཤགས། །
他 沒 雷 安 沙 巴 吐 落 夏

發露懺悔無解罪

ཕམ་པ་བཞི་དང་ལྷག་མ་བཅུ་གསུམ་དང་། །
盼　巴　夜　檔　拉　瑪　結　森　當

十三僧殘四他勝

སྤང་ལྟུང་སོར་བཤགས་ཉེས་བྱས་སྡེ་ཚན་ལྔ། །
邦　動　所　夏　尼　些　得　參阿

墮罪惡作向彼悔

སོ་ཐར་ཚུལ་ཁྲིམས་འཆལ་བ་མཐོལ་ལོ་བཤགས། །
所　他　冊　誠　恰　瓦　吐　落　夏

發露懺悔五墮罪

ནག་པོའི་ཆོས་བཞི་ལྟུང་བ་ལྔ་ལྔ་བརྒྱད། །
那　布　秋　夜　動　哇阿阿　加

四惡法罪十八墮

བྱང་སེམས་བསླབ་པ་ཉམས་པ་མཐོལ་ལོ་བཤགས། །
向　森　拉　巴　念　巴　吐　落　夏

發露懺破菩薩戒

རྩ་ལྟུང་བཅུ་བཞི་ཡན་ལག་སྦོམ་པོ་བརྒྱད། །
匝動　傑　業　燕　拉　嗡　波　嘉

十四根本八粗支

གསང་སྔགས་དམ་ཚིག་ཉམས་པ་མཐོལ་ལོ་བཤགས། །
桑　阿　丹　策　年　巴　吐　落　夏

發露懺破誓言罪

སྡོམ་པ་མ་ཞུས་མི་དགེའི་ལས་བྱས་པ། །
頓　巴瑪　意墨　給　雷　細　巴

未受戒律造惡業

མི་ཚངས་སྤྱོད་དང་ཆང་འཐུང་ལ་སོགས་པ། །
麼　倉　效　檔　強　同　拉　所　巴

非梵行及飲酒等

རང་བཞིན་ཁ་ན་མ་ཐོའི་སྡིག་པ་སྡེ། །
讓　音　卡那瑪吐　德巴得

一切自性之罪過

སྡིག་པ་སྡིག་ཏུ་མ་ཤེས་མཐོལ་ལོ་བཤགས། །
德　巴　德德瑪　西　吐　落　夏

發露懺悔未知罪

སྐྱབས་སྡོམ་དབང་བསྐུར་ལ་སོགས་ཐོབ་ན་ཡང་། །
嘉　頓　汪　哥　拉　所　吐　那樣

雖受皈戒灌頂等

དེ་ཡི་སྡོམ་པ་དམ་ཚིག་བསྲུང་མ་ཤེས། །
得葉頓　巴單　策　仲　瑪　西

不知守戒護誓言

བཅས་པའི་ལྟུང་བ་ཕོག་པ་མཐོལ་ལོ་བཤགས། །
吉　畢　動　哇　拋　巴　吐　落　夏

發露懺悔佛制罪

འགྱོད་པ་མེད་ན་བཤགས་པས་མི་འདག་པས། །
交　巴　沒　那　夏　貝　麼　達　貝

若無悔心懺不淨

སྔར་བྱས་སྡིག་པ་ཁོང་དུ་དུག་སོང་ལྟར། །
阿　些　德　巴空　德德　頌　達

昔所造罪如服毒

ངོ་ཚ་འཇིགས་སྐྲག་འགྱོད་པ་ཆེན་པོས་བཤགས། །
窩擦　節　扎　交　巴欽　布　夏

以大慚畏悔懺罪

ཕྱིན་ཆད་སྡོམ་སེམས་མེད་ན་མི་འདག་པས། །
新　恰　頓　森　美　那麼　達　貝

後無戒心罪不淨

ཕྱིན་ཆད་སྲོག་ལ་བབ་ཀྱང་མི་དགེའི་ལས། །
新　恰　照　拉哇　江麼　給　雷

發誓此後遇命難

ད་ནས་མི་བགྱིད་སེམས་ལ་དམ་བཅའ་བཟུང་། །
大內　麼　節　森　拉　單　加　絨

亦不造作不善業

བདེ་གཤེགས་འོད་དཔག་མེད་པ་སྲས་བཅས་ཀྱིས། །
得　歇　奧　花　沒　巴這　基　吉

阿彌陀佛及佛子

བདག་རྒྱུད་ཡོངས་སུ་དག་པར་བྱིན་གྱིས་རློབས། །
達　傑　用　色　達巴　新　吉　羅

加持淨化我相續

གཞན་གྱིས་དགེ་བ་བྱེད་པ་ཐོས་པའི་ཚེ། །
焰 吉 給 哇些巴 吐 畢 才

聞聽他人行善時

དེ་ལ་ཕྲག་དོག་མི་དགའི་སེམས་སྤངས་ནས། །
得拉叉 到麼 給 森 邦 內

若捨嫉妒不喜心

སྙིང་ནས་དགའ་བས་རྗེས་སུ་ཡི་རང་ན། །
釀 內 嘎 為 吉 色耶讓那

誠心歡悅作隨喜

དེ་ཡི་བསོད་ནམས་མཉམ་དུ་ཐོབ་པར་གསུངས། །
得耶 索 南 年 德 吐 巴 頌

佛說同獲彼福德

དེ་ཕྱིར་འཕགས་པ་རྣམས་དང་སོ་སྐྱེ་ཡིས། །
得些 啪 巴 南 檔 索吉衣

故於聖者及凡夫

དགེ་བ་གང་བསྒྲུབས་ཀུན་ལ་ཡི་རང་ངོ་། །
給 哇 剛 哲 根 拉耶 讓 悟

所作諸善皆隨喜

བླ་མེད་བྱང་ཆུབ་མཆོག་ཏུ་སེམས་བསྐྱེད་ནས། །
拉美 向 且 橋 德 森 及 內

於發無上菩提心

འགྲོ་དོན་རྒྱ་ཆེན་མཛད་ལ་ཡི་རང་ངོ་། །
卓 頓 加親 雜 拉耶 讓窩

廣利有情皆隨喜

མི་དགེ་བཅུ་པོ་སྤངས་པ་དགེ་བ་བཅུ། །
麼　給　節布　邦　巴　給哇　傑

斷十不善行十善

གཞན་གྱི་སྲོག་བསྐྱབ་སྦྱིན་པ་གཏོང་བ་དང་། །
焰　戒　照　加　新　巴　動　哇　當

救護他命發布施

སྡོམ་པ་སྲུང་ཞིང་བདེན་པར་སྨྲ་བ་དང་། །
動　巴仲　央　定　巴　瑪哇　檔

守持戒律說實語

འཁོན་པ་སྡུམ་དང་ཞི་དུལ་དྲང་པོར་སྨྲ། །
昆　巴　燈　檔　也德　張布　瑪

化怨言語直柔和

དོན་དང་ལྡན་པའི་གཏམ་བརྗོད་འདོད་པ་ཆུང་། །
噸　檔　單　畢　丹　覺　多　巴瓊

少欲言說具義語

བྱམས་དང་སྙིང་རྗེ་སྒོམ་ཞིང་ཆོས་ལ་སྤྱོད། །
向　檔　釀　吉過　樣　秋拉　效

修持慈悲行正法

དགེ་བ་དེ་རྣམས་ཀུན་ལ་ཡི་རང་ངོ་། །
給　哇得　南　根　拉耶讓窩

於彼善法皆隨喜

ཕྱོགས་བཅུའི་འཇིག་རྟེན་རབ་འབྱམས་ཐམས་ཅད་ན། །
笑 吉 傑 定 鬲 見 談 加 那

十方浩瀚世界中

རྫོགས་སངས་རྒྱས་ནས་རིང་པོར་མ་ལོན་པར། །
造 桑 吉 內 讓 波 瑪掄 巴

圓滿正覺後不久

དེ་དག་རྣམས་ལ་ཆོས་ཀྱི་འཁོར་ལོ་ནི། །
得達 南 拉 秋戒 靠 落訥

我於彼等前祈請

རྒྱ་ཆེན་མྱུར་དུ་བསྐོར་བར་བདག་གིས་བསྐུལ། །
加欽 涅 德 固 哇 達 給 格

迅速廣轉妙法輪

མངོན་ཤེས་ཐུགས་ཀྱིས་དེ་དོན་མཁྱེན་པར་གསོལ། །
溫 西 特 吉 得噸 欽 巴 所

佛以神通知彼義

སངས་རྒྱས་བྱང་སེམས་བསྟན་འཛིན་དགེ་བའི་བཤེས། །
桑 吉 向 森 單 怎 給 為 西

於佛菩薩持教師

མྱ་ངན་འདའ་བར་བཞེད་ཀུན་དེ་དག་ལ། །
涅安 大 哇 夜 根 得達 拉

諸欲涅槃彼等前

མྱ་ངན་མི་འདའ་བཞུགས་པར་གསོལ་བ་འདེབས། །
涅安 麼 達 葉 巴 所 哇 得

祈請住世不涅槃

འདིས་མཚོན་བདག་གི་དུས་གསུམ་དགེ་བ་རྣམས། །
德 村 達 各第 森 給 哇 南

以此為主三世善

འགྲོ་བ་སེམས་ཅན་ཀུན་གྱི་དོན་དུ་བསྔོ། །
作 哇 森 間 根 界噸 德 窩

迴向一切諸有情

ཀུན་ཀྱང་བླ་མེད་བྱང་ཆུབ་མྱུར་ཐོབ་ནས། །
根 江喇 沒 向 且 涅 吐 內

願皆速得無上果

ཁམས་གསུམ་འཁོར་བ་དོང་ནས་སྤྲུགས་གྱུར་ཅིག །
刊 森 靠 哇 動 內 哲 節 吉

根除三界之輪迴

དེ་ཡི་དགེ་བ་བདག་ལ་མྱུར་སྨིན་ནས། །
得耶給 哇 達 拉涅 門 內

願善我今速成熟

ཚེ་འདིར་དུས་མིན་འཆི་བ་བཅོ་བརྒྱད་ཞི། །
才德 第 門 且哇 覺 嘉 葉

遣除十八種橫死

ནད་མེད་ལང་ཚོ་རྒྱས་པའི་ལུས་སྟོབས་ལྡན། །
那 沒 朗錯 吉 畢 粒 多 單

身康力壯韶華豐

དཔལ་འབྱོར་འཛད་མེད་དབྱར་གྱི་གངྒཱ་ལྟར། །
話　交　匝　沒　呀　戒剛嘎達

如夏恆河無盡財

བདུད་དགྲའི་འཚེ་བ་མེད་ཅིང་དམ་ཆོས་སྤྱོད། །
德　這　才瓦　沒　江　丹　秋　效

無魔怨害享正法

བསམ་པའི་དོན་ཀུན་ཆོས་ལྡན་ཡིད་བཞིན་འགྲུབ། །
三　畢　噸　根　秋　單　意　音　哲

如法成就諸所願

བསྟན་དང་འགྲོ་ལ་ཕན་ཐོགས་རྒྱ་ཆེན་འགྲུབ། །
丹　檔　桌拉　盼　桃　加　欽　哲

弘法利生大益成

མི་ལུས་དོན་དང་ལྡན་པ་འགྲུབ་པར་ཤོག །
麼裡　噸　檔　單　巴　哲　巴　校

使此人身具意義

བདག་དང་བདག་ལ་འབྲེལ་ཐོགས་ཀུན། །
達　檔　達　拉　這　桃　根

與我結緣眾

འདི་ནས་ཚེ་འཕོས་གྱུར་མ་ཐག །
德　內才　樸　傑　瑪　他

願臨命終時

སྤྲུལ་པའི་སངས་རྒྱས་འོད་དཔག་མེད། །
哲　畢　桑　吉　奧　花　沒

化身無量光

དགེ་སློང་དགེ་འདུན་འཁོར་གྱིས་བསྐོར། །
給 攏 給 頓 靠 吉 果

比丘僧眷繞

མདུན་དུ་མངོན་སུམ་འབྱོན་པར་ཤོག །
頓 德 溫 森 巡 巴 效

親臨吾等前

དེ་མཐོང་ཡིད་དགའ་སྣང་བ་སྐྱིད། །
得 同 耶 嘎 囊哇 節

見彼心歡悅

ཤི་བའི་སྡུག་བསྔལ་མེད་པར་ཤོག །
西為 德 阿 沒 巴 效

無有死亡苦

བྱང་ཆུབ་སེམས་དཔའ་མཆེད་བརྒྱད་ནི། །
向 且 森 花 切 嘉 訥

願八大菩薩

རྫུ་འཕྲུལ་སྟོབས་ཀྱིས་ནམ་མཁར་བྱོན། །
則 徹 多 吉 南 卡 巡

神力臨空中

བདེ་བ་ཅན་དུ་འགྲོ་བ་ཡི། །
得 哇間 德 桌哇耶

指示極樂道

ལམ་སྟོན་ལམ་སྣ་འདྲེན་པར་ཤོག །
藍 噸 藍納 真 巴 效

接引得往生

ངན་སོང་སྡུག་བསྔལ་བཟོད་བླག་མེད། །
安 頌 德 阿 族 拉 沒

惡趣苦難忍

ལྷ་མིའི་བདེ་སྐྱིད་མི་རྟག་འགྱུར། །
拉咪 得節 麼達 節

人天樂無常

དེ་ལ་སྐྲག་སེམས་སྐྱེ་བར་ཤོག །
得拉 扎 森 吉 哇 效

願生畏彼心

ཐོག་མ་མེད་ནས་ད་ལྟའི་བར། །
桃 瑪 沒 內達 第 哇

無始至今生

འཁོར་བ་འདི་ན་ཡུན་རེ་རིང་། །
靠 哇 德納 音瑞 讓

漫長漂輪迴

དེ་ལ་སྐྱོ་བ་སྐྱེ་བར་ཤོག །
得拉交哇吉哇 效

願生厭離心

མི་ནས་མི་རུ་སྐྱེ་ཆོག་ཀྱང་། །
麼內 墨熱吉橋 江

設使人轉人

སྐྱེ་ཀ་ན་འཆི་གྲངས་མེད་མྱོང་། །
吉嘎納齊　章　沒　農

受生老病死

དུས་ངན་སྙིགས་མར་བར་ཆད་མང་། །
第　安　涅　瑪　哇　恰　忙

濁世違緣多

མི་དང་ལྷ་ཡི་བདེ་སྐྱིད་འདི། །
麼檔　拉耶　得節　德

人天之安樂

དུག་དང་འདྲེས་པའི་ཟས་བཞིན་དུ། །
德　檔　這　畢　賊　音　德

猶如雜毒食

འདོད་པ་སྤུ་ཙམ་མེད་པར་ཤོག །
都　巴波　暫　沒　巴　效

願毫無貪求

ཉེ་དུ་ཟས་ནོར་མཐུན་གྲོགས་རྣམས། །
尼德賊　挪　吞　照　南

食財親友朋

མི་རྟག་སྒྱུ་མ་རྨི་ལམ་བཞིན། །
麼大　節瑪麼藍　音

無常如夢幻

ཆགས་ཞེན་སྤྱི་ཙམ་མེད་པར་ཤོག །
恰 音 波暫 沒 巴 校

願毫無貪戀

ས་ཆ་ཡུལ་རིས་ཁང་ཁྱིམ་རྣམས། །
薩恰耶 瑞 抗 親 南

故鄉屬地宅

རྨི་ལམ་ཡུལ་གྱི་ཁང་ཁྱིམ་ལྟར། །
摸藍 耶 戒 抗 親 達

猶如夢境宅

བདེན་པར་མ་གྲུབ་ཤེས་པར་ཤོག །
定 巴 瑪哲 西 巴 效

願知不成實

ཐར་མེད་འཁོར་བའི་རྒྱ་མཚོ་ནས། །
他 沒 靠 為 嘉 措 內

無解輪迴海

ཉེས་ཅན་བཙོན་ནས་ཐར་བ་བཞིན། །
尼 欽 尊 內 他 哇 音

如罪犯脫獄

བདེ་བ་ཅན་གྱི་ཞིང་ཁམས་སུ། །
得 哇 間戒央 刊 色

願義無反顧

ཕྱི་ལྟས་མེད་པར་འབྲོས་པར་ཤོག །
歇第 沒 巴 住 哇 效

趨往極樂剎

ཆགས་ཞེན་འཁྲི་བ་ཀུན་བཅད་ནས། །
恰 音 車哇 根 加 內

願斷諸貪執

བྱ་རྒོད་སྙེ་ནས་ཐར་བ་བཞིན། །
夏鼓 涅內 他哇 音

如鷲脫網羅

ནུབ་ཀྱི་ཕྱོགས་ཀྱི་ནམ་མཁའ་ལ། །
訥 戒 效 戒南 卡 拉

瞬間便越過

འཇིག་རྟེན་ཁམས་ནི་གྲངས་མེད་པ། །
傑 定 刊 訥 章 沒 巴

向西方空中

སྐད་ཅིག་ཡུད་ལ་བགྲོད་བྱས་ནས། །
嘎 及 耶 拉 桌 些 內

無量世界剎

བདེ་བ་ཅན་དུ་ཕྱིན་པར་ཤོག །
得 哇間 德 新巴 效

詣至極樂國

དེ་རུ་སངས་རྒྱས་འོད་དཔག་མེད། །
得熱 桑 吉 奧 花 沒

願面見彼剎

མངོན་སུམ་བཞུགས་པའི་ཞལ་མཐོང་ནས། །
溫 森 夜 畢 壓 同 內

住世無量光

སྒྲིབ་པ་ཐམས་ཅད་དག་པར་ཤོག །
哲 巴 談 家 達 巴 效

淨除諸罪障

སྐྱེ་གནས་བཞི་ཡི་མཆོག་གྱུར་པ། །
吉 內 意 耶 橋 結 巴

四生中最勝

མེ་ཏོག་པདྨའི་སྙིང་པོ་ལ། །
沒到 巴美 釀 布拉

蓮花蕊中生

བརྫུས་ཏེ་སྐྱེ་བ་ལེན་པར་ཤོག །
賊 得吉哇林 巴 效

願得化身生

སྐད་ཅིག་ཉིད་ལ་ལུས་རྫོགས་ནས། །
嘎 及 涅 拉 利 造 內

剎那身圓滿

མཚན་དཔེ་ལྡན་པའི་ལུས་ཐོབ་ཤོག །
燦 涯 丹 畢 利 托 效

願獲相隨好

མི་སྐྱེ་དོགས་པའི་ཐེ་ཚོམ་གྱིས། །
麼吉 到 畢推 措 基

因疑不往生

ལོ་གྲངས་ལྔ་བརྒྱའི་བར་དག་ཏུ། །
落　章　阿　吉　瓦　達德

於五百年中

ནང་དེར་བདེ་སྐྱིད་ལོངས་སྤྱོད་ལྡན། །
囊　得　得　節　攏　效　丹

雖具樂受用

སངས་རྒྱས་གསུང་ནི་ཐོས་ན་ཡང་། །
桑　吉　頌　訥吐　納樣

聽聞佛語聲

མེ་ཏོག་ཁ་ནི་མི་བྱེ་བས། །
美　到卡訥麼些　為

然花不綻放

སངས་རྒྱས་ཞལ་མཇལ་ཕྱི་བའི་སྐྱོན། །
桑　吉　壓　加　些　為　軍

延誤見佛顏

དེ་འདྲ་བདག་ལ་མི་འབྱུང་ཤོག །
得扎　達　拉　麼　炯　效

願我無此過

སྐྱེ་མ་ཐག་ཏུ་མེ་ཏོག་བྱེ། །
吉瑪塔　德美到　西

往生花即開

འོད་དཔག་མེད་པའི་ཞལ་མཐོང་ཤོག །
奧　華　沒　畢　亞　同　效

願見無量光

བསོད་ནམས་སྟོབས་དང་རྫུ་འཕྲུལ་གྱིས། །
索　南　多　當　則　徹　吉

以福力神變

ལག་པའི་མཐིལ་ནས་མཆོད་པའི་སྤྲིན། །
拉　巴　特　內　橋　畢　真

手掌中放出

བསམ་མི་ཁྱབ་པར་སྤྲོས་བྱས་ནས། །
三　麼　恰巴　住　細　內

不可思供雲

སངས་རྒྱས་འཁོར་བཅས་མཆོད་པར་ཤོག །
桑　吉　闊　雞　橋　巴　效

願供佛眷屬

དེ་ཚེ་དེ་བཞིན་གཤེགས་པ་དེས། །
得才得　音　歇　巴第

爾時願如來

ཕྱག་གཡས་བརྐྱངས་ནས་མགོ་ལ་བཞག །
夏　耶　江　內　故拉　壓

展右手摸頂

བྱང་ཆུབ་ལུང་བསྟན་ཐོབ་པར་ཤོག །
向　且　攏　丹　托　巴　效

得菩提授記

ཟབ་དང་རྒྱ་ཆེའི་ཆོས་ཐོས་ནས། །
藏　檔嘉起　秋　吐　內

聞深廣法已

རང་རྒྱུད་སྨིན་ཅིང་གྲོལ་བར་ཤོག །
讓　節　門　江　卓　瓦　效

願熟解自續

སྤྱན་རས་གཟིགས་དང་མཐུ་ཆེན་ཐོབ། །
先　熱　則　檔　特　欽　托

願佛二長子

རྒྱལ་སྲས་ཐུ་བོ་རྣམ་གཉིས་ཀྱིས། །
嘉　這　特喔　南　尼　雞

觀音大勢至

བྱིན་གྱིས་བརླབས་ཤིང་རྗེས་བཟུང་ཤོག །
新　雞　拉　向　吉　絨　效

加持並攝受

ཉིན་རེ་བཞིན་དུ་ཕྱོགས་བཅུ་ཡི། །
您　瑞　印　德　效　結　意

每日中十方

སངས་རྒྱས་བྱང་སེམས་དཔག་མེད་པ། །
桑　吉　向　森　花　沒　巴

無量佛菩薩

འོད་དཔག་མེད་པ་མཆོད་པ་དང༌། །
奧 花 沒 巴 橋 巴 檔

供養無量光

ཞིང་དེར་བལྟ་ཕྱིར་འགྲོན་པའི་ཚེ། །
樣 得 達 些 俊 畢 才

滋觀彼剎時

དེ་དག་ཀུན་ལ་བསྙེན་བཀུར་ཞིང༌། །
得 達 根 拉 您 格 樣

願承侍彼等

ཆོས་ཀྱི་བདུད་རྩི་ཐོབ་པར་ཤོག །
秋 結 德 則 托 巴 效

獲得法甘露

རྫུ་འཕྲུལ་ཐོགས་པ་མེད་པ་ཡིས། །
則 徹 桃 巴 沒巴 耶

以無礙神變

མངོན་དགའི་ཞིང་དང་དཔལ་ལྡན་ཞིང༌། །
溫 給 樣 檔 花 單 樣

願上午前赴

ལས་རབ་རྫོགས་དང་སྟུག་པོ་བཀོད། །
雷 扇 造 檔 德 布 果

現喜具德剎

སྔ་དྲོ་དེ་དག་རྣམས་སུ་འགྲོ། །
阿桌得達 南 色 卓

妙圓密嚴剎

མི་བསྐྱོད་རིན་འབྱུང་དོན་ཡོད་གྲུབ། །
麼 覺 仁 炯 噸 有 哲

不動寶生佛

རྣམ་སྣང་ལ་སོགས་སངས་རྒྱས་ལ། །
南 囊 拉 索 桑 吉 拉

不空毗盧佛

དབང་དང་བྱིན་རླབས་སྨོན་པ་ཞུ། །
汪 檔 新 拉 噸 巴耶

求灌頂加持

མཆོད་པ་དུ་མས་མཆོད་བྱས་ནས། །
橋 巴 德美 橋 細 內

受戒作廣供

དགོང་མོ་བདེ་བ་ཅན་ཉིད་དུ། །
共 謀 得 哇間 涅 德

傍晚無艱難

དཀའ་ཚེགས་མེད་པར་སླེབ་པར་ཤོག །
嘎 擦 沒 巴 來 巴 效

返回極樂國

པོ་ཏ་ལ་དང་ལྕང་ལོ་ཅན། །
波扎拉檔 江 落 間

普陀楊柳宮

ཛ་ཡབ་གླིང་དང་ཨོ་རྒྱན་ཡུལ། །
阿呀 朗 檔 烏 堅 耶

鄔金妙拂洲

སྤྲུལ་སྐུའི་ཞིང་ཁམས་བྱེ་བ་བརྒྱར། །
哲 給 様 刊 些哇 加

十億化身刹

སྤྱན་རས་གཟིགས་དང་སྒྲོལ་མ་དང་། །
先 瑞 則 檔 卓 瑪檔

願見觀世音

ཕྱག་རྡོར་པད་འབྱུང་བྱེ་བ་བརྒྱ། །
夏 多 巴 炯 些哇加

度母金剛手

མཇལ་ཞིང་མཆོད་པ་རྒྱ་མཚོས་མཆོད། །
加 樣 橋 巴加 措 橋

蓮師十億尊

དབང་དང་གདམས་ངག་ཟབ་མོ་ཞུ། །
汪 檔 單 啊 藏 暮衣

奉如海供品

མྱུར་དུ་རང་གནས་བདེ་ཆེན་ཞིང་། །
涅 德讓 內 得 親 様

求灌頂深教

ཐོགས་པ་མེད་པར་ཕྱིན་པར་ཤོག །
桃 巴沒 巴 新 哇 效

速直返自刹

ཤུལ་གྱི་ཉེ་དུ་གྲྭ་སློབ་སོགས། །
些 及尼德扎落 索

願天眼明見

ལྷ་ཡི་མིག་གིས་གསལ་བར་མཐོང་། །
拉耶 麼 給 薩 瓦 同

生前友侍徒

སྲུང་སྐྱོབ་བྱིན་གྱིས་རློབ་བྱེད་ཅིང་། །
仲 覺 新 吉 勞 些 江

加持並護佑

འཆི་དུས་ཞིང་དེར་ཁྲིད་པར་ཤོག །
切 第 樣 得 尺 巴 效

亡時接彼刹

བསྐལ་བཟང་འདི་ཡི་བསྐལ་པའི་ཡུན། །
嘎 桑 德 耶 呷 為 音

賢劫一大劫

བདེ་བ་ཅན་གྱི་ཞག་གཅིག་སྟེ། །
得 哇間 戒 壓 及 得

極樂刹一日

བསྐལ་པ་གྲངས་མེད་འཆི་བ་མེད། །
嘎 瓦 章 沒 切哇 沒

無數劫無死

རྟག་ཏུ་ཞིང་དེ་འཛིན་པར་ཤོག །
達 德樣 得 怎 巴 效

願恆住彼刹

བྱམས་པ་ནས་བཟུང་མོས་པའི་བར། །
先 巴 內 絨 暮 畢 瓦

彌勒至勝解

བསྐལ་བཟང་འདི་ཡི་སངས་རྒྱས་རྣམས། །
嘎 桑 德 耶 桑 吉 南

賢劫諸佛陀

འཇིག་རྟེན་འདི་ན་ནམ་འབྱོན་ཚེ། །
傑 定 德納 南 巡 才

降臨此刹時

རྫུ་འཕྲུལ་སྟོབས་ཀྱི་འདིར་འོངས་ནས། །
則 徹 多 及 德 嗡 內

以神變詣此

སངས་རྒྱས་མཆོད་ཅིང་དམ་ཆོས་ཉན། །
桑 吉 橋 江 單 秋 年

供佛聞正法

སླར་ཡང་བདེ་ཆེན་ཞིང་ཁམས་སུ། །
拉 樣 得 親 樣 刊 色

爾後願無礙

ཐོགས་པ་མེད་པར་འགྲོ་བར་ཤོག །
桃 巴 沒 巴 卓 瓦 效

返回極樂剎

སངས་རྒྱས་བྱེ་བ་ཁྲག་ཁྲིག་བརྒྱ་སྟོང་ཕྲག །
桑 吉 些哇 察 尺 加 動 擦

八百一十萬俱胝

བརྒྱད་ཅུ་རྩ་གཅིག་སངས་རྒྱས་ཞིང་ཀུན་གྱི། །
嘉 傑匝 及 桑 吉 樣 根 戒

那由他佛之佛剎

ཡོན་ཏན་བཀོད་པ་ཐམས་ཅད་གཅིག་བསྡོམས་པ། །
雲 單 果 巴 談 加 寄 嚬 巴

功德莊嚴皆合一

ཞིང་ཁམས་ཀུན་ལས་ཁྱད་འཕགས་བླ་ན་མེད། །
樣 刊 根 雷 恰 啪 拉 那 沒

願生勝過諸剎土

བདེ་བ་ཅན་གྱི་ཞིང་དེར་སྐྱེ་བར་ཤོག །
得 哇 間戒 樣 得吉 哇 效

無上殊勝極樂剎

རིན་ཆེན་ས་གཞི་ཁོད་སྙོམས་ལག་མཐིལ་ལྟར། །
仁 欽 薩 業 闊 牛 拉 特 達

珍寶大地平如掌

ཡངས་ཤིང་རྒྱ་ཆེ་གསལ་ཞིང་འོད་ཟེར་འབར། །
樣 向 加起 薩 樣 奧 賊 巴

寬敞明亮光閃閃

མནན་ན་ནེམ་ཞིང་བཏེགས་ན་སྤར་བྱེད་པ། །
南　納　內　樣　大　那　巴　些　巴

壓陷抬反富彈性

བདེ་འཇམ་ཡངས་པའི་ཞིང་དེར་སྐྱེ་བར་ཤོག །
得　見　樣　畢　央　得吉　瓦　效

願生輕滑舒適剎

རིན་ཆེན་དུ་མ་ལས་གྲུབ་དཔག་བསམ་ཤིང་། །
仁　欽德瑪　雷　哲　花　三　向

眾寶所成如意樹

ལོ་མ་དར་ཟབ་འབྲས་བུ་རིན་ཆེན་བརྒྱན། །
落瑪　達　藏　這　窩　仁　欽　堅

樹葉錦緞珍果飾

དེ་སྟེང་སྤྲུལ་པའི་བྱ་ཚོགས་སྐད་སྙན་སྒྲགས། །
得當　哲　畢　夏　措　嘎　年　這

彼上幻鳥出妙音

ཟབ་དང་རྒྱ་ཆེའི་ཆོས་ཀྱི་སྒྲ་རྣམས་སྒྲོག། །
藏　檔　加　棄　秋　吉扎　南　桌

鳴唱深廣妙法音

ངོ་མཚར་ཆེན་པོའི་ཞིང་དེར་སྐྱེ་བར་ཤོག །
悟　擦　欽　布　樣　得吉　瓦　效

願生極為希有剎

སྤོས་ཆུའི་ཆུ་ཀླུང་ཡན་ལག་བརྒྱད་ལྡན་མང་། །
布　棄　切　攏　燕　拉　加　單　芒

眾具八支香水河

དེ་བཞིན་བདུད་རྩིའི་ཁྲུས་ཀྱི་རྫིང་བུ་རྣམས། །
得 音 德 賊 尺 吉藏 窩 南

如是甘露諸浴池

རིན་ཆེན་སྣ་བདུན་ཐེམ་སྐས་ཕ་གུས་བསྐོར། །
仁 欽 那 頓 推 給怕 給 果

七寶階梯寶磚圍

མེ་ཏོག་པདྨ་དྲི་ཞིམ་འབྲས་བུར་ལྡན། །
美 到巴瑪哲耶 這 喔 單

芳香蓮花具果實

པདྨའི་འོད་ཟེར་དཔག་ཏུ་མེད་པ་འཕྲོ། །
巴咪奧 色 花 德 沒 巴 處

蓮花散射無量光

འོད་ཟེར་རྩེ་ལ་སྤྲུལ་པའི་སངས་རྒྱས་བརྒྱན། །
奧 色 賊拉 哲 畢 桑 吉 堅

光端嚴飾化身佛

ཡ་མཚན་ཆེན་པོའི་ཞིང་དེར་སྐྱེ་བར་ཤོག །
亞 參 欽 布 樣 得 吉 瓦 效

願生極其希奇剎

མི་ཁོམ་བརྒྱད་དང་ངན་སོང་སྒྲ་མི་གྲགས། །
麼 庫 加 檔 安 頌匝麼 扎

無八無暇惡趣聲

ཉོན་མོངས་དུག་ལྔ་དུག་གསུམ་ནད་དང་གདོན། །
紐　蒙　德　阿　德　森　那　檔　頓

病魔煩惱三五毒

དགྲ་དང་དབུལ་ཕོངས་འཐབ་རྩོད་ལ་སོགས་པ། །
扎　當　喔　碰　他　作　拉　所　巴

怨敵貧乏戰爭等

སྡུག་བསྔལ་ཐམས་ཅད་ཞིང་དེར་ཐོས་མ་མྱོང་། །
德　啊　談　加　樣　得　吐　瑪　紐

彼剎未聞諸痛苦

བདེ་བ་ཆེན་པོའི་ཞིང་དེར་སྐྱེ་བར་ཤོག །
得　哇　欽　布　樣　得　吉　瓦　效

願生極其安樂剎

བུད་མེད་མེད་ཅིང་མངལ་ནས་སྐྱེ་བ་མེད། །
窩　沒　美　江　阿　內　吉哇　沒

無有女人無胎生

ཀུན་ཀྱང་མེ་ཏོག་པདྨའི་སྦུབས་ནས་འཁྲུངས། །
根　江　美　到　巴咪　窩　內　沖

皆由蓮花苞中生

ཐམས་ཅད་སྐུ་ལུས་ཁྱད་མེད་གསེར་གྱི་མདོག །
談　加　歌　裡　恰　沒　色　戒　到

諸身無別金黃色

དབུ་ལ་གཙུག་ཏོར་ལ་སོགས་མཚན་དཔེས་བརྒྱན། །
窩　拉　則　多　拉　索　燦　會　堅

頂髻等相隨好飾

མངོན་ཤེས་ལྔ་དང་སྤྱན་ལྔ་ཀུན་ལ་མངའ། །
溫 西 阿 檔 先 阿根 拉 阿

五眼五通悉具足

ཡོན་ཏན་དཔག་མེད་ཞིང་དེར་སྐྱེ་བར་ཤོག །
雲 單 花 沒 樣 得 吉 瓦 效

願生無量功德刹

རང་བྱུང་རིན་ཆེན་སྣ་ཚོགས་གཞལ་ཡས་ཁང་། །
讓 雄 仁 欽 那 措 壓 耶 抗

自然眾寶無量宮

ཅི་འདོད་ལོངས་སྤྱོད་ཡིད་ལ་དྲན་པས་འབྱུང་། །
吉 多 攏 效 耶 拉站 畢 炯

所欲受用意念生

རྩོལ་སྒྲུབ་མི་དགོས་དགོས་འདོད་ལྷུན་གྱིས་གྲུབ། །
族 哲 摸 顧 故 多 掄 吉 哲

無勤任運所需成

ང་ཁྱོད་མེད་ཅིང་བདག་ཏུ་འཛིན་པ་མེད། །
阿橋 沒 江 達 德 怎 巴 沒

無有你我無我執

གང་འདོད་མཆོད་སྤྲིན་ལག་པའི་མཐིལ་ནས་འབྱུང་། །
剛 多 橋 真 拉 畢 特 內 炯

所欲供雲手掌生

ཐམས་ཅད་བླ་མེད་ཐེག་ཆེན་ཆོས་ལ་སྤྱོད། །
談　加　拉　沒　他　欽　秋　拉　效

行持無上大乘法

བདེ་སྐྱིད་ཀུན་འབྱུང་ཞིང་དེར་སྐྱེ་བར་ཤོག །
得　節　根　炯　樣　得　吉　瓦　效

願生諸樂之源剎

དྲི་ཞིམ་རླུང་གིས་མེ་ཏོག་ཆར་ཆེན་འབེབས། །
哲　業　龍　給　美　到　恰　欽　貝

香風普降妙花雨

ཤིང་དང་ཆུ་ཀླུང་པདྨོ་ཐམས་ཅད་ལས། །
向　檔　切龍　巴莫　談　加　雷

諸樹河蓮中恆生

ཡིད་དུ་འོང་བའི་གཟུགས་སྒྲ་དྲི་རོ་རེག །
耶　德　嗡　為　日　扎哲入日

悅意色聲香味觸

ལོངས་སྤྱོད་མཆོད་པའི་སྤྲིན་ཕུང་རྟག་ཏུ་འབྱུང་། །
攏　效　橋　畢　真　碰　達　德　炯

受用以及供雲聚

བུད་མེད་མེད་ཀྱང་སྤྲུལ་པའི་ལྷ་མོའི་ཚོགས། །
窩　美　美　江　哲　畢拉　暮　措

雖無女人眾化身

མཆོད་པའི་ལྷ་མོ་དུ་མས་རྟག་ཏུ་མཆོད། །
橋　畢　拉莫德　咪　達德　橋

供養天女恆時供

འདུག་པར་འདོད་ཚེ་རིན་ཆེན་གཞལ་ཡས་ཁང༌། །
德 巴 多 才 仁 欽 壓 耶 抗

欲安住時無量宮

ཉལ་བར་འདོད་ཚེ་རིན་ཆེན་ཁྲི་བཟང་སྟེང༌། །
涅 瓦 都 才 仁 欽 徹 桑 當

欲睡眠時妙寶座

དར་ཟབ་དུ་མའི་མལ་སྟན་སྔས་དང་བཅས། །
達 藏德 咪 瑪 丹 誒 檔 基

具眾錦緞被墊枕

བྱ་དང་ལྗོན་ཤིང་ཆུ་ཀླུང་རོལ་མོ་སོགས། །
夏當 軍 向 切 攏 如 謀 索

鳥樹河流樂器等

ཐོས་པར་འདོད་ཚེ་སྙན་པའི་ཆོས་སྒྲ་སྒྲོག། །
吐 巴 都 才 念 畢 秋 扎 卓

欲聞時出妙法音

མི་འདོད་ཚེ་ན་རྣ་བར་སྒྲ་མི་གྲག། །
麼 都 才那納 瓦扎麼 扎

不欲之時即不聞

བདུད་རྩིའི་རྫིང་བུ་ཆུ་ཀླུང་དེ་རྣམས་ཀྱང༌། །
德 賊 藏 窩切 龍得 南 江

彼等甘露池溪流

དྲོ་གྲང་གང་འདོད་དེ་ལ་དེ་ལྟར་འགྱུར། །
卓章 剛 都 得拉得 達 炯

冷暖適度隨所欲

ཡིད་བཞིན་འགྲུབ་པའི་ཞིང་དེར་སྐྱེ་བར་ཤོག །
業 音 哲 畢 秧 得吉 瓦 效

願生如意所成剎

ཞིང་དེར་རྫོགས་པའི་སངས་རྒྱས་འོད་དཔག་མེད། །
秧 得 造 畢 桑 吉 奧 花 沒

彼剎阿彌陀佛尊

བསྐལ་པ་གྲངས་མེད་མྱ་ངན་མི་འདའ་བཞུགས། །
嘎 哇 章 沒 涅安 麼 大 業

住無數劫不涅槃

དེ་སྲིད་དེ་ཡི་ཞབས་འབྲིང་བྱེད་པར་ཤོག །
得哲 得業 壓 章 些 巴 效

願於此間承侍彼

ནམ་ཞིག་འོད་དཔག་མེད་དེ་ཞི་བར་གཤེགས། །
南 業 奧 花 沒 得也瓦 歇

一旦佛陀趣涅槃

བསྐལ་པ་གངྒཱའི་ཀླུང་གི་བྱེ་མ་སྙེད། །
嘎 巴剛給龍 個細瑪 涅

二恆河沙數劫中

གཉིས་ཀྱི་བར་དུ་བསྟན་པ་གནས་པའི་ཚེ། །
尼 戒 瓦德 單 巴 內 畢 才

教法住世之時期

རྒྱལ་ཚབ་སྤྱན་རས་གཟིགས་དང་མི་འབྲལ་ཞིང་། །
加 擦 先 瑞 則 檔 麼 扎 樣

不離補處觀世音

དེ་ཡི་ཡུན་ལ་དམ་ཆོས་འཛིན་པར་ཤོག །
得夜因 拉 丹 秋 怎 巴 效

願於期間持正法

སྒྲོད་ལ་དམ་ཆོས་ནུབ་པའི་ཐོ་རངས་ལ། །
照 拉 丹 秋 訥 畢托 讓 拉

黃昏法沒次黎明

སྤྱན་རས་གཟིགས་དེ་མངོན་པར་སངས་རྒྱས་ནས། །
先 瑞 則 得 溫 巴 桑 吉 內

觀音現前成正覺

སངས་རྒྱས་འོད་ཟེར་ཀུན་ནས་འཕགས་པ་ཡི། །
桑 吉 奧 色 根 內 啪 巴耶

爾後彼佛名號為

དཔལ་བརྩེགས་རྒྱལ་པོ་ཞེས་བྱར་གྱུར་པའི་ཚེ། །
花 雜 嘉 布 意 夏 寄 畢 才

勝光妙聚王如來

ཞལ་བལྟ་མཆོད་ཅིང་དམ་ཆོས་ཉན་པར་ཤོག །
壓 大 橋 江 單 秋 念 巴 效

願供奉彼聞正法

སྐུ་ཚེ་བསྐལ་པ་བྱེ་བ་ཁྲག་ཁྲིག་ནི། །
格才 嘎 巴 細哇 察 尺訥

壽量六百六十萬

འབུམ་ཕྲག་དགུ་བཅུ་རྩ་དྲུག་བཞུགས་པའི་ཚེ། །
波 察 歌 吉 匝 哲 夜 畢才

俱胝那由他劫久

རྟག་ཏུ་ཞབས་འབྲིང་བསྙེན་བཀུར་བྱེད་པ་དང་། །
達 德 壓 章 年 格 些巴 檔

願恆恭敬承侍彼

མི་བརྗེད་གཟུངས་ཀྱིས་དམ་ཆོས་འཛིན་པར་ཤོག །
麼 及 絨 吉 單 秋 怎 巴 效

不忘總持受持法

མྱ་ངན་འདས་ནས་དེ་ཡི་བསྟན་པ་ནི། །
涅安 地 內 得夜 丹巴訥

涅槃之後彼教法

བསྐལ་པ་དྲུང་ཕྱུར་དྲུག་དང་བྱེ་བ་ཕྲག །
嘎 巴 動 些 哲 檔細哇 察

住世六億三十萬

འབུམ་ཕྲག་གསུམ་གནས་དེ་ཚེ་ཆོས་འཛིན་ཅིང་། །
波 察 森 內 得才 秋 怎 將

俱胝劫間持正法

མཐུ་ཆེན་ཐོབ་དང་རྟག་ཏུ་མི་འབྲལ་ཤོག །
特 欽 吐 檔 達德麼 扎 效

願恆不離大勢至

དེ་ནས་མཐུ་ཆེན་ཐོབ་དེ་སངས་རྒྱས་ནས། །
得 內 特 欽 吐 得 桑 吉 內

大勢至現前成佛

དེ་བཞིན་གཤེགས་པ་རབ་ཏུ་བརྟན་པ་ནི། །
得 音 歇 巴 扃 德 丹 巴訥

爾後彼佛名號為

ཡོན་ཏན་ནོར་བུ་བརྩེགས་པའི་རྒྱལ་པོར་གྱུར། །
雲 單 諾 窩 雜 畢 嘉 布 節

堅德寶聚王如來

སྐུ་ཚེ་བསྟན་པ་སྤྱན་རས་གཟིགས་དང་མཉམ། །
格才 單 巴 先 瑞 則 擋 年

壽量教法等觀音

སངས་རྒྱས་དེ་ཡི་རྟག་ཏུ་ཞབས་འབྲིང་བྱེད། །
桑 吉 得耶 達德 壓 章 些

願於期間恆承侍

མཆོད་པས་མཆོད་ཅིང་དམ་ཆོས་ཀུན་འཛིན་ཤོག །
橋 畢 橋 江 單 秋 根 怎 效

供品供養持諸法

དེ་ནས་བདག་གི་ཚེ་དེ་བརྗེས་མ་ཐག །
得內 達 格才得 吉 瑪 他

願我壽命盡立即

ཞིང་ཁམས་དེའམ་དག་པའི་ཞིང་གཞན་དུ། །
央 刊 得 安 達 畢 央 淹 德

於彼剎或他淨剎

བླ་མེད་རྫོགས་པའི་སངས་རྒྱས་ཐོབ་པར་ཤོག །
喇 沒 造 畢 桑 吉 吐 巴 效

獲得無上正等覺

རྫོགས་སངས་རྒྱས་ནས་ཚེ་དཔག་མེད་པ་ལྟར། །
造 桑 吉 內 才 花 沒 巴 達

成佛後如無量光

མཚན་ཐོས་ཙམ་གྱིས་འགྲོ་ཀུན་སྨིན་ཅིང་གྲོལ། །
燦 吐 暫 吉 卓 根 門 江 卓

僅聞名號熟解眾

སྤྲུལ་པ་གྲངས་མེད་འགྲོ་བ་འདྲེན་པ་སོགས། །
哲 巴 章 沒 桌哇 真 巴 效

化身無數引眾生

འབད་མེད་ལྷུན་གྲུབ་འགྲོ་དོན་དཔག་མེད་ཤོག །
巴 沒 倫 哲 桌 頓 花 沒 效

無勤任運利有情

དེ་བཞིན་གཤེགས་པའི་ཚེ་དང་བསོད་ནམས་དང་། །
得 音 夏 畢 才 檔 索 南 檔

善逝壽量及福德

ཡོན་ཏན་ཡེ་ཤེས་གཟི་བརྗིད་ཚད་མེད་པ། །
雲 單意 西 日 傑 擦 沒 巴

德智威光皆無量

ཆོས་སྐུ་སྣང་བ་མཐའ་ཡས་འོད་དཔག་མེད། །
秋 歌 囊哇 他 耶 奥 花 沒

法身無量光佛陀

ཚེ་དང་ཡེ་ཤེས་དཔག་མེད་བཅོམ་ལྡན་འདས། །
才當意 西 花 沒 炯 單 地

壽智無量出有壞

གང་ཞིག་ཁྱོད་ཀྱི་མཚན་ནི་སུས་འཛིན་པ། །
剛 耶 橋 戒 燦 訥 歲 怎 巴

何人持誦您名號

སྔོན་གྱི་ལས་ཀྱི་རྣམ་སྨིན་མ་གཏོགས་པ། །
溫 戒 雷 戒南 門 瑪 到 巴

除非往昔業異熟

མེ་ཆུ་དུག་མཚོན་གནོད་སྦྱིན་སྲིན་པོ་སོགས། །
美切德 粗 諾 辛 真 波 索

水火毒兵夜羅剎

འཇིགས་པ་ཀུན་ལས་སྐྱོབ་པར་ཐུབ་པས་གསུངས། །
傑 吧 根 雷 覺 巴 特 貝 頌

佛說諸畏皆可救

བདག་ནི་ཁྱོད་ཀྱི་མཚན་འཛིན་ཕྱག་འཚལ་བས། །
達 訥 切 戒 燦 怎 夏 擦 為

我持佛號頂禮您

འཇིགས་དང་སྡུག་བསྔལ་ཀུན་ལས་བསྐྱབ་མཛད་གསོལ།།
僳　當　德　阿　根　雷　嘉　匝　所

祈救一切怖畏苦

བཀྲ་ཤིས་ཕུན་སུམ་ཚོགས་པར་བྱིན་གྱིས་རློབས། །
扎　西　噴　森　措　巴　新　吉　羅

吉祥圓滿祈加持

སངས་རྒྱས་སྐུ་གསུམ་བརྙེས་པའི་བྱིན་རླབས་དང་། །
桑　吉　格　森　涅　畢　迅　拉　檔

願以佛所獲三身

ཆོས་ཉིད་མི་འགྱུར་བདེན་པའི་བྱིན་རླབས་དང་། །
秋　涅　麼　節　定　畢　新　拉　擋

法性不變真實諦

དགེ་འདུན་མི་ཕྱེད་འདུན་པའི་བྱིན་རླབས་ཀྱིས། །
結　頓　麼些　頓　畢　新　拉　吉

僧眾不退之加持

ཇི་ལྟར་སྨོན་ལམ་བཏབ་བཞིན་འགྲུབ་པར་ཤོག །
及達　門　蘭　達　音　哲　巴　效

成就所發之大願

དཀོན་མཆོག་གསུམ་ལ་ཕྱག་འཚལ་ལོ། །
滾　橋　森　拉夏　擦　落

頂禮三寶

成願咒：

ཏདྱཐཱ། །པཉྩེནྡྲི་ཡ་ཨ་ཝ་བོ་དྷ་ནི་ཡེ་སྭཱ་ཧཱ། །
達亞他，須匝治雅阿瓦波大訥意梭哈

དཀོན་མཆོག་གསུམ་ལ་ཕྱག་འཚལ་ལོ། །
滾　橋　森　拉　夏　擦落

頂禮三寶

增倍咒：

ན་མོ་མཉྫུ་ཤྲཱི་ཡེ། །ན་མོཿསུ་ཤྲཱི་ཡེ། །ན་མོ་ཨུཏྟ་མ་ཤྲཱི་ཡེ་སྭཱ་ཧཱ། །
納麼瑪則西日耶，納麼色西日耶，納麼厄達瑪西日耶梭哈。

喇拉曲智仁波切略傳

索達吉堪布　著

緣　起

在精神園地荒蕪貧瘠的世界上，每個人在閱讀、學習、研究一部著作時，首先會把注意力集中在作者身上。當然，作為佛教徒對於絕非世間凡夫俗子「純屬虛構」之作品、猶如甘露般的此殊勝論典《極樂願文大疏》，大家更會迫不及待地想了解其作者的事蹟、功德。誠如大智者帝洛巴所說：「欲趨入金剛乘，相續中生起甚深勝義智慧，即生成佛，必須對上師生起恭敬心，而這種恭敬心完全依賴於信心，要想產生強烈的信心務必知曉其功德，其功德唯有通過其傳記才能了知。」故此，我將此論作者喇拉曲智仁波切的生平事蹟奉獻給您。儘管文中既沒有精闢華麗的詞藻，也沒有一鳴驚人的妙語。然而，我所希望的是您能通過樸實無華的詞句，對尊者不同尋常的功德一覽無餘，生起敬信。這也是我撰寫此文的意旨所在。

前　世

尊者是文殊菩薩、蓮花生大士親自攝受加持的大成就者。據伏藏大師嘎托卡薩授記中言：「勝士索南曲智尊，你本來為聖境處，陳那論師之化身。」認定其為因明創造者陳那論師之化身。法王噶瑪巴也曾如此讚譽過。秋嘉朗巴的未來授記中寫道：「喇拉曲智仁波切是蓮師二十五位大弟子之一吉哦瓊尊者的轉世。」此外，卡托堪仁波切也作過如是授記：尊者是吉哦瓊之化身，所結緣有情一萬，弟子中廣弘佛法者千餘眾，獲殊勝成就者八十人。彼遇到違緣時，觀修蓮師、金剛橛，本來年壽七十餘歲，依此亦可住世八十幾年，後將成為銅色吉祥山剎土空行主尊。尊者在自傳中說：「我自幼便對聞思修十分感興趣，這也是宿世的因緣所致。」一次，尊者講經時對弟子們說：「我自己雖然無有廣大的功德可言，但從小就對正法有強烈的希求心，對聞思修有濃厚的興趣，這完全來源於生生世世祈禱本尊文殊以及蓮師的善緣，你們若如此而行，也定會開顯廣大智慧。」

童　年

尊者出生於四川省甘孜州新龍縣境內蓮師伏藏神山庫路扎嘎附近，宛如綻放的蓮花一般的吉祥聖地——那朗地方。父親才望南嘉是一位頗具修證之士，母親班瑪秋措是一位心地善良、溫柔慈悲的女性。公元1862年（十四勝身周水狗年），伴隨著遍地盛開前所未有的絢麗多彩的鮮花等諸多瑞相，一個相貌莊嚴、聰穎伶俐、十分可愛的童子誕生了。他生來便誠信上師三寶、悲憫慈愛眾生，並具有無偽的出離心，對正法與解脫有濃厚的興趣。孩提時代，經常在遊戲玩耍過程中顯出種種與眾不同之處。

不幸的是當他年僅 1 歲時，新龍人與拉薩人之間發生了一場激烈的爭鬥，最後新龍人失敗了。父老鄉親們迫不得已離開故土，流落他鄉，他們一家也同樣未能擺脫這種厄運。

5 歲時，父親又慘遭暗殺。不久，家中所有的財產幾乎被一搶而空，只剩下幾頭犛牛，貧困已極，後來遷移到了拉庫地區居住。當時，生活十分拮据，僅僅依靠母親挖蟲草、賣草藥、賣木柴等維持生計。一次尊者為弟子傳法過程中面帶傷感地說：「我在幼小之時生活非常貧窮，母親含辛茹苦地精心哺養我長大，歷經了種種苦難。當時我沒有餓死，也是母親的恩德。」

也許有人會問：尊者既然是一位了不起的大成就者，為何還會遭受如此不幸呢？對於這一問題，稍微懂得佛法教理的人都會理解。例如，大慈大悲的我等大師釋迦牟尼佛降生七天，母親就離開了人世。即生成佛的米拉日巴尊者童年時歷經各種不幸遭遇，父親身亡，家產被奪……依止上師修行時更是備受艱辛。一生獲得虹身成就的白瑪鄧登尊者也慘遭家破人亡等種種痛苦。著名的虛雲老和尚在永泉寺時僅以松子、溪水充飢解渴，24 歲時又身染重病被送往新加坡傳染病院醫治……凡印、藏、漢的諸位大成就者中許多人求法時都歷盡苦行，此類實例舉不勝舉。

尊者 8 歲時開始學習文字，由於智慧超凡的天賦，很輕鬆地精通了文字的念誦書寫、繪畫壇城、擊鼓吹螺等工巧明，尤其是其書法精妙絕倫，在藏地是人們有目共賞的。就像義成王子一樣，儘管身在塵世，卻絲毫未沾染世俗的習氣，宛如出淤泥而不染的白蓮花一般。

受　戒

尊者 16 歲時，對整個三界輪迴生起了根深蒂固、極為強烈的出離心，於是前往羅桑赤誠堪布處剃髮出家，法名為羅桑秋吉札巴。正如《三百頌》中所說：真正受持教法的是比丘。年至 20 歲時，於根桑金剛持上師前受近圓戒。從此之後，對別解脫戒的一切學處守護如眼。這在當時的藏地雪域實在難能可貴，宛如群星環繞的明月放射出清涼皎潔的光芒。我們從尊者給後人留下的教言中不難看出其何等重視戒律。他平時也經常對弟子們說：「一切莊嚴之中戒最勝。」

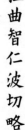

在大善知識根桑索南仁慶前受菩薩戒。他對無偏的一切眾生具有不共的大悲心。大乘的菩提心是尊者的最主要傳記。如同智悲光尊者的傳記中所說：「我自幼便具有無偽的慈悲心、菩提心，此為我一生中最重要的傳記。」又如：根桑朗巴大師的馬匹被盜時，諸弟子請上師念惡咒降伏竊賊。大師厲聲呵責道：「你們不要造惡業，我絕對不會用多生累劫所積累的資糧去換幾匹馬的。」正像許許多多高僧大德的言行一樣，尊者無論遭受任何損害，從未反脣相譏，以牙還牙，而以大慈大悲心來對待加害者，真正體現了大菩薩的高尚品行。

要持密宗戒律首先必須獲得灌頂，也就是說密乘戒只有通過灌頂才可得受。尊者在大瑜伽士晉美秋旺前依靠影像壇城獲得了外、內續的全部灌頂。從此之後精勤修持生圓次第，尤其是對光明大圓滿的一切竅訣全部通達無礙。他對於諸續部的三昧耶均十分重視，清淨受持誓言，從未違背過上師教言，擾亂過上師的心。

求 學

在家鄉期間，已於堪布嘎倉座下聽聞了《入行論》、《寶性論》、《丹珠爾》等諸多經論傳承。並於三個月中在諾洛丹增仁波切前聽受寧瑪巴續部。

到了 22 歲，尊者遠離故土奔赴異地，尋求殊勝妙法甘露。在竹青西日桑哈依止洋彭塔意的化身聞受大圓滿心滴教言，又先後依止數位成就者上師廣泛地聽聞《功德藏》、《真實名經》、《四心滴》等等數不勝數的密續。

在江揚西繞尊者前研學了《釋量論.大疏》等因明以及曆算、詩學、醫學、詞藻學等，特別是對於醫學極為精通，以高明精湛的醫術令無數眾生擺脫了身體的疾患，遣除了病苦。

他對麥彭仁波切十分仰慕，在其前獲得了《文殊讚》的傳承，本想祈求其他許多甚深法要，但因當時麥彭仁波切正在撰著諸多大論典，而且法體不佳等緣故，未能如願。

為了求得般若法門，尊者也經歷了千辛萬苦。在一個天寒地凍的冬季，一次前往石渠的途中，北風呼嘯、凜冽刺骨，大雪紛紛揚揚地下個不停，他的腳幾乎凍僵了。然而，他卻依然繼續向前行進……就像昔日的常啼菩薩百般苦行依止法勝菩薩那樣，最後在蔣花益西前獲得了般若波羅蜜多妙法及噶當派諸多教言。

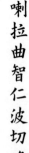

於色西寺格拉達吉尊前聽聞了《俱舍論》及格魯派的教法。於堪布根華座下聽受了《中觀莊嚴論》為主的中觀法要。於貢秋洛諾前聽聞《三戒論》等律藏，求得了五部大論為主的殊勝妙法。尤其是當他聽到竅訣上師鄔金丹增洛諾的尊名時，與米拉日巴尊者聽到馬爾巴譯師尊名時相仿，不由自主地產生了難以抑制的強烈信心，見面後將上師視為真佛，在其座下恭聽了無垢光尊者著作有關的大圓滿法，以及喬美仁波切的《極樂願文》等淨土法門。上師對他說：「你要時時祈禱華智仁波切，在他與你之間只有我一人，所以具有近傳加持。」他以對金剛上師及頂乘勝法的猛烈信心而完完全全地證悟了大圓滿的實相密意。尊者常說：「我幸遇了這麼好的金剛上師，得此人身實在有意義。」

總而言之，其依止了麥彭仁波切等功德等佛的十九大上師，竹慶哲仁波切等恩德勝佛的七大上師，鄔金丹增洛諾等如目、心、命般的三大上師共二十九位殊勝具相上師，均以三喜依止，獲得了意傳加持，乃至聽聞四句法義以上的善知識皆恭敬承侍。

可是，如今有些人由於缺乏佛法的基本知識，已在某位上師前聞受了許多法要，還要重新拜師，這實在是荒唐可笑的事。尊者正像往昔的諸佛菩薩一樣僅為一偈頌妙法「越過刀山與火海，捨身赴死求正法」。

事　業

在釋迦牟尼佛的教法中，講法、辯論、著書是智者的三大事業。佛法必須通過此三者才可抉擇通達。因此，尊者十分熱衷於講經說法，慈悲攝受有緣徒眾。由於他智慧非凡，來自西藏、青海等地的求法者絡繹不絕，紛紛湧至，其座下的四眾弟子日益增多。上師從《大圓滿前行引導文》開始傳授了許多加行、正行法。諸多弟子發願十三年中精進修持，開悟的高僧大德不乏其數。後來，尊者在竹青西日桑哈重建佛學院，深入細緻地傳講《文殊讚》等許多顯密教法。嘎托堪仁波切的授記中說：「尊者的弘法利生事業在東方。」這裡的東方是指新龍札宗寺。尊者於該寺傳法長達十三年之久。每年安居期間均傳授《三戒論》等，總共於此地傳講《三戒論》二十一遍、《入行論》十三遍、《經莊嚴論》三遍、《中論》三遍、《入中論》五遍、《大幻網》五遍、《俱舍》兩遍，總之，以五部大論為主的經論多次傳授。尤其對不超過十人堪為法器的有緣者傳授《法界寶藏論》等大圓滿竅訣，共傳八次《無上智慧》。上師屢次傳講亦毫不厭煩，耐心細緻、舉一反三直到弟子理解為止。一次，他為一個弟子講解了十三遍《智慧品》，最後說：「我已為你講了十三次，如果你還不懂，那麼你可能沒有緣分了。」

傳法時其聲音洪亮，吐字清晰，深受聞法者的歡迎。有一次，紅原地區的一位官員來此處辦事，他帶著好奇心來聽尊者傳法，結果被他那極富感染力的聲音吸引住了，延誤了去辦事，完滿聽受了一法要。凡是聽到他的法音之人都會覺得受益匪淺。無論地位高低、供養多少，只要是虔誠的求法者，他都會授以相應的法要。

其辯才也是無與倫比的，因想到末法時期的眾生很難以接受辯論而未現場施展辯才。但是，我們從其論著中很容易看出：他的辯才猶如獅子吼聲，令一切邪見邪說的野獸聞風喪膽。

由於已完全證悟了法性實相，以自然覺性中流露出的智慧所著的論典詞句優美、意義深奧，《寶鬘論大疏》、《大幻化網攝義》、《大圓滿基道果密要》等現仍留世，廣為修學。

弘法

尊者經常雲遊各個寺廟，為不同根基的出家僧人傳授相應法要，為在家信眾講授《極樂願文》等淨土法門，定期舉行極樂法會。他常說：「喬美仁波切的《極樂願文》是大聖者的金剛語，你們若時常持誦，則會得到不共的加持。」為了廣利有情，尊者不吝筆墨，撰著了通俗易懂的《極樂願文大疏》，博得了諸多高僧大德的好評。自此以後，淨土法門在藏地猶如明媚燦爛的陽光普照大地一般廣泛弘揚開來。如今我們五明佛學院每年定期的四大法會之一的極樂法會也完全是遵照這一傳統。

尊者平時極力勸人斷惡行善、戒殺放生。通過他大慈大悲的加持，整個藏土的男女老幼紛紛發願受持五戒。

一般來說，尊者從不宣揚自己的成就與神通。但是，我們從其作品中便可推知，他具有不共的成就。一次，新龍地區遭受嚴重的乾旱災害，尊者讓僧眾們念誦《大雲經》。第二天傾盆大雨從天而降。當地的人們個個笑逐顏開、歡喜雀躍，都說這是尊者示現神通所致。但尊者卻謙虛地說：「這是三寶的加持。」尊者極為注重僧規，他要求僧眾日常絕對不能食用不淨肉，應身著法衣……此外，值得一提的是其總共去過一百多寺廟著重宣說戒律，據其《廣傳》記載：他已創辦了一百二十多所寺院和法會，其中真正學習律藏的有十三所。他雖然未曾涉足於漢、蒙等地，但那裡修學彼之法門的弟子也頗多。

總之，尊者以其大慈大悲力所行的弘法利生事業，成績斐然。

行為

尊者的見解雖然是超越因果、高深的大圓滿之見，但在行為上卻始終如一地守護小乘戒律。自出家以後，一直堅持過午不食。本來戒律中對於外出、生病之時有開許。然而，為了不使不良習氣滋生蔓延，他在任何特殊情況下也從未開過午進餐的先例。

在取捨因果方面更是謹慎入微，從不享用亡財，所有的亡財全部讓僧眾念經超度亡靈或建造佛塔等作迴向。信財中也只是以少許來充腹蔽體，其餘都用於上供下施及作其他佛事。甚至對於飽經滄桑、恩重如山的年邁老母也只給過兩袋青稞並要求母親做許多小泥塔。除此之外，從未將信財贈送給官員、親眷等。終生過著知足少欲的簡樸生活。他不僅以阿底峽尊者的教言「必須細微取捨因果，萬萬不可肆意妄為，否則將感受難以想像的果報」來嚴格要求自己，而且也如是教誡弟子。一次，他對眾弟子說：「我依止上師言教奉行，身上從未帶過較多錢財。老父我過世後，你們也要如理如法行持！」

一次尊者閉關修金剛橛一百天。出關後，有些弟子問：「上師，聽說您老人家已面見本尊了。」上師說：「你們不要道聽途說，世人沒有什麼可信賴的。不過，這次閉關期間，從夢境、淨現來看，的確獲得了些許成就，所有的本尊中金剛橛是最殊勝的。現在，我立刻給你們灌頂，希望精進誦修金剛橛，依此可遣除一切違緣障礙。」

喜靜

尊者從小就由衷嚮往無有憒鬧的寂靜聖地，一生中從未摻雜世間八法為人宣說佛法，始終樂於安住寂靜之處聞思修行。

一次外出求學回來時，金剛上師鄔金丹增洛諾對他說：「你以後不要任寺廟住持，不要廣攝眷屬，不要享用信財亡財，不要離開寂靜聖處。」他依教奉行。在 45 歲時於當地建造一處閉關房，觀修所有本尊、誦持心咒，精進修行生圓次第及大圓滿。而且每月初十、二十五空行節日時不間斷薈供，每月初八藥師佛節日誦藥師經。如同金洲大師一樣其極熱衷於燈供、花供。每晚堅持作大禮拜，一有空閒便念誦百字明，供修曼荼羅等，心不外散、穩如山王。他經常教誡弟子說：「內心雜念紛紛，修法不成；經常與人交往，增上貪嗔。」

65歲時又在卡剛靜處建一閉關房。於此閉關久至七年。期間，遠離一切散亂，夜以繼日地專修加行至正行法門，自始至終毫不鬆懈。無論任何高官要員一律不予接見，謝絕一切來訪客人，也未因任何瑣事外出過。與此同時也常告誡眾弟子：「從古至今，依止靜處的修行者從未出現過餓死凍死的現象。我自己也是追循前輩諸高僧大德的足跡一心安住於寂靜處。希望你們不要到處亂跑，閉關不應只是口頭上的漂亮言詞而應落實到行動上。」尊者真正為如今我們這些修行人樹立了榜樣。

現在的有些人口口聲聲說是要閉關，費了九牛二虎之力修了一間閉關房，一切就緒之後，在門外扣上一把大鎖護關，自己跑到喧囂的城市滾滾的紅塵中去搞世間八法。真不知道房中誰在閉關，也許是他發心為小老鼠修建了一所閉關房吧。

入　滅

82歲時，尊者示現生病。弟子們請求他長久住世時，他說：「功德圓滿的佛陀也趨入涅槃，難道在這個世界上有生而不死的嗎？」在患病期間，眼前所現均是大圓滿任運自成的成就證相。之後將所有的財產全部上供下施，並囑咐弟子：「我死後不留任何財產，你們也不必為我念經作佛事。」

接近 83 歲時再次身染重病並且在人來人往時大聲叫喊，他問身邊的弟子阿索喇嘛：「我這聲音外面的人能否聽得見？」弟子說：「聽得一清二楚，上師啊，您老人家忍著點吧！」「聽見了很好，應該讓大家聽見。」在無人往來時上師卻平靜安詳而住。一日，上師以獅子臥式入定良久。旁邊的許多弟子都認為上師已圓寂了，驚恐萬分。上師出定後說：「我的意識在銅色吉祥山，現在你們把我的身體捆綁起來擱置一旁。眾弟子面面相覷，誰也不敢上前。上師顯得很不高興，呵責了他們。弟子們只好遵命。之後上師說：「現在可以了，你們給我供茶吧。」喝茶時，上師凝視著杯中的茶水，面帶微笑地說：「這哪裡是茶呀，這都是光明自然法界。」

1945 年（木猴年）12 月初（藥師佛節日），朝陽從地平線上冉冉升起之時，他對一旁的阿索喇嘛說道：「你不要坐在這裡，蓮花生大士來了。」阿索不敢再待，便到一邊偷偷地看，只見上師滿面笑容地對著他那幅珍藏的金剛橛唐卡注視了很久很久……然後以獅子臥式神態安然地圓寂了。此時，室外晴空萬里，雖然正值寒冬臘月，天氣卻異常的暖和，虛空中到處呈現彩虹、明點等圓滿成就之徵相。後來，眾弟子為上師建造靈塔以作人間供養之處。

儘管尊者的色身已趨入了法界，但他為佛教所培養的高僧大德不斷將其弘法利生之事業發揚光大。他為後代所撰的論著及其美名必將流芳百世。

後 記

我們雖然無有緣分親見尊者金顏、親聆其法音，但是，如果我們以虔誠猛烈的信心專注祈禱則一定可獲得意傳加持。誠如喬美仁波切所說：「雖然未親見得法，自視彼為根本師，專心一意而祈禱，亦可證悟獲加持。」當然這方面的實例也不勝枚舉。如智悲光尊者未曾見過全知無垢光尊者，拜讀其《七寶藏》後生起無以言表的信心猛厲祈禱，結果蒙受無垢光尊者先後三次以幻化身攝受、加持。我等大恩根本上師法王如意寶也沒有親見依止過麥彭仁波切，但依靠其所著的《大圓滿直指心性》獲得了意傳加持，從而徹證了諸法的本來實相。因此，我們這些後學者也應相似效仿而行。

通過歷代高僧大德的傳記，我們就會發覺：自詡為修行很好的人與他們相比也是相差十分懸殊。尤其是科學技術飛速發展的當今時代，修行人的思想也隨之變得越來越複雜。許多修行人走入繁華的都市，他們手持大哥大，腰掛 BP 機，出門叫的士……這似乎與前輩高僧大德們精勤修持的情景差得太遠了。不能不令人發出慨歎，深為憂慮。儘管我們不能像泰國那樣仍保持托缽乞食這一優良傳統，但也不要隨波逐流，被迷亂的外境沖昏頭腦，時時刻刻不要忘記自己是一位修行者。作為修行人，最好能追循往昔的成就者依止靜處，反觀自心。若不能做到這樣，也應修持正法、取捨因果、祈禱三寶，力求身在塵世不為垢染。願我們共勉，終獲具德上師的果位。

於漫山遍野鮮花盛開的色達喇榮草原上的

銀白色帳篷裡恭書。

公元二〇〇〇年七月一日

極樂願文大疏科判

全文分二：

極樂願文大疏

喇拉曲智仁波切　著

索達吉堪布　譯

頂禮上師阿彌陀佛！（譯禮）

頂禮觀世音菩薩！

以大悲心發勝菩提心，以大精進究竟二資糧，
以大智慧現前四身者，三世一切佛前敬頂禮。

成就無量如海大願力，名號讚聲遍布諸世界，
令無數眾現見殊勝剎，阿彌陀佛尊前敬頂禮。

方便大悲自性觀世音，智慧密藏之主大勢至，
獲無二金剛身蓮花生，有寂莊嚴三尊賜吉祥。

依止何者盡除諸劣意，救度三有眾罪之黑暗，
指示希有殊勝善道者，無等諸上師前敬頂禮。

聖者觀音化身喬美尊，所著願文妙論如意寶，
賜予無數有情勝利樂，應如佛語百般讚頌之。

吾亦捨棄虛偽卑劣心，以引導文明示解脫道，
諸欲不退往生淨土者，當以信喜之心而諦聽！

宣講大成就者噶瑪喬美仁波切所造的《極樂願文》，如果同時舉行極樂法會，那麼首先就該把講法的地點及其附近的地方打掃得乾乾淨淨，為了不使塵土飛揚而灑水壓塵，就像往昔常啼菩薩與商主之女等眾人在法勝菩薩面前請求智慧波羅蜜多法門時，刺破身體血脈灑血壓塵一樣。如《功德藏》中云：「決定行持善法者，勝師廣積二資時，彼中皆能結上緣，役使信使清掃等，極勞具果勝資道。」此外，佛經中也講述了清掃的五種功德等等，因此說灑掃講法場地有極大意義。之後，在場地中懸掛極樂世界的唐卡（指佛像），擺設佛塔、經書，布局裝飾，並且要盡己所能陳設不少於百數的五供等清潔美妙莊嚴的供品，吹奏海螺等召集參加法會者，告誡那些不了解（聞法規矩）的人摘帽、脫鞋、不要攜帶武器、不要佩帶裝飾品，讓他們將念珠、轉經輪也放下，以寂靜調柔的威儀聽聞佛法。

全文分二：一、聞法方式；二、所講之法。

儘管發心與行為次第種類有許多，但在此次傳講往生極樂世界的四因時，必須與最初發心重要、中間積資重要、最後發願重要相聯來宣講。

甲一（聞法方式）分二：一、總說；二、分說。

乙一、總說：

對於剛開始聞法者來說，聞法方式比聞法更重要。如果墮入惡趣或轉生於邊鄙地方，那麼在許多劫當中連想聞法的心念也不曾生起，更何況說真正聞法或修法呢？尤其是以信心、恭敬心諦聽佛法極為難得。如《寶積經》中云：「嗚呼以信心聞法，如此百劫亦難得。」可見，僅僅聽聞正法也是重要的大事。然而，如果不了知聞法方式，就如單巴桑吉所說：「若不如法而行持，正法反成惡趣因。」有些人依靠正法獲得解脫，而有些人卻依靠正法墮入惡趣，這是因為佛法是極其嚴厲的利害對境。倘若懂得聞法方式，那麼正法就像開啟的如意寶藏一般，獲取大者得大利，獲取小者得小利。

那麼，該如何聽聞正法呢？寂天菩薩說：「應先觀自心，安穩如理行。」世尊也曾說：「諸法之前意先行，意者迅速意為主。」一切善不善業的作者主要是心。首先萌生想要聽法的念頭以後坐在聽法行列當中，這時要向內反觀自心：啊！我此次是以什麼意樂前來聞法的呢？如此審察自心後，如果發現存有貪圖地位、追求名聲、競爭貪嗔之心，或者僅僅以好奇娛樂的心態聽聞，那就是不善之發心。喀喇共穹格西說：「貪圖地位而講法，以競爭心而求學，欲得智名傲慢者，豈入正法當思也！」因此，我們必須要斷除這類惡心劣意，否則正如所謂的「正法非但無利益，依其反而墮惡趣」。

特別是，也不可以為那些對正法和上師無有恭敬心、抱著「得不得法都一樣」心態的人宣說正法。如世間也有「若不恭敬者，不解說佛法，若不熟悉者，不能說忠言」的諺語。（無有恭敬心的人）顯然是斷絕法緣者，因而任何時候也難有以正法調伏的機會。（所以，我們一定要明確兩點：）第一、不能泯滅正法的價值；第二、所講之法應當對眾生有利。比如，雨水是安樂之因也是就其對人類有利而言的，對於餓鬼等眾生卻成了危害之因。同樣，正法也只是對具緣者有利，對那些無有緣分、持有邪見的人反而可能成了損害之因。諸佛出有壞往昔當眾生時，以皮作紙、以血作墨、以骨作筆而成就的佛法，完全是為了利益我們而留在人間，因此，一句一字也不能浪費。本來，此證法與教法是法身，如果對此無有信心和恭敬心，那麼，現見色身又有何用呢？世尊曾說：「不敬我教法，見我有何益？」

儘管對法器要進行功德、過失多方面的觀察，但概括起來說，作為弟子必須具備以下四種條件：一、具有強烈信心與恭敬心；二、無諂誑嫉妒心等，秉性正直；三、具有領悟法義之智慧；四、猛厲希求正法。如聖天論師說：「質直慧求義，說為聞法器。」如果僅僅知道前去聽法，跑去後一無所想只是直愣愣地坐在聽法的行列中，此為無記發心，必須把這種心態轉變成信心等善心。或者，如若心裡能想到：（上師三寶）以大悲觀照，佛法極為難得，所以一定要去聽聞。這也說明他具有信心，並且對法有珍貴難得之想，因此屬於善心。

乙二(分說)分三：一、善根為方便攝持加行發心殊勝；二、善根不為他緣所壞正行無緣殊勝；三、善根日日增上之結行迴向殊勝。

丙一、善根為方便攝持加行發心殊勝：

要想令善心變得廣大，必須用方便攝持善根，也就是加行發心殊勝。如果發心廣大，那麼善根也就廣大；倘若發心渺小，則善根自然就渺小。如《功德藏》中云：「只隨善惡意差別，不隨善惡像大小。」《入行論》中也說：「生一明定心，亦得梵天果，身口善縱勤，心弱難成就。」如果為了自己個人的利益而聞法修法，則是渺小之發心；假設為了一切眾生的利益而聞法修法，則是大乘廣大之發心。我們從無始時以來就是由我執的牽制才只考慮自利，結果一無所成，導致如今仍舊漂泊於輪迴之中。如果現在唯一為了他利而聞法修法，那麼自利同時便可成辦，必將成就真正利他的佛果。譬如，為生火而點柴，火點燃以後雖然不求煙，但它也會自然產生。寂天菩薩說：

「何需更繁敘，凡愚求自利，牟尼唯利他，且觀此二別。」

發心也需要從根本悲心中產生，悲心又需要緣一切有情而生起。如是虛空遍布的地方，充滿眾生，眾生遍布的地方，充滿業、煩惱、痛苦。而所有眾生無一不曾做過自己的父母，只是由於不斷投生流轉，現在認不出他們是父母而已。可是，每一位眾生當每一位眾生父母的邊際也無有盡頭，何況說一切眾生呢？旁生中的牛犢、羊羔等剛一出生便可以在牲畜群中認出各自的母親，這也說明是無始以來的習氣所致。

往昔，圓滿正等覺（釋迦牟尼佛）及眷屬行至途中時，路旁的一位老婦人看到佛陀後無比歡喜，一邊喊著「我的兒子，我的兒子」，一邊奔跑過來準備擁抱佛陀。這時，諸比丘攔住了她。世尊說：「她往昔曾經連續五百世當過我的母親，這是她往昔的習氣，你們不要阻攔。」①龍樹菩薩說：「地土摶成棗核丸，其量不及為母數。」

如此認識到眾生都做過母親以後，接下來就需要憶念恩德：一切有情在當自己的父母親時無一不是以大恩養育。甚至看到那些鷂鷹、豺狼（等凶猛的眾生）也是極為慈愛自己的孩子，更何況說是人類的所有父母親呢？最初在母胎中滋養，中間出生後以香甜的食品、暖和的衣裳精心撫育，最後為他們安家立業，而且希望他們快樂、擔心他們受苦，為子女的痛苦安樂，父母也是常生憂喜

①此公案於《百業經》中有廣述。

之心。為了子孫後代而不斷積累貪嗔惡業所感現今正在六道之中遭受痛苦的所有這些父母有情多麼可憐啊！如果有辦法能使他們全部擺脫痛苦該多好啊！這樣的悲心如果已經達到了情不自禁流出眼淚的程度，這也就是所謂的悲無量。僅僅這麼想一想的善根也是不可思議的。如《普賢行願品》中說：「乃至虛空世界盡，眾生及業煩惱盡，如是一切無盡時，我願究竟恒無盡。」龍樹菩薩（在《寶鬘論》中）說：「有情界無量，利彼亦復然。」

僅僅有了這樣的悲心還不夠，必須要報答他們的恩德，而能夠讓一切有情得到安樂真正回報恩德者唯有圓滿的佛陀。因此應觀想：我今日聽聞佛法並如理修持，將來獲得圓滿正等覺果位，將一切父母眾生安置於佛地，為了獲得這種能力，祈禱上師三寶垂念，這種心願也會得以實現。所以，聞法、修法一切時分如若念念不忘這一點，那麼善根已為方便攝持，即是加行發心殊勝，這一點至關重要。關於它不可思議的功德，在《華嚴經》等諸經部及《入行論》等論典中有宣說。

丙二、善根不為他緣所壞正行無緣殊勝：

聞法時要像野獸聞聲一般，修行時應如飢牛吃草一樣，自始至終必須斷除東張西望、胡言亂語、心不在焉一切放逸散漫的行為來聽聞和修行。尤其是在聽法時，如果沒有聚精會神、洗耳恭聽，那麼必將猶如在覆口的容器上注水一樣，任何法義也無法銘記於心。如果在此時說綺語，則成為自他聞法的障礙，經中說此為捨法罪業，將轉生為鸚鵡。

聞法期間，由於魔王波旬製造障礙及（自身）惡業之風擾亂，會出現極為昏昏沉沉、懨懨欲睡等現象，因此一定要做到神識清醒，否則會誤解、顛倒法義。從前，一位富裕的老太婆衰敗了。晚上，她睡在空空的房子裡。一個盜賊前來盜竊，到處摸索，結果碰到一個瓦罐發出響聲。老婦說：「噢！好傢伙！我白天尋找也是一無所得，你深更半夜在屋裡摸摸索索肯定得不到什麼。」就像這個例子一樣，憑藉清晰敏銳的智慧也難以懂得佛語法義，那麼處於迷迷糊糊、昏昏欲睡的狀態中又怎麼能聽得懂呢？因此，我們一定要全神貫注地聽聞佛法。佛在經中說：「當專心聽聞，銘記於心中。」這是在講要斷除法器的三過。

本來，即便是聽一句世間的語言也需要注意傾聽，更何況說佛法呢？我們只有偶爾聽法的機緣，不可能有反覆聽聞的機會。譬如，兩天中只有一餐，那必然會認真食用。同樣，千載難逢的聞法機緣是得失的關鍵，因此必須鄭重地聞受。如果聞法的時候能夠做到一心專注聽聞，修法時安住於正見等持中不外散，那就是正行無緣殊勝。否則，最初聞法修法之心也會在中間被分別念惡緣所毀壞。看一看，聽聞甚深正法有何等功德啊！自己的罪障又是多麼深重啊！即使一生當中把所有的精力都用在輪迴世間的瑣事上，不管再怎麼辛苦勞累，也無有絲毫疲倦的感覺。(而聽聞佛法時)雖然只是聽一堂課，卻倍感辛苦，覺得無法忍受。因此，我們必須避免此類現象發生，要生起歡喜心(來諦聽佛法)。

據佛經中記載，昔日的諸佛都曾經僅僅為了三句法義而越過刀山與火海，捨身赴死求正法；獲得八地果位的菩薩為了求得一句正法，也是以生身性命來交換，付出了何等的代價！那麼，作為我們這些愚昧無知的輪迴眾生難道不需精進求法嗎？

律藏中說：「比丘日升起，烏鴉出叫聲，農夫耕田地，猩猩皆啼哭，是故當精勤。」太陽升起是指佛陀出現於世間；烏鴉出叫聲是指講經說法的上師善知識宣說正法；農夫耕田地表示具有福德的施主湧現；猩猩皆啼哭義為此時諸魔不歡喜。

如今佛教趨於隱沒之時，人們十分缺乏正法甘露，猶如遭受乾渴逼迫一般。佛(在《涅槃經》中)說：「阿難莫哀傷，我於未來時，化為善知識，饒益汝等眾。」此時，我們既不需要百般辛勤、花費資財，也不需要患得患失，正如所謂的「佛已來到門前」，救護所化眾生的利他佛子殊勝上師們已經把佛法送到你的門前，這說明昔日哲革國王之王女金鬘公主夢境授記的時代真正到來了。因此，我們既不能將上師看作是漂泊者(乞丐)，也不能試探上師(，更不要以種種理由不聞法)。如諺語所說：「不應將自己的事當成別人的事一樣。」如今佛陀已不住世，我們不向上師求法向誰求呢？世尊也曾說：「諸法依靠善知識，功德勝主佛所說。」當然，如果是一個虛偽狡詐者，也就另當別論。其實真正了解佛法的人非常罕見，所以，即使是屠夫擁有一句佛法也應當向他請求，糞穢中也可能有如意寶。我們需要的是正法，人好與壞又有何妨呢？蜜蜂需要的是蜂蜜，花朵(美與否)又有何妨呢？往昔的諸佛，哪怕是一位外道仙人擁有一句正法教言也前去請求，並對其十分恭敬。也就是所謂的「依法不依人」之義。

特別是，今天能有聽受宣說往生極樂世界之因的經典及如此甚深發願文的時機，完全是往昔承侍諸佛等善業感召的。如續中說：「當對數百劫之中，罕見正法生歡喜，欲求解脫功德者，切莫尋求世間事。」又云：「成千上萬無數劫，偶爾可遇佛出世，為使將來不後悔，諸善男子喜聞法！」《寶積經》中說：「佛陀出世及住世，信仰佛教皆難得，人身亦為難得故，當於佛法倍精進。」

當今時代，有些聲稱「我無有空閑聽法」之人真是把自己置於暗劫中還不知曉，實在可悲！如今獲得人身之時如果沒有空閒聞法，將來只有墮入惡趣而別無出路，難道那時會有空閒嗎？經中說：「獲得人身不聞法，乃為第九無暇處。」

佛教的根本就是講法、聞法、修行。因此，包括在家男女居士以上，沒有能力講法的人需要負起聞法的責任，有能力講法的人就應該擔負起講經說法的重任。從前，一頭獅子殺了一頭野豬，隨後來了一隻狐狸想吃剩下的肉。獅子對牠說：「你背上豬的屍體！」狐狸因為自己身單力薄而不願意背。牠暗想：如果直接說，獅子定會發怒殺死我，這可不行。所以，牠不敢拒絕。但又一想：這頭獅子孤高傲慢，又是笨蛋，可以欺騙牠。想到這裡便說：「我既要背屍體又要叫喊，不能同時做兩件事呀，因此你理應做一件。」獅子由於愚笨而不知道狐狸在騙牠，又因為孤高自傲而不願意叫喊，於是說道：「那麼，兩件事中我背屍體吧。」獅子背上野豬的屍體（走在前面），狐狸跟在後面叫喊。與此比喻相同，倘若有像獅子那樣的人講經說法，則其他人應當聽聞，哪怕隨聲附和說一句讚歎語，也是非常善妙之舉，由此會成辦一切利益。同樣，佛法也依賴於所有的人。

我們僅僅聽聞一兩次佛法不應滿足，必須反反覆覆地聽受。世間也有「大海於水不厭足，智者於法不厭足」的諺語②。我們可以看到世人貪得無厭地積累無有實義的財食，正法是今生來世一切安樂的根本，怎麼能對此有滿足之心呢？譬如，荒蕪的田地，只降下一次雨水不能夠徹底濕潤。同樣，對於我們無始以來便以不善業乾涸了的頑固相續，僅僅聽聞一次佛法是難以調伏的。所以，

---

②《格言寶藏論》中說：「大海不厭河水多，國庫不厭珠寶多，欲者不厭受用多，學者不厭格言多。」

除了聾啞人之外，凡是具足知言解義這一法相的人，倘若反反覆覆聽聞正法，必定能懂得少許法義。如薩迦班智達說：「即使囑咐又催促，雖是旁生亦能知。」

聽聞佛法也必須結合自相續而實修。

所謂的正法就是指其具有改造（調伏）自相續的作用，如果細心觀察就會發現，正法完全是令自相續進行如理取捨之因，而並非是在講某地的一種古語或傳說。聞法後是否已經實修，從他是否誠信因果、是否如理取捨善惡便可推知。如果聞法後絲毫不注重因果，那就是所謂的出賣佛法靈魂的法油子。比如，裝酥油的皮殼雖與酥油合在一起，卻仍然十分堅硬。同樣，法油子儘管對顯密教法極為精通，而自相續卻恆時不調柔，完全與正法相違。如此之人以及對佛法不起信心者必將成為善星比丘那樣，十分危險。我們聞法以後要像氈氀染色那樣必須與以前有所不同，假設聽聞佛法後仍然與從前一模一樣，那麼聞法也無有任何意義。因此，所聽的法義在實際生活中身體力行非常重要。如《寶積經》中云：「於佛教法生信後，智者行持覺瑜伽，不應耽詞而安住，得法後當恒勤修。」又云：「當依說法善知識，恒時切莫依惡友，應當廣聞持淨戒，了知勝義之一門。」《經莊嚴論》中說：「如是善逝聖教非無義，如此瑜伽觀修非無義，倘若不聞而修法無義，若僅聞而知義修無義。」即使聽聞一句正法也需要深入思維其義，並且進行修持，否則將導致聽聞只停留在理解上、理解只是停留於書本裡、教言只是留在別人口中，結果自心剩下的只是庸俗而已③。

關於如理聞法的功德，佛在經中說：「阿難，二人可積大福德。為何？即一者以恭敬心講法，一者以恭敬心聽聞。」有關講法的功德，經中說：「如是一切布施中，法施最勝我宣說。」又云：「何者無財以淨心，行持法施佛極讚。」又言：「大千世界遍滿金，以此布施於某人，宣說一偈四句法，其利前者不可比。」僅僅聽到傳法前的螺鼓聲也已在相續中播下了解脫的種子。如《犍椎經》（《聲鳴經》）中說：「為示講法時，擊鼓敲犍椎，聞聲獲解脫，何況去聽聞？」此外，如頌云：「以聞可入法，聞法能除罪，三門得清淨，故聞為最勝。」《寶鬘論》中云：「能增智即聞，及思若兼具，從中定生修，獲無上成就。」不僅如此，想去聞法而向傳法地點邁出一步也可獲得等同梵天的福德。如果某人聽聞佛法，他起碼也知道要生起一點信心，因此定會獲得極大功德。

甚至一個旁生聽到法音也將受益匪淺。此類公案如下：

從前，世親論師背誦般若九十九萬部時，他日日夜夜讀誦諸多經典。當時，他寢室的屋簷下有一隻鴿子經常聽到法語聲，牠死後轉生為邊地一位國王的太子。剛

③意思是說自心未能以正法調伏。

剛出生，小太子便說：「我的上師在哪裡？」問他：「你的上師是誰呀？」他回答說：「是世親論師。」於是（國王）詢問了常去中部地區經商的人們：「中部地區有這樣一位世親上師嗎？」他們說：「有這位上師。」隨後太子想去中部，國王將他送到那裡。他來到世親論師面前便喊：「上師。」世親論師問：「我是你的上師？我想不起來。」小太子能夠回憶起自己的前世，於是說明詳情。上師攝受了他，令他學習讀寫……最後他成了精通三藏的大論師，名叫安慧。

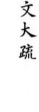

另有一位比丘在一河畔傳法。一位放牧老人來到此處，倚靠著手杖聽聞了少許，那裡的一隻青蛙被手杖擊中而死亡。因青蛙是在聽聞法語聲當中死去的，結果轉生於四大天王的天界中。④

又有一位比丘讀誦《匯集經》時，他屋簷下燕窩中的一隻燕子聽到誦《匯集經》的聲音，以聽聞法音之善業力，牠死後獲得人身，一出生便會讀誦《匯集經》。

此外，一次世尊在一園林中講法時，空中飛翔的五百隻天鵝聽到了佛陀傳法的聲音，準備降落，便從天而降，卻被那裡鋪設的眾多網罟所捕，全部命絕身亡，之後都轉生於三十三天變成了五百天子。有許多諸如此類、不可思議的公案和教證。

從旁生到人類，凡是聰明伶俐具有智慧者都是由往

④詳見《根本說一切有部毘奈耶藥事》卷11中一隻蝦蟆的公案。

昔曾聽聞過一句以上佛法而得來的；如今所有愚昧無知的愚笨者也是往昔未曾聞法所造成的。即使明天就死亡，今日也要聽聞一句法義。如薩迦班智達說：「是因前世未求學，今見終身成愚者，因恐後世成愚昧，今生再難亦勤聞。」又云：「即使明早要死亡，亦應學習諸知識，今生雖不成智者，來世如自取儲存。」尤其，雖然不能做到廣聞博學，全面精通，但自己所修持的法要必須明確知曉，正如所謂的「視力差的人雖看不到遠處，但能看清自己的腳尖」。

如今，佛教已如夕陽西下一般（即將隱沒），人壽好似草尖的露珠（瞬間即逝）。我們應當盡力求得一句法義，千萬不要造對正法不起勝解之業而使人身成為旁生之因。

這以上正行無緣殊勝連帶附加內容已宣講完畢。

丙三、善根日日增上之結行迴向殊勝：

甚至我們聽聞一句佛法、憶念剎那善心、做一次取捨善惡之事等都需要立即作迴向。如果沒有作迴向，那麼因為初學者的善根猶如乾草、水滴一般力量微弱，很容易耗盡。相反，嗔心傲慢等惡分別念則如大火、烈日一般力量強大，生起一剎那的嗔心將摧毀廣大善根。如頌云：「積累善根後，顛倒不迴向，宣揚生悔心，滅善根四因。」如果作上等迴向，則所積累的善根資糧根本不會窮盡。如《慧海請問經》中云：「水滴落入大海中，海未乾涸其不盡，迴向菩提善亦然，未獲菩提其不盡。」

那麼，如何迴向呢？不應為獲得人天果位而作下等迴向，否則如生長的大黃稈⑤一樣無有恆久的安樂，最終將滅盡成為無實法，自他二利一無所成。也不能為獲得聲聞、緣覺果位而作中等迴向，否則趨入無餘涅槃，僅為自利不饒益他眾，最初的發菩提心成了妄語。那麼，應當如何迴向呢？自己所作的此善根，三世諸佛如何迴向，我也如是迴向。即：為自他一切眾生獲得圓滿正等覺果位而迴向，願一切眾生獲得佛果，未證佛果之間願他們往生西方極樂世界，必須以念誦迴向偈或大願文印持。

總之，如果最初求法時就思維：我為一切有情之利益而求法；中間以無有散亂之心專注諦聽法義；最後思維，聞法所得到的善根為一切有情獲得佛果而迴向，那麼這也是三殊勝。如果沒有以此三殊勝攝持，則無論行持任何善法也不可能趨入大乘道。真正的正行無緣殊勝是指平等安住（入定）於止觀實義之中。

關於聞法方式，也可以根據情況適當地宣說其他經論中所講的內容。如若極樂法會要舉辦多日，則以上內容需要在一天內傳講完。這裡所引用的都是簡潔明了的教證，為了使大家能夠理解句義，必須講解清楚。再三強調發菩提心讓人們徹底明白並生起定解，這一點相當

⑤大黃稈：低溫地帶生長的蓼科藥用植物名，夏季生長後立即乾枯。

關鍵，這也是往生極樂世界的第三因。

發心無緣迴向三殊勝，一次萌生獲得勝福德，
相續生起能夠得佛果，祝願成就佛喜此善道。
聽聞一句亦示取捨理，倘若實修則遣意黑暗，
利樂源泉教法與證法，願能恆時講聞祈加持。

甲二（所講之法）分二：一、以令生歡喜勸勉修法；二、真實宣說論義。

乙一、以令生歡喜勸勉修法：

此乃我所修持法，思維饒益多眾生，

手雖痛卻勤書寫，若有欲抄者應借。

無有勝此之功德，無有更深之教言，

乃是吾之根本法，精進修持勿捨棄。

此屬顯宗法要故，未得傳承亦可誦。

此《極樂願文》是喬美我自己所修持的法要，我首先以想利益或多或少眾生的發心作為前提。在撰寫這部《極樂願文》期間，儘管手十分疼痛但我一直勤奮書寫，現今已經圓滿完成。因此，僅以文字也必定能饒益他眾。倘若別人想要謄抄此文，應當借與他。

這部論典中著重宣說了大乘經藏之密意——往生極樂世界的四因，再沒有比這更殊勝的功德。這是因易修、果易成之法，是包括凡夫在內的眾生往生極樂世界的捷道，在顯宗道中無有比此更甚深的教言，因而也是喬美我自己的根本修法，同時奉勸具有緣分的其他所化眾生也隨力精進修持、不要棄之一旁。這部論典只是將《彌陀經》⑥等顯宗經典的內容以頌詞形式匯集成此願文，並無有自己杜撰之詞。由於此願文屬於顯宗的法要，因此沒有獲得過傳承、會讀誦之人也可閱誦，並且有極大功德，

⑥此論中的《彌陀經》是指藏傳佛教的《彌陀經》。

更何況說得受傳承實修呢？

《寶性論》中云：「何人一心為佛法，無有散亂（私利）而宣說，相合獲得解脫道，當如佛語作頂戴。」諸佛菩薩的事業唯一是饒益他眾。所以，我們要對利他的補特伽羅作真佛想，並且對於起到廣大利生作用的此願文也需要像佛語一樣聽聞、修持。

乙二（真實宣說論義）分三：一、廣說修持往生極樂世界之四因；二、以宣說持佛號之功德而結尾；三、發願順緣——以諦實語、陀羅尼咒加持。

丙一分四：一、明觀福田；二、積資淨障；三、發菩提心；四、發清淨願。

《彌陀經》中說：「阿難，任何眾生若能再三觀想彼如來，積累諸多無量善根，發菩提心圓滿迴向，發願往生彼佛剎土，則其臨命終時，善逝、出有壞、圓滿正等覺阿彌陀佛為數多比丘眾圍繞，現於彼前，垂視而住。彼等現見無量光佛後以極其清淨之心死去，將往生極樂世界。」如此宣說了往生極樂世界的四因，也就是明觀福田，積資淨障，發菩提心，發清淨願。

明觀福田

丁一（明觀福田）分二：一、明觀刹土之相；二、明觀佛及眷屬。

戊一、明觀刹土之相：

唉瑪吙！

自此日落之方向，越過無數眾世界，

稍許上方聖境處，即是清淨極樂刹。

我等肉眼雖未見，自心卻應明然觀。

「唉瑪吙」是表示稀奇的語氣詞。對什麼感到稀奇呢？對極樂世界與阿彌陀佛感到稀奇。往昔無量劫時，世間自在王如來出世，身邊有一位侍者，名為法藏比丘，他對具廣大智慧、正念、證悟、妙智、精進……有勝解信，他在佛前發了殊勝菩提心。爾後在俱胝年間聽聞八百一十萬俱胝那由他佛陀的功德及其刹土圓滿莊嚴、環境、大地由什麼形成……並將所有佛刹合而為一，普皆受持，發廣大願。又過了一恆河沙數阿僧祇劫，此佛刹名為持執大劫，有統治四大部洲的轉輪王輻輪出世。當時他的一位大臣——「海塵」婆羅門生下一具相之子，取名為海藏。海藏長大後出家，最後現前圓滿正等覺果位，佛號寶藏。王臣眾眷屬恭敬承侍、供養寶藏佛。經海塵婆羅門勸請，輻輪國王在佛前受持刹土併發廣大願。佛陀說：「善哉！國王請看，向西方越過十萬俱胝佛刹，有一可堪稱為剎土之王的『極妙世界』，未來時經過一恆河沙數阿僧祇劫，名為極樂世界，你在此成佛，佛號阿彌陀。」為他作了明確的授記。阿彌陀佛當時雖已證得八地菩薩果位，但仍然在那麼多劫當中沒有成佛完全是他的願力所致。後來阿彌陀佛成就一切大願，現前成佛，此劫之前雖然已經過了十大劫，但只是極樂剎土的十天，阿彌陀佛如今也是色身住世、宣講正法。作者對此感到極為稀有。關於阿彌陀佛與賢劫千佛等發心及發願的詳細情況，可從《大悲白蓮花經》中了知。

這樣的極樂世界明觀在哪一方向呢？觀想在釋迦牟尼佛所擁有的我們這個娑婆世界日落的西方。距離此剎有多遠呢？這是凡夫人無法衡量的，越過眾多無數世界，經中說經過百千俱胝那由他世界，本來極微塵的西方也有極樂世界⑦。

極樂剎土是如何存在的呢？從這個娑婆世界（向西經過無數剎土）稍許上方有一聖境處，本來剎土有清淨不清淨多種，但此極樂世界是器情二者都極為清淨的剎土，既不存在絲毫諸如普通土石、高崗窪地、危險地帶、四大損害等不悅意景象的器世界之苦，也聽不到諸如三惡趣、生老病死等名的有情之苦，是極其安樂之自性。關於極樂佛剎的詳細功德，下文以「不可勝數之佛陀……」加以說明。這樣的剎土，無論從高高的山巔遠眺還是通

⑦這是指觀想一塵中有塵數剎。

過望遠鏡觀看，以我們普通的肉眼是絕見不到的，因為平常的這個肉眼無法照見極為遙遠或被山等阻隔之物。雖然我們自己的雙眼不能現量見到，但（並不表示不存在），正如因明中所說：「僅是未見並非無。」

昔日，阿難曾經對世尊說：「我想親眼看看極樂世界。」於是世尊以身體的光芒使山川等一切全部隱沒不見，對阿難說：「看吧！你應合掌、頂禮、散花。」當時，阿難也現見了此剎。⑧

因此，我們以佛語作為可信的正量，務必要對比量的智慧誠信不疑。為什麼呢？無有阻礙的自心是清晰了然、無有障蔽的，因此應當猶如唐卡圖案現於心中一樣明觀福田。比如，雖然從此處看望不見拉薩地方或覺沃仁波切⑨，但這些並非沒有。詢問曾經去過拉薩、見過覺沃佛像的人們後，我們內心中可以明觀它們大概的形象。同樣，肉眼見不到的地方，心中可以觀想，內心可觀想的地方肉眼不一定能看見。儘管不能夠清晰全面地明觀廣大莊嚴的極樂世界，但應這樣意念：在西方有一個不同於我們這個剎土、具足一切無上安樂的極樂世界，一心專注於西方，乃至微乎其微的善根以上都為往生極樂

⑧《佛說大乘無量壽莊嚴經》云：「佛告阿難：吾今此土，所有菩薩摩訶薩，已曾供養無量諸佛植眾德本，命終之後，皆得生於極樂世界。阿難，汝起合掌面西頂禮。爾時阿難，即從座起合掌面西，頂禮之間，忽然得見極樂世界無量壽佛……」

⑨覺沃仁波切：現存於拉薩大昭寺內的釋迦牟尼佛像，像高相當於佛十二歲時的身量，世尊曾親自開光過，人們稱之為覺沃佛像。

世界而作迴向，這是明觀福田，也是修清淨剎土的發願。

《普賢行願品》中所說的「所有十方一切剎，廣大清淨妙莊嚴」之義是指以自力修清淨剎土的發願，這裡所講的是一心嚮往佛陀早已修成的清淨剎土，之後如果積累資糧則可往生到那裡。如此也與宗喀巴大師的《開啟勝剎之門》等智者們的所有言教相吻合。

戊二（明觀佛及眷屬）分四：一、明觀主尊身相；二、明觀其意功德；三、明觀主要眷屬；四、明觀其餘眷屬。

己一、明觀主尊身相：

彼剎阿彌陀佛尊，紅蓮寶色光耀眼，

無見頂相足輪等，三十二相八十好，

一面二臂定持缽，著三法衣跏趺坐，

千瓣蓮花月墊上，身背依靠菩提樹。

在極樂剎土中安住著出有壞怙主阿彌陀佛，因為摧毀貪心等一切煩惱，具足五智慧、降伏四魔敵眾，所以稱為出有壞。佛陀身體的光芒遍照十方無邊剎土，可以說是光芒無量、光明無量、光芒無窮等，因此稱為無量光佛，又因為壽量不可勝數，也稱為無量壽佛，這是身之本體的功德。

（阿彌陀佛）身相是怎樣的呢？慈悲一切眾生之標幟：其身色宛如太陽照在紅蓮花珍寶山上一般威光耀眼奪目，極其輝煌，由眾多廣大福德而形成的無見頂相，是指頭上由骨肉累積而成的肉髻，除了從正面可見外誰也無法看見頂端。佛陀的雙足掌心有具凸出花紋的八輻法輪。由上下這兩種妙相來涵蓋所有妙相，能了知或能表示佛陀是具足白毫右旋等三十二相⑩福德的大丈夫。能表明正士內在的所有美德顯露於外相，由指甲赤銅色等八十隨好⑪所嚴飾。妙相主要是指粗相，隨好是細相。一面表示唯一離戲法身；二臂表示智慧與方便二者；雙手結定印表示方便與智慧（無二）；以定印托著充滿甘露的缽盂表示以深廣正法滿足一切眾生。令諸眾生最初趨入別解脫之標幟：身著出家三衣，即上身披藍色七衣及紅色袓衣，下身穿紅黃色五衣（僧裙）。雙足金剛跏趺坐表示於輪涅等性之義中不動搖。根據續部、密宗諸儀軌及嘎單巴仁波切等大德們（修行境界中）所見，阿彌陀佛所坐的法座是由大如須彌山的八大孔雀及無數小孔雀支撐著的珍寶座，上面有五顏六色的千瓣蓮花，蓮花上有滿月輪的坐墊，坐墊上方是名為蓮花光明的珍寶菩提樹，高達六十萬由旬，樹根粗達五百由旬，八百由旬的枝葉相互掩映，並有爭奇鬥豔的鮮花及累累的碩果，還有如皎月般的寶珠、帝釋所持的寶珠、如意寶珠等，以及珍寶束、裝飾鬘、黃金、珍珠、

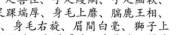

⑩三十二相：三十二種大丈夫相：千輻輪、足善住、手足縵網、手足細軟、七處充滿、指纖長、跟圓長、身廣洪直、足踝端厚、身毛上靡、腨鹿王相、立手摩膝、勢峰藏密、身金色、皮膚細滑、身毛右旋、眉間白毫、獅子上身、肩頭圓滿、肩膊圓滿、得最上味、身分圓滿、烏瑟膩沙、廣長舌、得梵音聲、獅子頷輪、齒鮮白、齒平整、齒齊密、四十齒、目紺青和牛王睫。

⑪八十隨好：八十種好。如來所有八十種微妙細相：屬於爪甲者三、指者三、脈絡者二、足者三、步態者七、頭部者三、發者六、目者五、眉者四、耳者二、鼻者二、口者二、舌者三、齒者五、語者二、手者二、手紋者三、全身功德者十、身無瑕疵者四、下體者四、臍者二、總行止者三，共有八十。

珍寶的瓔珞、鈴鐺、攣鈴（大小鈴鐺）等裝飾著。僅僅見到這顆菩提樹直至菩提果之間不會患眼病；聽到此樹的聲音不會患耳病；若得以品嘗則不會患舌病；身體碰到樹影不會罹患身體疾病；若憶念此樹則可自然生起等持；見到這棵樹以後不會退轉菩提等有無量功德。阿彌陀佛背面倚靠這樣一棵菩提樹而安住。

以上是觀想身相。

佛經中沒有直接宣說法座等，所說的菩提樹大小等略有不同，因為佛陀的行境不可思議、眾生各自福德有大小之別而導致說法和所見也有所不同。

己二、明觀其意功德：

慈悲慧眼遙視我。

再觀想：阿彌陀佛一定正以大慈大悲的慧眼從遙遠的極樂世界注視著我。如律藏中說：「遙遠所住佛，慧眼即清淨，何具此治力，頂禮勝醫王。⑫」如果自己具有信心，那麼佛陀的觀照是無有遠近的。譬如，雖然太陽位於高高的天空中，但是它的光芒卻可照射到此處。本來，圓滿正等覺恆時具足大悲心，無論自己祈禱與否，佛的大悲觀照始終周遍各方。然而，如果沒有以信心祈禱開啟大悲之門，則無法見到加持的光明。例如，雖然室外太陽時常升起，可是假設沒有門窗，則陽光不可能射入室內。所化眾生要得遇佛陀的大悲加持（必須要積

⑫勝醫王：指可療愈眾生惑疾的佛陀。

資淨障），如果沒有以積資淨障來淨化自相續，則無法親見佛陀，如同明鏡未經擦拭便不能顯現影像一樣。

己三、明觀主要眷屬：

右側觀世音菩薩，身白左手持白蓮，

左側大勢至菩薩，身藍左持金剛蓮。

右手施依印向吾，三大主尊如山王，

巍然朗然坦然住。

接著觀想：阿彌陀佛身體的右側是聖者觀世音菩薩，身色潔白表示住於輪迴卻未沾染輪迴的過患，一面二臂，以各種報身圓滿服飾嚴飾，左手以三寶印執持六瓣白蓮花莖於胸間，表示以如白蓮花般純潔的大悲心慈憫眾生，白蓮在耳邊綻放，表示相續中諳熟所聞之法義並且增長智悲力。阿彌陀佛身體的左側是大勢至菩薩即金剛手，身色碧藍表示法性不變，一面二臂，具足報身裝束，左手以三寶印執持金剛所嚴飾的蓮花於胸間，這表示其獲得諸佛三密能力灌頂。二位大菩薩右手都是以施依印指向自己表示：任何眾生若祈禱我們，則不必畏懼三界輪迴之苦，即是無畏施的標幟。這裡的施依印是右手從身體的髖骨處伸開，作摸頂式。三寶印是左手在胸前以拇指食指的指尖執持蓮花莖，其餘三指向上伸直。二位菩薩以站立式安住表示一切菩薩利益眾生剎那也不懈怠，並趨入大乘道。以上阿彌陀佛與二大菩薩眷屬即三大主尊猶如須彌山王一般勝過他眾，巍然赫立，身體妙相隨好的功德極其明顯。也就是說，阿彌陀佛身色宛如陽光照射在紅蓮寶山上一般紅亮，觀世音菩薩身色如同陽光射在雪山上一般潔白，大勢至菩薩身色好似陽光普照在藍寶石山上一般碧藍，他們（身體所發出的光芒）照亮了所有剎土；語言是六十種梵音之自性，清晰明朗，悅耳的妙音傳遍整個剎土；意是慈悲智慧大光明之自性，恆時坦然安住。

己四、明觀其餘眷屬：

大乘比丘十千億，身皆金色相好飾，

著三法衣黃燦燦。

觀想：阿彌陀佛有十千億終生不退轉的大乘比丘以及無數將得大菩提的聲聞阿羅漢眷屬。此處所說的十千億是數量詞，表示數量極多之義，而實際數量並非僅此而已。如《彌陀經》中說：「無量光佛之光芒、壽量、眷屬、極樂世界安樂之因及功德普皆圓滿，眾多佛陀於數劫中說亦不能盡。譬如，比丘大目犍連獲神變自在，彼若欲求，則一日內可數盡三千大千世界中所有星辰，具百千俱胝如是神變者於百千俱胝那由他年中不做任何餘事，亦無法數盡無量光如來聲聞眾之百分之一量。」⑬那些眷屬身色無有差別全部是金黃色，以三十二相、

⑬如《佛說大阿彌陀經》中云：阿彌陀佛剎中諸聲聞，有般泥洹者否？佛言：「此四天下星汝見之否？」答云：「皆已見之。」佛言：「如大目犍連飛行四天下。一日一夜可盡知其星數，彼剎聲聞之眾。尚百千億倍，於四天下星，不可盡知其數。」

八十隨好嚴飾，身著三法衣，猶如陽光照射在早晨的海面一樣黃燦燦。

明觀這樣的剎土以及意念佛陀是極為重要的，這也是隨念三寶。如果面朝西方以對生⑭的方式觀想極樂世界，則與修生起次第相同。然而，生起次第是觀想實質性的本尊等，如若不具備清淨的憶念，那就稱為貪執妙相本尊之分別念，是生起次第的障礙。極樂世界則是未經繪畫的自成壇城，觀修阿彌陀佛也是以信心意念佛陀，因此無論觀成如布畫般扁平，還是鑄像般凹凸不平……任何形象都可以，因為阿彌陀佛現在以色身住世，所以我們觀想時不需要任何迎請、安住、祈送，而日日夜夜念念不忘才是一大要訣。

在家男女們，最初在上師傳授《極樂願文》時要聽講，看看是否懂了。如果不懂，那麼當傳講者從極樂世界的唐卡上加以介紹的時候，自己要認真細緻地觀看，之後閉目思維，看看這樣的形相能不能浮現在心中。當心中現出來時，如果再三明觀，則內心自然能夠明現其形相。如果白天念念不忘，那麼夜晚做夢遇到恐怖夢境時也定能憶念祈禱，如若夢中能如是憶念，那麼臨終時或中陰界出現恐怖、畏懼時定能憶念。假設在家男女們，明觀阿彌陀佛主尊眷屬、剎土莊嚴等實在無能為力，那麼也

⑭對生：對面生起。在行者對面虛空中圓滿生起壇場。預備壇場入於彩粉，智尊入於一切，並行供讚。

可以意念：極樂世界位於西方，那裡住有阿彌陀佛和他的眷屬，他們正在注視著我，我自己死後立即往生極樂剎土。如是一心專注，以堅定信心憶念極樂世界或持誦阿彌陀佛名號，僅此也可算是往生極樂世界的第一因。

曾有這樣一則實例：達多⑮地方一位具有信心的老人，常常祈禱阿彌陀佛並念誦了許多遍《極樂願文》，但他一直認為阿彌陀佛身色肯定是淡藍色的，而根本不會明觀形相。可是，憑著信心力，他在臨終時，阿彌陀佛及其眷屬親自降臨在他面前，將這位老人接引到極樂世界。

此外，古代一位具有強烈信心的老婦女持誦了三億遍觀音心咒及十萬遍度母讚頌偈，結果，一日晚上夢中有一位不同尋常的女人給了她一件藍色衣服。又一天晚上夢到一位頂具髮髻、身著白衣之人給她一串水晶念珠。儘管那位老婦人全然不知觀修二位本尊的身色、標幟，但她心中銘記二尊名號，並生起虔誠的信心，僅以此念誦及（信心力）便獲得了成就。

因此，無論是眼見佛陀的身相或耳聞名號，甚至僅僅意念阿彌陀佛垂念或手觸佛像……都必定成為解脫之因。所以，我們無論能否明觀佛陀身相等，但一定不要忘記其名號。世尊也曾說：「諸法依緣生，住於意樂上。」又云：「愚者具堅信，彼可獲悉地。」「何者作意佛，能仁現彼前，賜灌頂加持。」《三摩地王經》中云：「能

⑮達多：今爐霍縣境內。

仁身相極莊嚴，何人行住坐臥時，憶念能王佛陀尊，本師恒時住彼前。」鄔金蓮花生大士說：「我常伴隨具信者。」

因此，自己若能頂禮、祈禱阿彌陀佛，乃至對阿彌陀佛生起一剎那的信心，則佛陀一定會以慧眼照見、以天耳明聽、以他心通明知、以神足通立即來到他的面前賜予加持。雖然我們自己看不到，但佛陀卻時時刻刻在關注著我們，猶如盲人面前有一位具明目之人一樣，僅以意念佛陀也可往生極樂剎土。如《彌陀經》中云：「若有善男子，善女人，聞說阿彌陀佛，執持名號。若一日、若二日、若三日、若四日、若五日、若六日、若七日，一心不亂。其人臨命終時，阿彌陀佛與諸聖眾，現在其前。是人終時，心不顛倒，即得往生阿彌陀佛極樂國土。」

往昔（佛在世時），給孤獨長者之女嫁給了邊地的一位國王。那裡只有外道而無有（僧眾等）殊勝的福田。於是，她面向舍衛城方向，觀想圓滿正等覺佛陀並誠心祈禱，結果佛陀及其眷屬瞬間降臨在她面前。⑯

又如一位具信心的愚人工布覺沃奔迎請拉薩的覺沃仁波切到家中做客，結果覺沃仁波切真的親自前往了⑰。因此，一開始以信心意念佛陀十分重要。

此明觀福田是下文所講積資淨障的所依，也是遣除發菩提心、成就清淨願的違緣，成辦順緣的見證者。（開

---

⑯此公案詳見吳天竺沙門竺律炎譯《佛說三摩竭經》。
⑰此例在《大圓滿前行引導文》中有細述。

法會等時）奉勸大家明觀彷彿親眼見到了西方極樂世界怙主阿彌陀佛及其眷屬一般地猛烈祈禱，心不外散而緩慢念誦「唉瑪吙！自此日落之方向……著三法衣黃燦燦」一遍，一邊念誦一邊隨詞句憶念意義。

這以上已圓滿宣講了往生極樂世界的第一因——反覆明觀極樂剎土及佛陀形象。

妙相隨好色身觀不厭，明觀怙主阿彌陀佛尊，
生死夢境中有一切時，大悲鐵鉤攝受祈加持。

第一因——明觀福田終

積資淨障

丁二（積資淨障）分七：一、頂禮支；二、供養支；三、懺悔支；四、隨喜支；五、請轉法輪支；六、祈請不入涅槃支；七、迴向支。

第二因——積資淨障：我們必須通過多種途徑積累諸多善根，下面所講的相續中生起願行菩提心、成辦所發殊勝願也是以積累資糧之因作為前提。《廣大遊舞經》中說：「具有福德者，亦成諸所願。」一切積累資糧的法門全部可包括在七支供中。

戊一（對治我慢之頂禮支）分二：一、略說；二、廣說。

具有我慢者猶如高山及鐵球一般，對他人無有禮拜、頂禮的恭敬心，正如所謂的「傲慢的山崗上存不住功德水」。傲慢者非但不能往生極樂世界反而會走向惡趣。

己一、略說：

敬禮遠近無別故，我以三門敬頂禮。

如寂天菩薩說：「因慢生傲者，將赴惡趣道。」因此，為摧毀我慢而略說頂禮支。

如果自己具有信心、恭敬心，那麼向頂禮的對境——住於近前的佛陀與住於遠方極樂世界中的佛陀頂禮膜拜，二者功德無有絲毫差別。倘若具有信心，則佛雖然住於遠處也好像在近前一樣；如果不具備信心，那麼即使佛陀住在面前也如同在遠處一樣。譬如，淨水中與明鏡裡可以顯現遠處的太陽等影像，濁水中與垢鏡裡近處的色相也不能顯現。為此，我三門恭恭敬敬作禮，由於身語意是產生一切善惡之門，所以稱為三門。

如何恭敬呢？身體既不過於前俯後仰也不東張西望等，以端正、寂靜、調柔的方式作頂禮為身恭敬；斷除言說綺語而念誦頂禮偈或佛號為語恭敬；斷除貪心等一切不善分別念而對佛陀的功德生起歡喜心、敬信心為意恭敬。是以這樣三門恭敬的方式作禮。如是宣說了正確的頂禮方法。倘若以不恭敬的心態頂禮，則是耗盡福德之因。

己二（廣說）分二：一、思維名號不同而頂禮；二、思維持名號功德而頂禮。

庚一、思維名號不同而頂禮：

法身無量光部主，右手放光化觀音，
復化百俱胝觀音；左手放光化度母，
復化百俱胝度母；心間放光化蓮師，
復化百俱胝蓮師，頂禮法身阿彌陀。

本來法界之中諸佛無二無別，阿彌陀佛的智慧法身是一切佛化身的根本，因此他的色身是諸部之主尊，尤其阿彌陀佛是語蓮花部主。

為了調伏男性士夫，阿彌陀佛右手放射白光化現為聖者觀世音菩薩，觀音菩薩又化現出百俱胝（百千萬）觀世音。每一殊勝化身的所化世界有百俱胝剎土，為此這裡主要宣說了能化之化身也是百俱胝，實際上並非僅有百俱胝而已，因為諸佛以及大菩薩們的行境是不可思議的，可化現為善知識、國王，甚至包括旁生在內的各種形象。

為了調化所有女性者，阿彌陀佛左手發出綠光化現為聖者至尊度母，度母又幻化出百俱胝的度母。

為了降伏以寂靜方式無法調伏的凶神惡煞以及在邊地藏土弘揚顯密圓融的佛法，阿彌陀佛心間發出五彩光芒照射到西南具乳海中的蓮花花蕊而化現出鄔金蓮花生大士，蓮師又幻化出百俱胝的蓮花生大士。因此，我三門以最大的恭敬頂禮諸如此類一切化身的根本——法身阿彌陀佛。

現在的上師善知識大多數是觀音菩薩等的化身，化身與化身之根本本體無有差別，所以我們絕不能生起上師、本尊、諸佛菩薩本體有差別的惡分別念。如若能觀想一尊阿彌陀佛的本體中已完全包括所有上師、本尊、佛菩薩而唯一對阿彌陀佛作頂禮供養等，那麼這就是自己獲得上師三寶一切加持的方便法。打個比方來說，一百個河谷的水，我們要一一飲用是極為困難的，但如果喝了百川匯於一處的水，那麼就相當於飲用了所有的水。也就是所謂的「印度人修一本尊得成就，西藏人修百本尊皆無成」，意思是說，此藏地的人們疑心重、分別念多，所以他們修持一百位本尊卻一無所成；印度人思想單一，因此精通修一本尊成就一切本尊的方便⑱。所以，如果帶著「一尊阿彌陀佛是一切皈依境總集」的理念進行修持並對此深信不疑，那麼必定能成就。倘若成就了這一修法，

也就成就了一切。如頌云：「修成一佛，未修皆成。」

佛於晝夜六時中，慈眸恆視諸有情，
諸眾心中所生起，任何分別皆明知，
諸眾口中所言語，永無混雜一一聞，
頂禮遍知無量光。

阿彌陀佛白日三次、夜晚三次即於六時中心懷大慈大悲，以無有障垢的慧眼恆時堅持不懈地關注三界一切有情，何者衰敗、何者興盛，何者從惡趣中轉生到善趣、何者由善趣墮入惡趣……乃至細微螻蟻以上一切眾生的所有情況都瞭如指掌、毫無混雜地照見。這裡的「晝夜六時」，是日日夜夜時時刻刻注視之義，而並非是除六時以外其他時間不關注。不僅如此，而且佛的智慧恆時清楚明確地知曉一切眾生心中所生起的善、不善、無記，乃至細微以上的任何分別念。大大小小一切眾生口中言說的善不善等所有話語，佛也是以天耳恆時毫不混雜地一一盡聞。譬如，一個房間裡的所有巨細物體都可互不混雜地同時現於一個鏡子中。同樣，佛陀可同時互不混雜地了知三世一切所知，因此我頂禮遍知無量光即阿彌

⑱也就是將各本尊的本體觀為一性。

陀佛。這般思維以後理所應當頂禮。甚至包括單手立於胸前作禮、生起剎那信心、作一次祈禱在內，都要觀想阿彌陀佛已見、已知、已聞此事，對此無有邪見、深信不疑至關重要。

除造捨法無間罪，諸誠信您發願者，
如願往生極樂剎，佛臨中陰引彼剎，
頂禮導師無量光。

暫時有兩種人不能往生極樂世界，即造捨法罪及五無間罪者。然而，並非是佛陀根本不慈悲攝受他們，最終這兩種人也能如願以償（往生極樂世界）。但因為這兩種人惡業深重，暫時無有成就所願的機會。《佛說大阿彌陀經》中也宣說了此兩種人不得往生極樂剎土。

到底什麼是捨法（誹謗正法）呢？有些稍微知道求學的人根本未懂得了義不了義、所化眾生根基差別的密要，而認為所有佛法之中存在各種各樣的矛盾，將顯密宗派上下全部混為一談，認為一者存在一切都需要存在、一者無有一切都不需要……將正法轉為非法而宣講，被貪執自造宗派之觀點所染污以致將非法說為正法，令他人也造捨法罪。如律藏中說：「劣慧宣邪道，稱為邪法師，彼法若正法，非法將如何？」如此之人都是謗法者（捨法者）。

此外，自稱只學密宗的那些人以此為藉口說別解脫學處是聲聞乘，視其為低劣的法門而捨棄，認為有些是賢妙之法等等（都屬於謗法）。如月稱論師所說：「貪執己見嗔他見，此等皆為邪分別。」讚歎自宗、詆毀他宗，或者試探別人後妄加評價說這是智者、這是愚者，就算是極為愚癡之人，如若他僅了知一句法義，那也是教法。所以，他直接誹謗某人而間接詆毀了正法，也成為捨法者。本來，只有智者才了知智者、愚者的差別，自己愚昧無知，又怎麼能辨別他人是智者還是愚者呢？

又如，給別人講法、聞法等造違緣，是捨教法；對於他人受出家戒等製造障礙，或者如果有人受持過午不食、不飲酒等少分學處，則譏諷他說「你是假裝的，勝過你的高僧大德們也不受持這些學處，所以你應當捨棄」，而唆使別人捨戒，以及對修法者製造違緣，這都是捨證法，也是毀壞法身。如果為（講聞）一句一義之法製造違緣不是捨法，那麼對（講聞）眾多正法造違緣也同樣不是捨法了。

如今處於內教佛法衰敗、大多數人以口滅盡福德之時，捨法罪業十分嚴重，因此我們應當小心謹慎。如《寶性論》中云：「存心嗔法者，彼豈有解脫？」造捨法罪之人甚至連獲得人身的希望也沒有，更何況說獲得解脫呢？⑲

五無間罪，即殺父親；殺母親；殺羅漢；破壞僧眾和合，如挑撥佛及其眷屬之間的關係；惡心出佛身血，如懷惡心以石擊佛陀等使其身出血。雖然如今不能直接犯後三

⑲如《涅槃經》中說：「法是佛母，佛從法生，三世如來，皆供養法。」

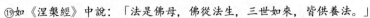

種罪，但可造與其類似的罪業，下文對此也有闡述。

即使是造如此深重惡業之人，如果發願（往生西方極樂世界），那麼總有一天能遠離輪迴，最終得以往生。雖然他們得以往生極樂世界，但因業障所致，數年之中只能聽聞佛語、不得面見佛顏。因此說，極樂世界也有此類凡夫眾生。無論造捨法罪還是五無間罪都不能往生極樂世界，除此之外，對阿彌陀佛您深信不疑誠心發願的一切眾生，臨終或中陰界必得往生極樂世界，因為阿彌陀佛已現前成就了一切宿願。

阿彌陀佛是如何發願的呢？《彌陀經》中云：「設我作佛，十方眾生，發菩提心，聞我名號，生大信心，修諸功德，至心發願，欲生我國，臨命終時，假令不與大眾圍繞，現其人前者，不取正覺。」又如頌云：「何者聞我名，願恒詣我剎，我願妙圓故，眾剎有情至。」如此阿彌陀佛的發願力、悲心力與自己的信心意樂（等因緣）全部聚合，即可往生極樂世界。

因此，如果是今生積累資糧等的上等修行人，則臨終顯現各種隱沒次第景象時（憶念阿彌陀佛而往生淨土）；倘若是罪孽深重之人，就會由罪業自相顯現出見到閻羅王等種種景象，那時雖然沒有能力祈禱阿彌陀佛，但僅能憶念也可往生。如律藏中說：「縱然大海有，離開波濤時，佛陀卻恒時，不離所化眾。」此時阿彌陀佛及其眷屬來到他面前，此人因面見佛陀而清淨轉生惡趣的業障，不經中陰直接被接引到極樂世界，這與《普賢行願品》中所說「願我臨欲命終時，盡除一切諸障礙，面見彼佛阿彌陀，即得往生安樂刹」之義相同。

如果臨終沒有能夠解脫，則死後立即（瞬間）便會出現四恐怖聲⑳、三險地㉑等無法想像的中陰境現，這時應當憶念阿彌陀佛。例如，現在突然出現天降霹靂、大地震動等恐怖現象即能憶念三寶者，此刻是處於驚慌失措、無可奈何的地步而憶念的，倘若這時能夠憶念，那麼由於中陰意識已脫離了肉體，就像水面的皮筏一樣極其容易轉變（，因此輕而易舉便可往生）。釋迦牟尼佛在許多經續中說：阿彌陀佛及其眷屬降臨到中陰界，刹那便將彼者接引到極樂世界。

因此，如果從現在起就把阿彌陀佛的身色標幟等觀修熟練，那麼到了臨終就會像遇到以前熟悉之人一般認出。如果現在修持積資淨障之法，並且經常發願，那麼儘管到那時既沒有憶念也沒有認出來，但阿彌陀佛一定會降臨到中陰來接引你。因此說，頂禮導師阿彌陀佛。

您之壽量無數劫，不趣涅槃今住世，
一心恭敬祈禱您，除非異熟業果外，
壽盡亦可享百歲，遣除一切諸橫死，
頂禮怙主無量壽。

⑳四恐怖聲：《前行講記》釋為地、水、火、風四大之恐怖聲。
㉑三險地：是指中陰界中所出現的白光、紅光、黑光的明、增、得三種恐怖境現。

怙主阿彌陀佛您的壽量長達無數劫，真是不可思議。不趣入涅槃，如今仍在極樂世界住世。專心致志觀想時，如果憶念許多其他瑣事則是三心二意，絕不能這樣觀想。而要意念：無論是苦是樂、是上升還是下墮，我無有其餘的皈依處、指望處。如果能帶著這種心念虔誠祈禱，就會獲得加持。如鄔金蓮師曾說：「具誠信者得加持，遠離疑惑成所願。」半信半疑猶如兩尖針一樣將一事無成。倘若不是半信半疑，而是一心一意以恭敬心祈禱阿彌陀佛您，除了三盡異熟果的情況以外都可以延續壽命。三盡是指：往昔殺生過多之異熟果而壽盡，或因往昔所積福德耗盡而壽盡及引業猶如盡力之箭（自然落地）般地窮盡而壽命完結。（這種壽命完結的人誰也無法使其延壽，）正如所謂的「藥師佛雖親降臨，無法延續壽盡命」。否則，（只要祈禱阿彌陀佛，）由於暫時的違緣導致的生命危在旦夕也可活到一百歲。經中說（念佛）可以遣除暫時的天降霹靂、被水沖走、兵器所害、懸梁自盡等違緣，以及因福德失損而遭到鬼神竊壽、詛咒等損毀靈魂壽命等十八種橫死。為此，頂禮能賜予如此無死壽命悉地的怙主無量壽佛。

總的來說（業壽已盡與否有四種），（一）業盡壽未盡：諸如上半生享受安樂，下半生感受痛苦；（二）壽盡業未盡：諸如從此地獄轉生到彼地獄，從人間死後又轉生為人；（三）業盡壽亦盡：諸如從人間死後墮入地獄；（四）

業壽皆未盡：諸如終生享受安樂。

如今已值人壽百歲之末期㉒，人們很難活到一百歲。然而，此處指的是通過念佛遣除暫時的壽障、使自己宿業感召的壽量達到究竟之義。本來，一位具有能力的上師以咒力攝集器情之福壽融入一位具有緣分的弟子體內從而延長其壽命，這一點是很難以做到的。而這裡僅僅以信心祈禱，可以說不費吹灰之力便可獲得如此巨大效益。

在如今人壽短暫、違緣重重的惡世，如果能誠心祈禱阿彌陀佛，祈禱一次等同於得一次長壽灌頂。假設得以延年益壽，就有空閒修持往生極樂世界之因。如果是一個修持往生極樂世界之因的人，那麼壽命越長越好，哪怕住世一天也可積累廣大的資糧。如《四百論》中云：「具戒久存活，能作大福德。」而作為行持惡趣之因的罪孽深重者，壽命越短越好，哪怕是一刹那留住於世，他也會積累嚴重的罪業。如寂天菩薩說：「寧今速死歿，不願邪命活……唯行罪惡事，苟活義安在？」

這以上是觀想阿彌陀佛從功德的側面具有不同名號而作頂禮。單單因為報身與化身的差別，以及（身體所放的）光芒無邊而稱為無量光佛，又因為壽量無邊而稱為無量壽佛，只是名號不同而已，千萬不要認為有兩種本體。

㉒意思是說，壽命最長可活到百歲。

總之，我們不應認為求破瓦傳承（往生法）、誦《極樂願文》是老年人的修法，求長壽灌頂、誦長壽儀軌是年輕人的修法，而要把所有這些法作為人人必修之法。如果求得破瓦法傳承，也就獲得了《極樂願文》傳承及長壽灌頂；如果求《極樂願文》傳承後讀誦，那麼也就獲得了長壽灌頂與破瓦法傳承。因此，所有男女老幼都應祈禱阿彌陀佛，無有比此更殊勝的了。

庚二、思維持名號功德而頂禮：

無數廣大三千界，遍滿珍寶作布施。

不如聽聞極樂剎，阿彌陀佛名號後，

以信合掌福德大，是故敬禮無量光。

僅僅是以一碗青稞作供施也會獲得無量福德。但此處並非僅此而已，即使是不計其數、廣大無邊的三千大千世界所有剎土中遍滿七寶，以此上供三寶、下施眾生的善根（是無量無邊的），設若某人耳聞阿彌陀佛的名號、極樂世界的功德後體現內心具有誠信而外表僅以單手作禮，佛在經中說由此所產生的善根福德勝過前者百千倍。如云：「極微塵數剎，何者粉為塵，多於此剎中，滿寶作布施，此福亦不及，聞阿彌陀佛，極樂剎勝德，歡喜合掌福，故聞當遣疑。」為此，三門以最大的恭敬頂禮怙主阿彌陀佛您。這個比喻是指將整個大地所有微塵數的世間剎土粉碎成極細微塵，比這（極細微塵）更多數量的世間界。

如今我們獲得了暇滿人身，此時此刻，因為具備眼根而得見阿彌陀佛像，因為具備耳根而得聞佛法，因為具備雙手而才有機會合掌，這完全是往昔所作善業的果報才使得諸根具足。我們可以見到那些因往昔造惡業而成為聾、盲、斷臂等的殘疾人，他們甚至僅此利益也無法成辦。從今往後，通過聽聞《極樂願文》等正法，稍微了知一點兒業因果的道理以後，大家在求法或聽受佛陀每一分功德時，應該生起稀有、歡喜之心而作一次合掌（或單手作禮），僅此也將使人生變得有意義。

其實，我們這些凡夫人由於罪業深、疑心重的緣故，縱然聽到千佛的功德、百剎的讚頌，可是甚至連動身、微笑的稀有歡喜之心也沒有，仍然面無表情、神志恍惚地坐在那裡；而當聽到某處發放了廣大財施，或者一個歹徒製造了多起人亡馬翻的事件，或者某戶擁有許許多多的財富、牲畜時，不但認為這是確實可信、無可懷疑的，而且甚感稀有，於是便以手捂口、雙手拍膝、張大嘴巴、睜大雙眼，（現出種種表情、動作，）這種人即是所謂的「即使佛在空中飛行也不生信心」之輩，還有比這更可憐的嗎？

修持解脫之唯一入門，以信心祈禱阿彌陀佛、念念不忘其名號，則與長期修持的長壽食子無有差別。

誰聞阿彌陀佛號，表裡如一自深心，
僅生一次誠信心，彼不退轉菩提道，
頂禮怙主無量光。

此外，何人聽到阿彌陀佛名號後，並不是裝模作樣、口是心非，而是表裡如一，從心坎深處或者骨髓之中，不用說數數生起，甚至僅僅一次生起誠摯的信心，他自此便獲得了證悟菩提的種子，並將逐漸趨入不退轉大菩提的聖道。僅僅以聽聞名號，便可獲得如此廣大的利益，因此我們一定要從心坎深處頂禮怙主無量光佛。表裡一致、誠心祈禱、生起堅信十分重要。誠如大成就者珠巴上師說：「上師傳法賜灌頂，心中無有無實義，弟子閉目併合掌，心中無有無實義。」空口虛談無有任何實義。這裡所說的僅以聽聞名號便進入不退轉菩提道，對於即將往生極樂世界的入道菩薩來說，這一詞義可直接理解；如果是可往生極樂世界的未入道者，則密意是指已經獲得了將來趨入不退究竟菩提的種子，這也是阿彌陀佛往昔的發願力以及聽聞諸佛名號的功德所致。因此，我們必須明確掌握本義。如《彌陀經》中說：「任何眾生聞阿彌陀佛名號後乃至一發心誠心生信、歡喜，彼等皆可獲得不退轉無上真實圓滿菩提。」

聞佛阿彌陀名號，乃至未獲菩提間，
不轉女身轉貴族，生生世世具淨戒，
頂禮善逝無量光。

無論男子或女人，如果聽到一次阿彌陀佛名號並能受持，那麼自此直至未獲得究竟佛果之前，永遠不會轉生為低劣的女身。如今的所有女人，倘若聽到阿彌陀佛名號，則現在的這個身體就是最後的女身，來世不需再轉為女子，這也是阿彌陀佛往昔所發的宏願。

一般來說，女人煩惱粗重、地位卑下，無有修法的自由，如若出家則對佛法有害等等（有許多過患）。如鄔金蓮師（鄔金林巴的伏藏品中）說：「無戒沉迷之僧人，無誓言之愚咒士，無信心之惡女人，此三無處不生也。」有些蠻橫無理、無有信心、不知羞恥的女人是一切罪過的根源，也是損害佛教的唯一怨敵。雖然以罪惡引業感召而投為女身，可是作為由善心滿業而感的有些信心十足、知慚有愧、明曉善惡的女子，則正如所謂的「身體低劣境界高」，一百個壞男人也無法與之相提並論。

雖然未轉生為女人，但如果是生在低層的屠夫、賣酒、閹割、獵人、天葬師等惡劣卑賤種姓中的人也是同樣，如若聽到阿彌陀佛名號後受持，則永遠再不會投生在那些卑劣種姓中，而轉生到法王、大臣、婆羅門、上師、父輩修法等那些上層高貴的種族中。

如今的五濁惡世，可以說幾乎沒有護持種姓的人，常常存在國王行持正法而太子卻胡作非為、父親修持佛法而兒子卻作惡多端的現象。

在佛教裡，種姓、門第並不重要，重要的是修持正法。而且修行的所依身體最好是出家身分，這是一切身分之王，所有的種姓中居於首位的是（皈依、出家等）三寶種姓。所以說，如果聽聞阿彌陀佛名號後受持，則生生世世會獲得受持戒律如意寶的殊勝出家身。當然如果成為破戒者也就無有實義。因此，要獲得持梵淨行、不染細微過患、內外清淨猶如蓮花般的具淨戒身體。為此，頂禮善逝怙主阿彌陀佛您。

我們也要這樣來發願：願我生生世世中獲得具足戒律的出家身分。如果僅以聽聞阿彌陀佛名號便可以獲得如此善妙的身體，那麼欲求出家後護持清淨別解脫戒的僧人們專心致志地祈禱阿彌陀佛，這一點相當重要。所有菩薩在沒有獲得聖果之前，也是害怕在家的過患而唯一發願出家。如《普賢行願品》中說：「我隨一切如來學，修習普賢圓滿行……常得出家修淨戒，無垢無破無穿漏。」《入行論》中云：「我未登地前，願蒙文殊恩，常憶己宿命，出家恆為僧。」如果現在祈禱阿彌陀佛，將來也不會生於出家障礙最大難以拋下財富王族一類的過於富貴種族，也不會轉生到無有順緣資具乞丐之類過於貧窮的家中，轉生到這兩種家族中都是出家的違緣。

從前，一位不行正法的國王生了一個信仰佛教、行持正法的太子，那位太子目睹父王以非法治國以後，暗想：父王死後，我也將以非法執掌國政，這樣一來，必將墮入地獄。於是向父王請求出家，卻未獲許可。一次，那位太子看到一位拄著拐杖、拿著破碗沿街乞討的窮人，就問他：「喂，我因為生於國王這樣富足的家族中不得出家，你為什麼不出家呢？」乞丐說：「我沒有缽盂等資具。」太子為那個乞丐提供了出家所需的一切資具，讓他到一位仙人前出家，並說：「你若獲得了少許殊勝功德，也要講給我聽。」乞丐應允後義無反顧地離去，後來通過修行而獲得了緣覺阿羅漢果位。他猶如天鵝王般從空中飛到太子面前顯示神變。太子知曉後頂禮其足，並說：「你獲得了如此功德啊！」阿羅漢回答：「是的，我已經獲得了。」太子心想：此人從前未得出家是因為淪為乞丐；我未能出家則是由於生為富貴的太子。此次，我以令此人出家並供養資具、恭敬承侍的善根迴向發願，他說：「不生過富家，不轉貧窮家，唯生中等家，恆常得出家。」當時的那位太子，即是舍利子尊者。

此外，包括在家男女在內能夠如願以償的因就是依靠祈禱阿彌陀佛、行持斷除殺生等一分善業而發願生生世世得以出家。當見到一位僧人時，不應當像狗看到青草一樣（無動於衷），而要發願：願我生生世世也獲得這樣的身相。

往昔，印度的國王、施主們到了白髮蒼蒼的時候便會說：「現在已出現死相了。」於是捨俗出家。世尊曾說：「老時具戒得安樂。」

如今的在家男女們在有生之年也不要一直緊緊抓著狗窩般的家室寧死不放，在子孫後代長大成人能夠自立之時，自己最好出家為僧，受持戒律。即使不能出家，但如果能守持一分居士戒，那麼也會今生幸福後世得樂，並且將來至尊彌勒佛出世時轉生為他的眷屬而獲得解脫。如世尊曾說：「諸在家眾如住於火坑，諸出家眾如住於涼室。」又說：「縱諸在家者，指甲上耕田，吾之出家眾，生活無貧窮。」

看一看在家人的過患與出家人的安樂以後好好想一想，當能夠放下一切的時候，就會發自內心歡喜出家。從前，印度舍衛城一位名叫得洛的婆羅門有一個好似魔女般的惡劣妻子，膝下無子卻有七個女兒，她們都已嫁人。每當她們與丈夫返回娘家時，婆羅門的妻子總是粗言惡語怒罵他們，他們也是憎恨、損惱父母，並且婆羅門的妻子對婆羅門也是生嗔、折磨。到了耕地時節，因為家境十分貧窮而沒有一頭牛，於是便向鄰居借了一頭，老婆羅門前去田中（耕地），結果不幸將牛丟了。他十分沮喪，心想：我往昔造了什麼惡業（今生遭受如此果報）？現在如果回家，定受妻子折磨，女兒、女婿們也不讓住，又把鄰居的牛丟了，現在該怎麼辦呢？他悲傷地坐在那裡。這時，他看到身著僧衣的世尊寂靜調柔地安住在遠處的一棵樹下。於是走了過去，倚靠著手杖不停地觀察，心裡不禁想：這位沙門實在安樂，他既沒有惡劣妻子的嗔惱，也沒有壞女兒、壞女婿的折磨，到了耕地時又不需要借牛，此人真是無憂無慮呀！世尊對他的心思一清二楚，於是說道：「婆羅門，正如你所想的那樣，我的確無有任何煩惱。如果沒有惡劣的妻子，怎麼會遭受她的損害呢？也不會有七個女兒、女婿的損惱，又無有要耕的田，也就不會有丟失牛的憂愁。婆羅門，你願意出家嗎？」老婆羅門說：「我現在把家當作尸陀林一樣，妻子、女兒看成怨敵一樣，那麼我還有什麼捨不得的呢？如果世尊開許我出家，我為什麼不出家呢？」經世尊開許後，老婆羅門得以出家，最終獲得了阿羅漢果位。

思維一下這種道理，高低、強弱所有人都要爭取受出家戒而守持一分學處，以便在相續中播下受持律藏的種子。

如今總的教法已趨於隱沒，尤其律藏如意寶已接近唯持形象期了。大慈大悲的佛陀再三說：「邊地魔軍蜂擁而至之時，首先律藏如意寶會隱沒。如此靈器㉓與禳解㉔等（修法儀軌）不會隱沒，即使隱沒也一樣。」

現在需要思維持名號的那些功德而作頂禮，並在自己前方的虛空中觀想：本體為根本上師、形象為怙主阿彌陀佛，居於主位，由十方三世的所有皈依處（佛、菩薩）所圍繞。再觀想：自己的右側是現世的父親，左側是母親，前面是一切怨親債主，周圍六道眾生就像被宴請的賓客一樣聚集在一處紛紛頂禮、嗡嗡祈禱。（我們在頂禮時）不能慌慌張張、散漫放逸，而應寂靜調柔、具有正知正念，並觀想合掌的中間有如意寶。以猛烈信心合掌於頭頂時觀想：頂禮諸佛菩薩之身，願淨除自他一切眾生的身障，

㉓靈器：供施代替品。用彩線繞成或用糌粑捏成日用品、牲畜、房屋等摹擬物。用以供神者稱為上供靈器，用以布施鬼類者稱為下施靈器。
㉔禳解：念經修法以禳解災難的儀軌。

究竟獲得正等覺的無見頂相；合掌於喉間時觀想：頂禮諸佛菩薩之語，願淨除自他一切眾生的語障，最終獲得佛的法語螺音；合掌於胸前時觀想：頂禮諸佛菩薩之意，願淨除自他一切眾生的意障，最終獲得佛的智慧吉祥結；五體投地時觀想：頂禮佛菩薩的身語意功德事業，願同時淨除三門的障礙，究竟獲得五身五智。不能這樣觀想的人，如果能夠一邊在心裡想頂禮怙主阿彌陀佛您，願淨除自他一切眾生的所有罪障、習氣而得以往生極樂世界，一邊虔誠、恭敬頂禮，這也可以。

並依次念誦：「頂禮供養皈依真實應供、善逝、出有壞、圓滿正等覺阿彌陀佛。頂禮供養皈依真實應供、善逝、出有壞、圓滿正等覺藥師琉璃光如來。頂禮供養皈依真實應供、善逝、出有壞、圓滿正等覺釋迦牟尼佛，頂禮供養皈依八大隨行菩薩。」再誦：「頂禮阿彌陀佛尊，加持往生極樂剎。」之後念誦：「敬禮遠近無別故……頂禮善逝無量光。」讓大家一同進行頂禮、觀想、念誦頂禮偈，如此完畢後坐在坐墊上念誦頂禮增補咒：「納麼瑪則西日耶，納麼色西日耶，納麼厄達瑪西日耶梭哈。」這樣一來，頂禮一次將感受盡自己身體以下所覆蓋的乃至金剛大地以上所有微塵數的轉輪王之安樂等果報。如《勝出天神讚》㉕云：「誰以誠信或歡喜，及與散亂或疑

㉕《勝出天神讚》：是讚頌釋迦牟尼佛的一部頌歌，古印度佛學家商羯羅主所著。

心，頂禮如月之能王，將獲天人圓滿樂。」而且此人往生極樂世界後，定會面見阿彌陀佛尊顏。此處，如果法會中間休息，應迴向善根。

戊二(對治吝嗇或貪心之供養支)分三：一、真實供養；二、意幻供養；三、自成供養。

吾身受用及善根，一切真實之供品，
意幻七寶瑞相物，本成三千世界中，
十億日月洲須彌，天人龍之諸受用，
意幻供養無量光，為利我故悲納受。

己一、真實供養：

如有「以淨飲食作供養，以善意樂而印持」之說。所以，既不能供養污穢的飲食、陳舊的衣服等低劣物品，也不能供養通過盜竊、掠奪或以諂誑等手段得來的邪物，而要以清淨殊勝的意樂供養自己往昔所積累或者最近辛勤勞作獲得的潔淨飲食、服飾等。如果自己的飲食只能自給自足而一無所剩，那麼首先陳設於三寶（所依）前作供養，然後觀想三寶賜予我悉地，這樣自己享用也可以。我們應當供養我執的三種事物（身體、受用、善根），即供養自己所珍愛的身體，滋養身體所需的飲食、財物、牲畜、住宅等一切受用，以及三世所積累的一切善根，這也是修心。儘管我們現在不能夠做到真實供施自己的身體及一切受用，但是要觀想：以承侍阿彌陀佛的方式供養身體，從而斷除所謂「我的身體是我」的這種執著，之後精勤行持令一切眾生往生極樂世界之事業；為了在臨終時不貪執受用，從現在開始就要供養一切受用；將一切善根觀為（普賢）供雲而作供養。真實財物中的供水、淨足水、鮮花、薰香、塗香、酥油燈、香水、神饈、樂器等所有一切供品，也要根據自己的經濟條件而作供養。

擁有財物的那些富人是由於往昔曾積累福德所致，如今成為富翁的，現在更應該充分利用所擁有的財食受用來積累福德；無有財物的人們是因往昔未曾積累福德而導致如今成為窮人，現在雖然十分貧窮，但是包括乞討得來的飲食在內，都需要作供養。所以，富者不應死守不捨，窮人也不能以無有為藉口而將供養當作付稅一樣。人人都要盡己所能來積累福德。

己二、意幻供養：

將非真實擁有而是意識幻化的供品——鏡等八瑞物、傘等八瑞相、金輪等輪王七寶……有寂一切圓滿財富作意幻供養。這些供物，除了佛菩薩等具廣大福德者之外，其他人很難擁有。因此，若有這類畫像或塑像，就把它們觀想成是真實的供品來作供養。在家男女們將七八粒青稞、大米、奶渣等供品觀想成八瑞物、八瑞相、輪王七寶作供養也同樣（獲得功德）。

（接下來）對這些供品略加說明：

①寶鏡　②牛黃　③奶酪　④吉祥茅草

⑤木瓜　⑥海螺　⑦黃丹　⑧白芥子

八瑞物：昔日，色界天女持光母供養世尊明鏡，佛將它加持成吉祥物。同樣，自己也可供養清澈、明亮的白銀鏡，願自他一切眾生證悟正法實義。依此類推，如村姑妙生女供養世尊奶酪，自己也可供養奶酪，依此願獲得禪定食；如護地大象之子供養牛黃一樣，自己也供養牛黃，依此願遣除煩惱疾病；如賣草童子供養吉祥草一樣，自己也供養吉祥草，依此願獲得無有生死衰老之身；如木天女供養木瓜一樣，自己也供養木瓜，依此願逆次

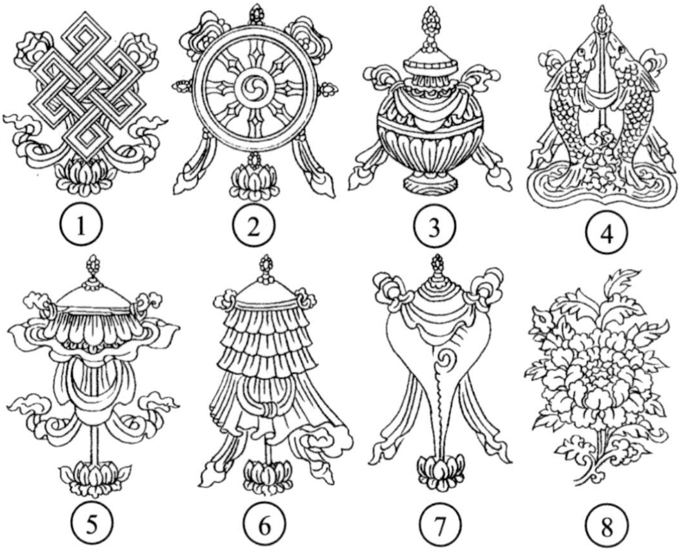

①吉祥結　②法輪　③寶瓶　④雙魚
⑤寶蓋　⑥寶幢　⑦海螺　⑧妙蓮

清淨十二緣起而獲得涅槃果位；如帝釋天王供養右旋海螺一樣，自己也供養海螺，依此願能發出法語妙音；如星王婆羅門供養黃丹一樣，自己也供養黃丹，依此願懾服三界；如金剛手供養白芥子一樣，自己也供養白芥子，依此願圓滿殊勝能力。就這樣來意幻供養。如果供養明鏡，則可獲得善妙色相、聰明智慧等相應其因的果報（，其他都可依此類推）。

八瑞相：梵天等供養佛陀並且佛自身也具有頭如傘蓋等各種福德、智慧力而成的不同妙相。為了自他一切眾生積累福德，我們可觀想八瑞相的形象來意幻供養。具體觀想如下：以具有金柄、飄曳的各種綢緞、寶頂嚴飾的白傘供養阿彌陀佛頭部，依此願解除自他一切眾生煩惱的酷熱；以具璁玉（松耳石）鰭、柔軟纖細的金魚供養佛眼，依此願得智慧眼；以鮮豔奪目、妙香芬芳的千瓣蓮花供養佛舌，依此願猶如蓮花不住水般雖住於輪迴中卻不為輪迴過患所染並生生世世獲得斷除妄語、宛如蓮花的舌根；以表示菩薩為利他眾而投生的吉祥右旋法螺供養佛牙，依此願獲得四十顆皓齒享用殊勝美味，並從螺齒間發出聖法妙音；以如意樹嚴飾瓶口、充滿無死甘露的寶瓶供養佛頸部，從而願自相續如盛滿精華汁液的寶瓶般遍滿正法，滿足所化眾生的心願；以虹光自性的珍寶吉祥結供養佛的智慧，依此願自相續中獲得佛的無始無終、難以揣測的智慧力；以代表佛法永不隱沒、天物形成、無價之寶的飄曳綾羅勝幢供養佛身，從而願擊敗異方的一切辯論並獲得相當於普通人身量三倍的佛身；以表示徹底斬斷三有之煩惱網的法輪供養佛足，從而願懾服一切外道並以廣轉三乘法輪調伏所化眾生之相續。如是意幻供養八瑞相，願自他一切眾生享受吉祥圓滿如海的安樂，帶著這種發願而作供養。

輪王七寶：金輪寶：昔日，轉輪王們在皇宮頂層說諦實語後，以其福德力金輪從東方虛空中降落到國王面前，依此可以隨心所欲周遊各處，以金輪寶引導行進的同時，其餘輪寶也隨之而至；神珠寶：顏色碧藍，毫無瑕疵，所放出的光芒可照亮八十由旬的範圍，以此能力遣除四大洲一切眾生的貧窮，如意滿足一切所願等具有許多功德；玉女寶：相貌端莊，令人見而生喜，遠離女人的一切過患，具足功德，天生具有悅意的妙香、所觸等；大臣寶：財富受用猶如多聞天子一樣圓滿，假設國王下令使三千大千世界遍滿黃金，那麼他一剎那間便可辦到，並且具有慷慨博施的福報；白象寶：具有六顆灰白牙齒及紅色頂髻，身體高大，覆蓋寶珠瓔珞，具有一千頭普通大象的力量，神速無比，諸如護地大象之子；駿馬寶：身色湛藍猶如孔雀頸羽般讓人賞心悅目，無有疾患，嘶叫聲傳遍整個南贍部洲，知道國王心中所想，因此稱為駿馬，一日內可轉繞南贍部洲三次，迅疾如風，諸如巴拉哈馬王㉖；將軍寶：具有堅韌毅力，極為擅長技藝，並具有作戰的善巧方便，隨行有四大軍隊，僅以挽弓便令對方所有敵軍膽戰心驚、望而卻步，威風凜凜、勢不可擋，諸如帕吉波國王。

㉖巴拉哈馬王：從羅剎洲引導眾生的馬王，是觀音菩薩的化身之一。

①

②

③

④

⑤

⑥

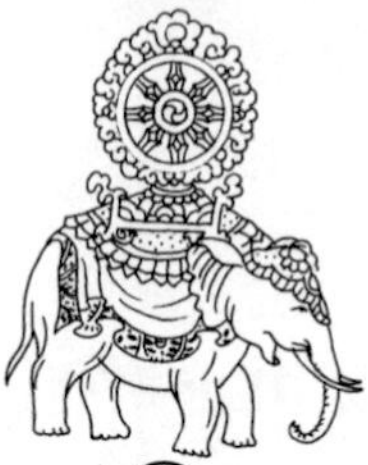

⑦

①駿馬寶　②金輪寶　③玉女寶
④摩尼寶　⑤將軍寶　⑥大臣寶
⑦白象寶

這以上是意幻供養。

己三、自成供養：

自成是指最初世間形成時，由眾生共同業力逐漸形成的三千大千世界的百俱胝數四大洲，所有這些四大部洲每一洲都擁有百俱胝的須彌山、日、月等，以及表示五供的五種自然供品。五種自然供品是指東方日月燈火

（燈），南方旃檀妙香（香），西方雪山食子（食子），北方清澈甘泉（水），下方遍地金花（花），上方蒼龍樂音等供品。此外，將上方天界的受用、下方龍宮的受用、地上人間的受用全部以意念取來，供養怙主阿彌陀佛及其眷屬，並且如此意念：您們雖然沒有受供的近取（執著），但為了利樂我與其他一切眾生究竟獲得佛果，暫時往生極樂世界，祈請您們以大慈大悲心接受，並以歡喜心享用。如果我們有這樣觀想供養的能力，那麼佛菩薩們絕對具有享用的能力，如續部中說：「諸三千界中，所有佛剎土，以欲妙嚴飾，供養圓滿佛。」這一切自成供品全部是由眾生共業形成的，所以沒有執為你的、我的，任何人都可以供養。從供品本身來說，也是世俗緣起的遊舞，因此了知這些僅是名稱假有而已，並不成立實有，這一點尤為重要。如《大方廣寶光明經》中云：「了知供誰如虛空，何者無緣亦無執，彼為最勝之供養，盡獲超思無量智。」因此，對於真實道的供養來說，執著有實即是一種過患。如《匯集經》中云：「如享雜毒之食物，佛說緣白法亦爾。」然而，在家人以信心恭敬心作供養完全是可以的。

因此，我們見到乃至清清的泉水、美麗的花園、自他美妙的服飾物品等所有悅意之物都要以意念供養阿彌陀佛，並說：「祈願自他眾生往生極樂剎。」這樣做順便之中就可以圓滿資糧。人們前來求法時，也不應兩手空空，雖然正法與上師不需要財食，但這樣會耗盡自己的福德。死亡之時，哪怕你的財產受用多如須彌山，也無有權力帶走芝麻許，不得不赤手空拳、默默無語地離開人間。如今自由自在的時候，即使再多麼貧窮，也必定會有一把青稞、一捧大米，甚至如果從路旁採幾束鮮花手持而來（供養說法上師），也有巨大利益。

現在我們這些人當中存在著這種現象：無論是斷除惡業，還是供養等行持善法，對於廣大之事怯懦不為，對於微小之事心不滿足，認為僅此無關利害而不屑一顧，這樣的話，如何能做到斷惡行善呢？《大悲白蓮花經》中說：「觀想佛若僅向空中拋一朵花，其善根我以善逝佛智也難以衡量、宣說。」又《妙法蓮華經》中云：「若人散亂心，乃至以一華，供養於畫像，漸見無數佛。」因此說，今生來世一切善妙的根本積累——福德資糧極為重要。尤其是，在舉行大規模極樂法會時作供養，因為既有密宗的儀軌，並且僧眾中也有數多的高僧大德，而且具足加行、正行、結行等，所以有巨大的變數（數量成倍增長），因此應當精勤供養。

有財富的人如果不慷慨上供下施，就如同守護寶藏的餓鬼或頭具寶珠的毒蛇以及老狗（老狗守骨）一樣，對自他均無有利益。這些財產受用也是與怨敵盜賊共同享用，或者成為爭論之因。如律藏中說：「倘若一鳥銜肉塊，餘鳥見後隨圍繞，如是了知欲妙過，當如犀角獨自行。」

如此，遭到強者掠奪、卑者盜竊，或被鬼神、損耗鬼㉗所毀。鄙劣者（下等者）所積累的全部財產耗費在爭吵、打官司之事上；中等者所積財產全部耗盡在宴請親朋好友上；高尚者（上等者）則將所積財產全部用於正法方面（上供下施）。前兩種人（將財產）無義空耗，如果將其用於正法方面，則猶如商人放高利貸或在良田中播下種子一般，結果今生來世的受用會成百倍地增長而不會耗盡。不僅如此，而且財產還有最初積累的痛苦、中間守護的痛苦、最後無常毀滅的痛苦，猶如夏季洪水氾濫一般。如《別解脫經》中云：「財富如流水。」雖然有些人以自己往昔所積善業，而在某一世中擁有無盡財產受用，但如果他們沒有（用這些財富）來上供下施，那麼今後也將是一無所獲，往昔所積善業將在此生就會耗盡無餘。如寂天菩薩說：「積護耗盡苦，應知財多禍，貪金渙散人，脫苦遙無期。」所以，我們思維財產是痛苦之根源、無有任何實義後應當上供下施。

如今，藏地的國王（所執有的財產）也無法比擬往昔印度富裕的大施主（所擁有的財產），這是由於福德淺薄及正值日趨直下的劣緣惡世所造成，又因為吝嗇心重、不知因果而導致未能積累暫時的福德。擁有少許財食之人為吝嗇所縛，自己既不享用也捨不得上供下施，如同一條無牙的老狗守著乾癟的骨頭一樣。昔日，阿底

㉗損耗鬼：專吃食物精華和損耗財物的一類鬼怪。

峽尊者初來藏地時說：「在你們藏地，甚至沒有一個享受供施一把青稞果報的人，簡直成了餓鬼世界一樣。」的確如此。正如「微小種子生大果，少量種子產眾果」的比喻一樣，對於殊勝的對境（福田）哪怕只是供養一粒米，也會獲得廣大、眾多的果報。所以，如今在我們藏地被公認是富翁的那些人，也難有往昔僅僅供施一碗青稞的果報。

從前，我乳轉輪王所擁有的統治四大部洲以及與帝釋天王平起平坐的廣大福德與權威，這也是往昔供養德護如來七粒豌豆的果報。又如：從前，松西城市一位名樂的施主，其福德十分廣大，空空如也的倉庫僅看一眼便會盈盈充滿，他及妻子、兒子、兒媳、男僕、女僕六人都是僅以意念便如願以償，一點點飲食到了他們手中會成百成千倍地增長等等。他們這六位具有無比廣大福德之人，後來於世尊面前聞法而獲得解脫。那麼，他們因什麼善業而成為這樣的呢？往昔，在鹿野苑境內，梵施國王執政期間，發生了一場十二年之久的飢荒。當時，有位施主的倉庫全部空空蕩蕩了，在清掃倉庫時收集了微乎其微的一藏升糧食，隨即將米煮熟。這時，一位獨覺比丘來到他家（化緣）。那位施主想：現在我將自己分得的這一份微量米飯吃了也無濟於事，終究免不了餓死，不如把我的一份供養這位比丘。隨後將想法告訴妻子，妻子也贊同此事。又對兒子、兒媳、男僕、女僕講了，他們全部贊成。於是將所有的米飯集中起來供養了那位比丘。因那位比丘是一位阿羅漢，所以顯示神變使他們生起無比信心而發願。以此福德力瞬間使空空的倉庫全部充滿財寶，並且結束了整個國家的飢荒劫。從此以後，他們一家六口任何一世都轉生於富足之家，甚至連乞丐、飢荒之聲也未曾聽過，最後於釋迦牟尼佛在世時變成如此具廣大福德之人。

所以說，以清淨的意樂雖然供養微不足道的物品，也會獲得廣大利益，正如所謂的「小小花朵也是供品」。思維此理後，看到那些雖擁有財富，卻仍然貪得無厭到處苦苦尋覓的人，真如《廣大遊舞經》中所說的「喜愛一切欲妙者，如飲鹽水無厭足」一樣。即使三千大千世界的所有財產受用為他一人所擁有，他也不會滿足，就像「人有財發瘋，畜有草發瘋」㉘的比喻。在內心沒有知足之前，始終不會停止積累財產，這真是無財不貧窮，有財反貧窮啊！

可以見到富如山王的人，仍不知滿足，還要為了芝麻許的利益奔波忙碌，最終自己的飲食也未用上而為財產喪命。從前，秋收時節，一個人挑著一擔豌豆行路，途中他將那擔豌豆放在一棵樹下，就去解小便了。這時，一隻猴子從那棵樹上下來抓了一把豌豆，在爬樹的過程中一顆豌豆落到地上。老猴子扔下一把豌豆，去找那一

㉘這句話意思是說，世人越有財產越貪得無厭，牲畜草料越多越不好馴服。

顆豌豆。恰巧那人回來了，他拋出一塊大石頭（擊中了猴子），結果老猴子喪了命。那裡的一位天人說道：「捨棄一把豆，而尋一粒豆，歷經百般苦，此猴真愚癡！」

還有些富翁將優質的財物貯存起來，自己使用下劣的。有這樣一則例子：在古代，一個獵人放毒箭，射中了一頭大象，大象也殺死了他。這二者都死了。不久，五百名盜賊來到此處，看到了大象的屍體。因為當時正值飢荒年間，於是他們立即進行分工，一半人煮大象肉，另一半人去提水。這些盜賊還有少量的贓物要分，因此煮肉的一部分人心懷鬼胎地想：我們盡量多吃象肉，將剩下的肉放上毒藥，那些挑水的人吃後便會死亡，這樣我們就可擁有所有的財物。商議後就這樣做了。而提水的人們也生起了同樣的惡念，首先他們把水喝得飽飽的，然後在剩餘的水中放上毒藥提回來，結果所有的人全部命絕身亡。此時，一隻飢餓的老狐狸也隨因緣而來到了這裡，看見所有的屍體，牠生起了強烈的貪心，將全部屍體歸為己有。因為吝嗇者的本性是將好的貯存起來而使用不好的。老狐狸心想：我現在擁有了大批食物，這些應當逐漸來吃。想到這裡，牠首先準備吃那些堅硬的弓，於是便將弓鞘放在嘴裡一拽，結果弓弦斷了，弓鞘觸進牠的上齶，老狐狸也就此一命嗚呼。那裡的一位天人說道：「積累尚情可，不應過分蓄，且看因貪積，愚狐死弓下。」

同樣，有些富裕之人為吝嗇所縛，箱子裡已塞滿金銀財寶、精美綢緞；倉庫裡已裝滿茶葉、酥油、肉、青稞；山坡草原上遍滿了馬牛羊群，仍然還希求積累（更多的財產），總是擔心所積財產會用完，並且穿的也是破破爛爛，顯出一副窮酸相；吃的也是清水加糌粑的粗茶淡飯㉙，就這樣可憐度日。這些人一旦遇到違緣驟然暴死或者因為財產而遭到怨敵盜賊殺害，就成了那隻老狐狸一樣。思維這一道理以後我們一定要上供下施，合理地使用自己所擁有的財產、受用。如古大德們說：「辛勤如山王，不如積星福。」

當今時代，富裕的人們有這種說法：「我們是憑著自己的本事、通過辛勤勞作積累這些財產的。」但事實並非如此，這只不過是他將自己往昔所積累微乎其微的善果誤認為是現世暫時的辛勤努力而成為這副境況罷了。如果不需依靠絲毫福德僅僅憑著辛勤努力就能夠積財的話，那為什麼如今到處可以看到：有些人儘管終生勤勤懇懇卻一輩子歷盡苦難，今年富富有餘，明年卻一貧如洗，雖然於有生之年辛辛苦苦、兢兢業業，但是死的時候竟然無有燒一次焦煙㉚之物；另有些人收集信財亡財、經商務農，以及盜竊、掠奪、欺詐，包括為別人雇傭獲取工錢在內（千方百計獲得財產），簡直就像要「從石頭裡抽出血，從鳥兒體內吸出骨髓」一樣精勤收集、積累財物，

㉙按藏族的習慣，吃糌粑時必須放酥油，除非極為貧困無有酥油，萬不得已才不放酥油。

㉚燒焦煙：這是藏民族超度亡人的習俗。

儘管如此，他們卻只能勉強糊口而一無所剩；而有些人既不需要通過勞作聚集信財亡財，也不必以經商牟取利潤或以打獵偷盜積財等，一切財產都是不勞而獲，無財也不需尋求，有財不會損耗，其實這都是在自我感受往昔所積的福報。從諸如此類的現象來看，我們就會認識到是否需要往昔所積累的福德，譬如，如果想要有五穀豐登的好收成，就必須播下種子，只是在荒蕪的田地裡辛勤耕耘，終將一無所獲。

當前，那些不懂業因果的人們企圖變成富翁，便從事經商、進行盜奪、獵殺野獸，他們的所想與所行完全背道而馳。如若想成為富裕之人必須進行上供下施，除此之外，任何佛陀也未曾說過依靠經商牟利等可變為富翁。佛在經中說：「強取暴奪者需要以貧窮還債。」假如以自己的宿業而從事經商等，雖然今生獲得了少量財食，而為此所造的惡業果報必將在後世感受。既然如此，那麼僅僅為了現世的溫飽有何必要令此人身成為惡趣的墜石呢？我們獲得暇滿人身時，以所積福德得到的受用來維生。否則，以造惡業苟活於世，這在鷂鷹、豺狼等旁生中也是有的。

尤其是，看看那些依靠獵殺鹿子、獐子許多野獸獲取眾多銀幣的人們，他們家中是否有銀庫呢？如果按照他們所獲得的銀幣量來看，那麼他們家應該有銀庫，可事實卻並非如此，這些人非但沒有寶庫反而是負債累累，債台高築。正如所謂的「無功德者之信財，罪犯騙子之受用，得時雖有積時無，積財無有實義也」。而且，獵殺眾多野獸之人的家中也是一無所有，食不果腹，衣不蔽體，奶牛無有酥油、牛奶，食品無有精華營養，人們無精打采……這是因為：野獸是非人的家畜，殺了這些牲畜，餓鬼們會跟隨獵人而來，竊取、奪去他們家的福壽。

所以，具有萬貫家財的富豪直至用象、馬來供施，一貧如洗的窮人哪怕用一針一線的財物進行供施，從而獲得各自財力所積累的福德。百年之中以唾液作飲料來解渴，以空腸作腰帶來忍飢挨餓，辛辛苦苦地勞作不如在這樣的極樂法會期間一日短暫的時間裡作頂禮、轉繞、皈依。觀想怙主阿彌陀佛，即使僅僅向空中撒一粒米供養，其福德也是不可思議的。儘管由於往昔未曾積累福德導致如今不具備廣大的供品，但是鮮花、淨水等這些無主物是清淨真實的供品，如果能以此供養阿彌陀佛，也有相當大的利益。可是，連這一點也不能供養的人，那顯然是根本沒有福報的標誌。如寂天菩薩說：「福薄我貧窮，無餘堪供財，祈求慈怙主，利我受此供。」

心態清淨的人，哪怕是供養土石都可以。往昔，釋迦牟尼佛與阿難尊者去化緣，行至途中。路旁有兩位小孩正在玩耍，他們用土粉建造房屋等，並且說：「這是住房，這是倉庫，這是如意寶。」一個小孩看見佛陀到來，無比歡喜，他捧了一捧說是「如意寶」的土粉來到世尊面前準備供養，可是他的個子太矮了，實在夠不著。他便對另一個小孩說：「你向下彎腰，我站在你的身上將『如意寶』供養在佛的缽盂裡。」那個小孩也照他說的去做。他爬到同伴的肩膀上，站起來。這時，世尊也將缽盂拿低來接受（他的供品）。於是小孩把一捧土粉倒在佛陀的缽裡。世尊將那些土粉交給阿難，並說：「將這些土粉和成泥塗在經堂的牆壁上。」並授記：「此孩童以供養一捧土粉的福德，於我涅槃百年後轉生為南贍部洲的阿育王，另一個孩童變成他的大臣，他（阿育王）將來在南贍部洲瞬間內建成八萬四千佛塔。」

有人終生含辛茹苦勞作也無法獲得的財物，具有福德者一天便可獲得。從前，王舍城的一對婆羅門夫妻，無論如何勤勞始終連溫飽也解決不了，只能淪為乞丐。聽說供養僧眾齋食可變得富足，夫妻倆便將做乞丐、當雇工得來的所有食品供養僧眾，並且婆羅門女也受了齋戒。當時，勝光王到城外消遣，返回途中遇到一名被綁在樹上瀕臨死亡的囚犯。囚犯向國王索要食物。國王滿口答應，可是回到王舍城後就忘了，到了午夜才想起。因為王舍城外半夜三更到處是魔鬼羅剎，所以誰也不敢去送食物。國王下令：「在我的國境內，如果有人能於此時送飯給那個囚犯，獎賞黃金一千兩。」其他人誰也不敢前往。那位婆羅門女心想：我今天已受了八關齋戒，所以一定不會遭到鬼神加害。於是她從國王那裡領取了飲食，就在這深更半夜，毫不猶豫地向王舍城外走去。路上，碰到一個當天生下五百個孩子的羅剎女，那個羅剎女非常飢餓準備前來吃她。此時她心中正憶念著齋戒。羅剎女知曉後，驚恐不已，請求道：「優婆夷，你把所帶的飲食施給我一點兒吧！」於是婆羅門女施給它少許，以居士戒的加持力，這少量的食物變成了許許多多，使羅剎女和她的孩子都得到滿足。羅剎女十分高興地告訴她：「我住的這個地方，有一個金瓶，供養給您，請帶走吧！」她得到一個金瓶。此後，她又饒益了許多類似的其他鬼神，那些鬼神非但沒有損害她，而且又向她供養了三個金瓶。（到達目的地，）她將飲食交給犯人後便返回王舍城。勝光王將一千兩黃金也賞給她。從此以後，夫妻倆生活變得非常富裕，他們也知道這是因為供養僧眾得來的福報，所以也就更多地供養僧眾齋食，結果變得越來越富有。後來，那位婆羅門成了勝光王的大臣。由此可見，僅僅以乞討來的飲食作供施以及在一天當中受持一個齋戒，現世中也成熟順現受業㉛的果報，那麼何況說是後世呢？

然而，人們中普遍存在這種現象：因辛勤勞作所獲得的成果，或者以所積資糧而擁有財產時，無有施捨心，當有了施捨心時又無有財物，施捨心、財物這兩者很難同時具備。雖然有心力，但如果不具足財力，也無法實

㉛順現受業：順現法受業，今生所造強有力業，即於今生受果報者。

現上供下施。因此，大家一定要以餘下的財產乃至空器以上的財物來積累資糧。

很久以前，有一對富裕的夫妻，在財產裝滿倉庫富足的時候，未能上供下施，最後淪為乞丐。他們擔心今後世世代代會成為乞丐，便在昔日所有那些已空的庫房裡仔細尋覓，竟然找到了一枚金幣。於是他們將金幣放在裝滿淨水的瓶子裡供養僧眾。僧眾用這瓶淨水來洗腳並將金幣用來買花，享用了（他們的供品）。以此福德，這對夫妻無論轉生於何處，剛一出生時，家中便會出現一個八肘高的沐浴池，在池中裝有許許多多的金幣。

從前，印度的一位富裕施主生了一個相貌端莊、身著珍寶白衣的具相之女，與生俱有的妙衣也伴隨她一起長大，因此給她取名為白母（或白衣）。這位白母唯一虔誠信仰佛法，後來出家時，衣服也變成了法衣，最後她證得阿羅漢果。（眾眷屬）請問世尊：「此白母比丘尼往昔造了什麼業而成為如此？」世尊講述：「從前，有一對以乞討為生的夫妻，他們除了一件衣服以外無有任何可穿之物，誰出去乞討時便穿上那件衣服，另一個人就躺在土堆裡。一次，妻子說：『我們倆因往昔未曾積累福德而成為這種慘狀，現在將這僅有的一件衣服供養佛陀以積福德吧。』可丈夫卻不以為然。一天，妻子看見一位化緣（比丘），便委託他將衣服供養圓滿正等覺佛陀，她自己躺在樹葉下面。那位比丘代她將衣服供養佛陀。

佛陀也作了迴向。當地的王妃聽說此事後誠心隨喜，並將身上的一套衣服及所有的裝飾全部給了那位貧女。結果她即生也成了富裕之人，而且在許多世中都獲得妙衣。這位貧女即是現在的白母比丘尼。」

律藏中也說:「莫想善微小,無益而輕視,水滴若積聚,漸次滿大器，智者漸積累，可圓勝福德。」華智仁波切也曾在舉行極樂法會時，讓那些乞丐去乞討，要求他們將討來的飲食供養他。他老人家並非是無法得到供養，而是為了讓那些乞丐積累資糧才如此做的。

要想知道前世造了什麼業，看一看現在的這個身體（就可知曉）。如今這些富人的財產並非是從天上掉下來的，而是由往昔積累福德所致；現今的這些窮人們也不是遭到別人掠奪成為貧窮的，而是由於往昔未曾積累資糧以及造惡業所導致的。如今在場雖然有成千上萬的出家僧人、在家男女，可是大家的福德卻有大有小、各不相同，這也是宿業迥然有別的緣故。例如，同一父母所生的孩子有好有壞，兩戶人家在同一田地裡同時播撒種子收成也有好有壞……觀察一下諸如此類的差異，就很容易了知業因果真實不虛的道理。後世將轉生於何處，看看現世造什麼業自然便會知曉。

因此，甚至乞丐們也應從乞袋、乞碗中取出飲食來上供下施。如果以善良的心念作供養，那麼供品無有多少之別。此類公案如下：

從前，舍衛城有一個四處流浪、僅靠乞食維生的貧女名叫年嘎母。她看到國王、大施主等富裕的人們宴請佛陀及其眷屬並供有許多酥油燈後，心想：我往昔造了什麼惡業而轉為劣種的呢？現在雖然已有幸遇到三寶這樣殊勝的福田，卻無有可積累福德的財食。想到這兒，她十分沮喪。一天，她到處乞討結果得到了一枚銅錢，於是她用那枚銅錢買了一點兒酥油。爾後，興高采烈地去經堂做了一盞酥油燈供在佛前，並發願說：「今為乞丐的我將這盞小小的酥油燈供養佛陀，以此福德願我將來具有智慧燈並遣除一切眾生的無明黑暗。」之後便離開了。當時，大目犍連尊者去經堂收燈器，發現其餘的大油燈全部已燃盡，只有年嘎母的那盞小小酥油燈如同剛點燃般地燃燒著。他想：白天點燈沒有意義，也很浪費，應在晚上佛陀傳法時再點。想到這裡，他便去熄滅那盞酥油燈，結果用了種種辦法也未能熄滅。世尊看見後說：「目犍連，停下來吧！身為聲聞的您是無法熄滅那盞燈的，因為這盞燈是以利益諸多眾生的廣大發心供養的。」並授記道：「年嘎母於未來時成佛，佛號燈光如來。」她也獲得了成佛授記。㉜

此外，舍衛城有一位施主生了一個具相之子，剛出生時空中花雨紛紛，他長大以後出家為僧，最終證得阿羅漢果位，這是他往昔成為身無分文的貧女時見到一片

㉜此公案詳見《賢愚經.貧女難陀品》。

遍滿鮮花的草原以信心（意念）供養三寶的果報。此後她在九十一世中轉生於富貴之家，並且每次剛出生時都是天降花雨。[33]

另有一位老貧民，去耕地時帶了一罐稀粥。他看到當地的人們供養佛陀而積累福德後，想到自己因造惡業而落到這種地步，便一籌莫展。世尊知曉後，來到他面前接受他的稀粥。老人歡喜地將一罐稀粥獻在佛陀的鉢盂裡。佛陀作了加持後稀飯變成了許許多多，佛陀及其眷屬盡情享用，並作迴向後離去。當時老人所擁有的那一塊田地裡長滿了金穗。勝光王（知道後）奪為己有，給了那位老人一些青稞穗田，結果這些青稞穗都變成了金穗，而勝光王搶去的金穗卻變成了青稞穗。僅僅以供養一罐稀粥的福德，便徹底消除了那位老人今生的貧窮之苦。

從前，在一個邊遠山村舉行的節日宴會上，許多大施主的妻子個個身著盛裝，附佩飾品，在盡情嬉戲。一位乞女見此情景後不禁為自己的貧困而憂傷。當時一位獨覺比丘來到此處，那位乞女生起信心，暗想：我是因為往昔未曾對如此之人作供養才導致如今淪落為乞，如果這位比丘接受，那麼我乞袋裡的這少量乞食，自己吃了也無有用處，不如供養這位比丘。這時，那位比丘手捧鉢盂前來接受，她以信心、歡喜心供養了食物，並發

此公案詳見《賢愚經.華天因緣品》。

願說：「願我生生世世不再受苦。」由此，她許多世代中都轉為富貴之人，最後於釋迦牟尼佛時，轉生為一位富裕婆羅門的妻子，淨除了所有惡業，於恰嘎尊者前聞法獲得解脫。

對於殊勝的對境，供養小小的物品也會獲得廣大之果。昔日，圓滿正等覺佛陀的衣服上破了個小洞。一位婆羅門見後從自己的白布上剪下一塊供養佛陀，並說：「請您老人家用這塊布補好衣服。」世尊接受了，那位婆羅門無比歡喜，以此善根他也獲得了未來成佛的授記。㉞

若如此積累資糧，則會獲得相應於因的如是果報。此類公案：

往昔，一位婆羅門的妻子因供養了一位獨覺極為甘美的飲食，而於五百世中轉為猶如天女所觸般的身體，來世成為勝光王的王妃，名叫暢旦瑪（具鬘母）。

婆羅門的另一位妻子，因供養色香味俱全的食品，而於五百世中轉生為相貌端嚴之人，後世成為勝光王的另一位王妃，名叫雅策瑪。㉟

往昔，迦葉佛涅槃後，眷屬們建造遺塔時，一位商主之女在佛塔中柱上繫了一面鏡子，由此在多生累世中轉為相貌莊嚴的富貴之人。後來轉生為舍衛城一位施主的女兒，身體生來就有如太陽般的光芒。因此取名為賢

㉞此公案詳見《賢愚經》卷13。
㉟詳見《根本說一切有部毗奈耶雜事》中勝光王兩位夫人勝鬘、行雨的公案。

光母。㊱

又有一位名叫鬥得（力部）的施主生了一個福德廣大具相的兒子，耳朵上天生便帶有價值連城的珍寶耳飾，這是因為：昔日，迦葉佛的遺塔瀕臨坍塌，當時身為商主的他將自己的一個珍寶耳飾供養用來修復佛塔，以此福德在世世代代中與生俱來就佩有珍寶耳飾。

阿羅漢阿那律尊者的「天眼第一」是如何由來的呢？往昔，人壽四萬歲時，拘留孫佛涅槃後，為其遺體舉行法會時，許多盜賊來到那裡。當時，盜賊首領的鞋子破了，看到佛塔內殿裡燃著油燈，他便走進去補鞋子。這時，酥油燈暗下來了，於是他加了一個燈芯，使燈火更加盛燃，依此看見了佛像，他生起信心而將酥油燈供在佛像前並發願說：「以此善根願我具有天眼。」由此在許多生世中獲得天眼。㊲

從前，一位貧女無有可供佛之物，於是她將所割的草賣掉，以所得的兩枚金幣供養佛陀，從而生生世世中兩手掌心所出現的金幣取之不盡，用之不竭。

此外，來自南方的五百仙人在前往中部地區的途中，因得不到水而口乾舌燥，他們來到一棵樹下向樹神祈求道：「請賜予我們水吧！」從那棵樹裡出來一位右臂佩帶珍寶飾品手拿金瓶的天人，以八功德水㊳使他們得到滿

㊱詳見《根本說一切有部毗奈耶雜事》中妙光的公案。
㊲此公案詳見《佛本行集經》。
㊳八功德水：具有一甘、二涼、三軟、四輕、五清淨、六不臭、七飲時不損喉、八飲已不傷腹八種優美品質的水。

足，之後便融入那棵樹中。那些仙人問：「您是誰呀？以何業力轉生於此的？」從樹中發出聲音：「你們南贍部洲的人很難相信，所以還是不說為好。」他們說：「我們已現量見到您了，怎麼會不相信呢？請說吧！」樹神說：「那麼，請你們聽好：我曾經轉生為舍衛城的陶師時，一次來自各個地區的乞女們問我：給孤獨施主的家在哪裡？當時我伸出右手為她們指點。她們獲得了財食而生起歡喜心。以此善業，我轉生於四大天王的天界中，現住於此樹中為疲憊乾渴的人們提供淨水，並且我的手臂也成了以珍寶飾品裝飾的。」仙人們聽後讚歎而去。㊴

此外，有一對夫妻生下一個相貌醜陋、遍體疤痕的女孩，父母秘密將其養大後逐出家門。她流浪到某個地方，悲傷地坐在那裡。阿難尊者見後問她：「你為什麼這麼悲傷呢？」她詳細地講述了自己的經歷。於是阿難尊者給了她妙香並說：「你將此妙香塗在如來的舍利塔上可治癒你的麻瘋病，淨除你的罪障。」那個女孩依照尊者所說的話去做了，結果身體的疾病與醜陋的相貌全部不復存在，變得如天女般美麗。㊵

舍利子尊者是「智慧第一」，他的非凡智慧來源是這樣的：他前世曾經轉生為一位婆羅門的妻子名叫寂靜女，當時一位獨覺比丘補法衣無有針和剪刀，她供養比

㊴此公案詳見《佛說阿鳩留經》。
㊵此公案詳見《百業經.金色比丘尼品》。

丘一根針與一把剪刀並發願。㊶

阿難尊者通達三藏並具有不忘陀羅尼的才能是因為供養了一阿羅漢一缽齋飯並發願：「猶如此缽盛滿食物一樣，願我的相續充滿正法；

猶如此缽紋絲不動、穩固置於墊上一般，願我的相續牢記不忘所聞之法。」㊷

所以，大家無論供養什麼供品，相應發願也很重要。如頌云：「何者發何願，將獲如是果。」然而，此時主要強調應發願往生極樂世界，如果得以往生極樂世界，那麼自然會具足一切福德妙相。還有諸如此類不可思議的公案。

如果精勤上供下施，那麼具足福德的人好似如意寶一般無勤之中自然而然如願以償，並且能夠完全滿足自他一切眾生的希求，就像往昔福力王子、善義王子、大施商主、阿育王等人的傳記（中所說的）那樣。如經云：「一切世間諸安樂，皆由供養三寶生，故當恒勤供三寶。」

本來，所有眾生無一不希求今生來世的幸福安樂、受用圓滿。而幸福安樂、財產受用必須通過上供下施才能獲得。如《入中論》中云：「彼諸眾生皆求樂，若無資具樂非有，知受用具從施出，故佛先說布施論。」又如《因緣品》中說：「諸福真奇妙，其果極善妙，無似

㊶詳見《根本說一切有部毘奈耶出家事》中婆羅門妻供養獨覺一根針與一把剪刀的公案。

㊷詳見《賢愚經》中金城龍王的公案。

福解脫，是故當積福。」有人甚至連一把青稞也不供施卻奢望獲得心中所想的一切所需，這種貪心將毀滅一切希求，結果一無所得。恰似「未曾擊鼓無成就，未經搖頭無本尊」一樣㊸。《因緣品》中也說：「福德淺薄者，難化墮惡趣，如沙中無油，彼者豈有樂？」

如今我們能夠見到供養處的佛像，這也是往昔積累資糧淨除罪障的結果。如果我們能夠把佛像觀為真佛而作供養，則與供養真佛無有差別。如《右繞佛塔經》中云：「誰以等信心，供養在世佛，與其舍利塔，福德無有別。」尤其是供養酥油燈，暫時便會獲得極其廣大的福祿，死後將轉生於善趣或往生極樂世界等清淨剎土。

當今時代，大多數人為了暫時的幸福安樂百般作佛事，試圖通過厭勝㊹、降伏、驅魔、火施等儀軌（達到消災免難、增福延壽的目的）。可是，因為往昔未曾積累福德、唯造惡業感召，討債的損耗鬼等惡魔跟隨自己左右，這種業果以厭勝、焚燒等方式怎麼能夠遣除呢？

如世尊曾說：「業力猶如河主流，瞬間豈能擋業瀑？」有的人說是要盡除宿業、增長福祿，但連十盞酥油燈、十個神饈的供品也沒有，只是對著一個空空的壇城呼天招龍，如果不需積累資糧之因而僅僅以此便可增福的話，那麼唯一利他的諸佛菩薩肯定早已使一切眾生都具有福

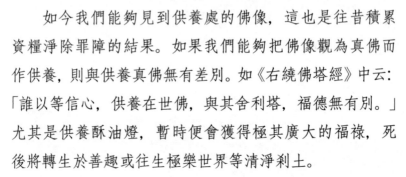

㊸意為不經過少許精勤不可能獲得成就、得到本尊加持。
㊹厭勝：禳災祈福的一種宗教活動。

運了，（事實卻並非如此。）如曾有位老人觀修單堅護法神，結果已親見了單堅護法神。可是，他只得到了一塊油脂而未能獲得悉地。[45]

一般來說，在這個世界上有兩種人：一種是以苦得樂；一種是以樂得苦。即：有些人雖然上供下施、清淨罪障、廣行善法，但如果往昔所造的惡業以他的善業力而使果報立即成熟，在現世中稍稍遭受病痛惡緣等痛苦，然而他們必定會苦盡甘來，絕不會永遠受苦。比如，修行人今生當中感受些微痛苦，無有損失，來世得安樂。另有些人勤奮經商、狩獵等獲得財食，雖然個別人在現世中似乎很幸福，但必將樂極生悲，不可能始終享樂，換句話說，非法之人今生享微樂，無有利益，來世受痛苦。

因此，猶如在田裡播下種子後已成熟一樣，今生無論是苦是樂都是宿業所感。對此沒有什麼肯定或否定的。也就是說，昔日的無欺之因到時必定會成熟無欺之果。今生只是短短的一瞬間，痛苦或安樂也無有重大的利害，好似夢境一般。然而，後世卻是無邊無際的，若苦定苦，若樂定樂。因而，想到長遠的苦樂，我們一定要在今生今世以善心精勤積累資糧、上供下施，以便成就所願。如果是往昔造彌天大罪之人惡業果報成熟在眼前，也就另當別論，除此之外其他人自此至死定會享受安樂，並以積資力死後立即如願往生極樂世界。

---

[45] 此公案《大圓滿前行引導文》中也有敘述。

現在介紹供養的具體實修法：觀想福田要按照頂禮時皈依境的觀想那樣來明觀，簡明扼要地宣說一下三十七堆曼荼羅的觀想次第後，按通常的儀軌而供養曼荼羅，供曼荼羅時只是將其中的「供養大恩具德諸根本及傳承殊勝上師……」略加改動，變為：「供養怙主阿彌陀佛及十方諸佛菩薩眾，願自他一切眾生往生西方極樂世界，祈請為利有情，悲愍接納、賜予加持。」如應念誦三身曼荼羅：（化身曼荼羅）「嗡啊吽，百數俱胝三千世界剎，充滿人天七寶等財富，以及我身受用悉供養，願獲轉法輪王之國政。」（報身曼荼羅）「報身佛處大樂密嚴剎，具五決定五部供堆者，供養無量欲妙讚供雲，願獲圓滿報身之果位。」（法身曼荼羅）「現有清淨童子瓶佛身，大悲不滅法性遊舞飾，供養持身明點清淨剎，願獲殊勝法身之果位。」又誦七堆曼荼羅：「塗香鮮花遍大地，須彌四洲日月飾，觀想佛剎作供養，願諸眾生行佛剎。」嗡那曼扎拉勃匝梅嘎薩莫扎沙帕那薩瑪意阿吽。然後誦：「供養能喜善曼茶，祈願菩提道無障，證悟三世佛密意，不迷世間不住寂，度化無邊諸眾生。」再誦三遍本論中的「吾身受用及善根，一切真實之供品，意幻七寶瑞相物，本成三千世界中，十億日月洲須彌，天人龍之諸受用，意幻供養無量光，為利我故悲納受」，然後念誦三遍供養咒：（納麼納扎亞雅，納麼巴嘎瓦爹，巴則爾薩扎瑪兒達尼，達他嘎達亞，阿哈爹，薩雅桑布達雅，達亞他，嗡巴則爾巴則爾，瑪哈巴則爾，瑪哈爹卓巴則爾，瑪哈布亞巴則爾，瑪哈布得子達巴則爾，瑪哈波得瑪卓巴桑扎馬拉巴則爾，薩爾瓦嘎瑪啊瓦那布笑達納巴則爾耶所哈。）同時伴奏樂器，廣泛觀想普賢雲供。

我以無有煩惱清淨心，正法財物供養善逝尊，
依此供養以及二資道，願諸眾生獲得正覺果。

戊三（對治愚癡之懺悔支）分四：一、以現行對治力懺罪；二、以厭患對治力懺罪；三、以返回對治力懺罪；四、以所依對治力懺罪。

產生罪業的根本是一種愚癡，不知道懺悔罪業也是一種愚癡，因此愚癡的對治法——懺悔罪業極為重要。應當觀想：在福田阿彌陀佛及其眷屬面前，自他一切眾生作懺悔。《宣說四法經》中云：「若具足四法，作已積集障，無餘得清淨……」所以，懺悔時必須具足四種對治力，下面依次宣講：

己一（以現行對治力懺罪）分四：一、懺悔自性罪；二、懺悔佛制罪；三、懺悔未認識之自性罪；四、懺悔未知就犯之佛制罪。

庚一分二：一、懺悔一般身語意之惡業；二、懺悔身語意嚴重之惡業。

辛一分三：一、懺悔三種身惡業；二、懺悔四種語惡業；三、懺悔三種意惡業。

壬一、懺悔三種身惡業：

父母為主吾等眾，從無始時至今生，

殺生偷盜非梵行，發露懺悔身三罪。

以現世父母為主的我等三界一切眾生，不只是今生今世而是從不存在「從此時有、此前無有」之初始時（也就是從無始時）迄今為止一直漂泊於輪迴中，造了形形色色的罪業。首先講述十不善業：

殺生：以兵器、毒藥、惡咒等手段故意斷絕有情的命根，之後也沒有絲毫後悔之心。殺生當中，殺害父母、上師、阿羅漢等為極重殺罪；如殺害入道破戒者以及其他人等為中等殺罪；屠殺旁生為下等殺罪。

諸如，為了獲取肉、皮、麝香等而殺生是以貪心殺生；諸如，殺死敵人是以嗔心殺生；諸如，為了作肉供、塑造佛像、建造佛塔或供養上師而殺生以及聲稱「殺猛獸無罪」等等是以癡心殺生。

自己故意親自動手殺生，是作已積集罪。自己與其他兩人或眾人共同協商後，其中一個人殺生（，其他人雖然沒有親自殺生），但所有的人都將犯殺罪，如《俱舍論》中云：「軍兵等為同一事，一切人均如作者。」唆使別人殺生以及隨喜他人殺生是積已未作罪，即犯下同等罪過。本無殺生之心而在無意之中腳下踩死生靈，這是作已不積罪，夢中殺生屬於未積未作罪，這些情況下殺生沒有大罪。此外，最初為一手策劃者，中間為主要協商者，最後是唆使殺生者，無論是口中言說還是以眼神、手勢等暗示殺生，都同樣犯殺罪。

作為沙彌、比丘，除了可享用因病死亡等清淨肉以外，絕對不能享用親眼見到、親耳聽到或者懷疑是考慮自己或完全為了自己而殺的肉。對於施主或例行公事的人等宰殺後供養的肉，如果自己事先看到或聽說，則必須制止，倘若沒有制止而享用，則所有人都犯了十分嚴重的罪業，並且出家人也犯佛制罪，這種是為了三寶而造的罪，所以其他罪的十萬倍也無法與之相比。

另外，佛經及對法論中說：如果在鐵匠那裡製造火弩、利刃，或者飼養雞、狗、貓等凶猛家禽以及執有毒藥、獵具、惡咒之用品等，那麼在這些物品沒有徹底處理之前，依於這些物品一剎那也增長無量的罪業。關於火弩的過患，在其他經論中有廣述。如今時值惡世，各種各樣的火弩十分發達，觀察一下就能了解由此所帶來的種種痛苦。

一般而言，那些不知羞恥、無有悲心、野蠻好鬥、酷愛兵器、催稅所逼、懲罰所迫的人易犯殺罪。

儘管殺生有說不完的過患，但此處簡略說明如下：殺生意樂，無論是以強、中、弱何種貪嗔的殺心，哪怕殺害一條生命，也是使那一眾生遭受劇烈痛苦，因此其異熟果報：轉生於三惡趣中的任何一處，感受長達一中劫或相當於人壽二百億年的痛苦；感受等流果：假如從三惡趣中解脫，則不管投生在何處都會因為往昔殺害眾生而導致對方短命，使自己要償還五百次生命，並感受短命多病等厄運；同行等流果：投生為鷂鷹、豺狼等弒殺他眾的旁生，假設獲得人身，也將轉生為如往昔一樣喜歡殺生之屠夫等；增上果成熟於自身方面：因往昔使某眾生喪失威力、威嚴，今生自己也轉生為無有威力、威嚴、極其衰弱卑下之人等；增上果成熟於外境方面：無論生於任何地方，那裡都是十分貧瘠荒涼，並且經常遭受病魔、怨敵、強盜等的嚴重威脅，所以全部是活不到頭的境域；士用果：猶如辛勤耕種的果實一樣，有因必定會圓滿地成熟果報。

有關殺生感受異熟果報的公案：

曾經有一次，目犍連尊者與華傑比丘同去海邊，途中看到一個長著獸頭、周身燃火的人，他口中一邊喊著「啊喲喲……」一邊哭嚎著，叫聲傳遍了整個山谷，同時被數以萬計、恐怖可怕的餓鬼團團圍繞。餓鬼們手持弓箭，瞄準他開弓射箭，許多火弩刺中了他。見此情景，華傑比丘問目犍連尊者：「這是為什麼？」目犍連尊者說：「此人曾是一個獵人，他殺了許多野獸，死後於數年中感受如此痛苦，又將墮入眾生大地獄，很難有解脫的機會。」㊻

從前，一位國王依法處死了一個罪犯，以此異熟果報國王轉生為海中的一條大鯨魚，身體長達七百由旬。他的眷屬及大臣中凡殺過生的人都轉生為小鯨魚，並居

㊻詳見《賢愚經》中目犍連尊者帶福增比丘去大海邊的公案。

住在那條大鯨魚的身上噬食牠，就這樣在百千萬年中感受痛苦，死後又將投生為王舍城的昆蟲。47 依法處決有罪之人，居然感受如此異熟果報，那麼殺害無辜的有情將感受何等的痛苦呢？

順後受業感受等流果的案例：

往昔大慈大悲的導師釋迦牟尼佛在世時，有一位名叫帕吉波的國王，因受惡臣害母誘騙，而發動大批軍隊進攻迦毗羅城，屠殺了七萬七千釋迦族人，這些人大多數都是見諦的菩薩。（暴軍）將孤兒寡母全部活埋在坑裡。當時，雖然具足十力的世尊也在城中，但不僅未能制止軍隊的大肆屠殺，而且為了示現感受業果而頭痛起來。諸比丘請問世尊：「這是什麼原因？」世尊說：「從前，在一海邊住有五百漁夫。一日，他們看見大海中的兩條大魚游到那裡，便用魚網捕撈出那兩條膘肥體胖的大魚，放在草地上。漁夫們進行商量，有人說：『這兩條魚身體極為龐大，如果一次性地殺了，則很難在短時間內賣完所有魚肉，如此一來（剩下的魚肉）必將腐爛。倘若把牠們繫在樹上活活地一塊塊切割來賣，那才是上策。』隨後他們便如是而行。那兩條魚因難以忍受活活砍割的疼痛，而邊呻吟邊輾轉反側。這時，一位漁夫的小孩見後禁不住笑起來。那兩條大魚臨死時發下如此惡願：願我倆生生世世殺害這些人。之後便死了。當時的那兩條

㊼詳見《賢愚經》中福增前世為法增王的公案。

藏傳淨土論

魚就是現在的帕吉波國王及害母大臣；當時的五百漁夫即是現在的五百釋迦族人；那位漁夫的小孩即是現在的我。㊽圓滿正等覺佛陀尚且需要感受（隨喜）殺生的餘業異熟果報，那何況說我們這些輪迴眾生呢？

任何人也不應直接言說或以手勢表示「這是要殺的」。昔日，阿羅漢恰嘎尊者令許多在家人現見聖諦。一次，他給一位婆羅門女講法，當時有一個盜賊首領和那個女人行邪淫。貪欲者無所不作，他們二人殘忍地砍掉了恰嘎阿羅漢的頭，並將其遺體埋在灰堆裡。（事情敗露後，）勝光王（命令屬下）將盜賊首領和那個女人活活燒死，又把他手下五百盜賊的手腳全部砍斷。（眾眷屬）請問世尊其原因。世尊講述道：「從前，印度鹿野苑有位梵施國王，一次他夢到自己的腸子纏繞著整個城市。他對一位婆羅門大臣講述了此夢。本來，此夢境是一個祥兆。然而，婆羅門因為自己有五百個小徒弟，考慮到要解決他們的飲食問題，於是呈稟道：『如果沒有殺大量牛作供施的話，那麼這一夢兆凶多吉少。』隨後許多牛被集聚在一起，聽到牠們的哀號聲，國王生起了悲心，下令『不要殺牠們了』。那位大臣只好說：『遵命。』正在這時，他看見一頭公犏牛在與一頭母犏牛作不淨行，便說：『應將這兩頭牛殺了。』他的小弟子們也隨聲附和說：『這兩頭該殺。』並伸出手來指點。雖然是旁生，但牠們心

㊽此公案詳見《毗奈耶經》。

裡很明白，所以發了惡願：我倆無辜遭殺，凶手就是這位大臣和他的五百小徒弟，願我們將來無論轉生於何處都定要殺死這個大臣，砍斷這些小孩們的手腳。當時的梵施國王即是這位勝光王；那位大臣即是恰嘎阿羅漢；五百孩童即是五百盜賊；當時的那對犏牛即是盜賊首領與婆羅門女。因此，感受了此果報後阿羅漢恰嘎的餘業已盡。對於屠殺無辜的旁生，僅以言語動作參與也會成熟如是果報。㊾

律藏中說：「眾生之諸業，百劫不毀滅，因緣聚合時，其果定成熟。」在五蘊尚未達到無餘之前，業力不會成熟於任何其他外境上，而只會成熟在心識所執受的這個身體上。就感受業果而言，得地也無益，具德也無益，逃避也無濟於事。如律藏中說：「無論是虛空，大海或山洞，住於任何處，無不受業果。」聖者龍樹菩薩是因為許多世以前割草時殺了昆蟲的餘業，才被樂行王的太子用吉祥草砍斷頭而圓寂。大成就者貝若扎納，曾轉為一名比丘時掐死過數多蝨子，轉生為鷂鷹時吞食了許多青蛙、蛇，以這兩種餘業而感，他被擦瓦絨地區（如今阿壩州馬爾康縣境內）的國王置於有各種蝨子及蛇的坑裡遭受痛苦等等，有不可勝數的此類公案。所以，諸位在家人不要誤認為只是沒有殺人宰馬就沒有罪過，即使弄死蝨子、跳蚤，割草掘地等時致昆蟲於死地，以及使用馬、騾、

㊾詳見《毗奈耶經》中鄔陀夷比丘的公案。

犏牛等馱運商品時造成牠們背傷、刺腹等等，隨隨便便也積累了無數罪業。

從前，一位叫薩嘎瑪的居士有三十個兒子，他們謀殺了勝光王的一位大臣之子。那位大臣想方設法使勝光王與那三十個孩子產生仇恨，最後勝光王砍下他們三十個人的頭，並裝在箱子裡寄給薩嘎瑪。這是因為：曾經有三十個盜賊偷了一頭母牛在一個老婦人家裡宰殺，也給了那位老婦人一些肉。旁生雖然不會說話，但牠心裡清楚，所以那頭母牛臨死時發了惡願。母牛後來轉為勝光王，老婦人就是薩嘎瑪，三十個盜賊即是薩嘎瑪的三十個兒子。他們需要於多生累世中償還如此業債。㊿

請大家看看：我們言語、行為上是否該毫無顧忌地與那些獵人、從事殺生行業的人同流合污？作為獵人、屠夫的父母、妻子、子孫都需要墮一次地獄。如果一個山溝裡有太多罪孽深重的獵人，那麼當地會遭受天龍八部的詛咒，而時常出現種種不樂意之事，即使今生未受損害，但後世中凡是同飲一個山溝水的人都會受害。與罪業嚴重的人長期相處，甚至僅僅一剎那攀談也會染上罪障，這種人若來到家裡，則損耗鬼會跟隨其後，如果他手摸加持品等，也會使加持品的加持力喪失。

請各位聽一聽以癡心殺生感受等流果的例子：在遠古時代，一天，一位大阿羅漢坐在一家門口，那戶人家

㊿詳見《賢愚經》中毗舍離居士三十二個兒子的公案。

的對面有個人帶來一頭要殺的牲畜，那頭牲口正在哀嚎著。阿羅漢不但聽得懂那旁生的語言而且知道牠的全部宿業，於是便說：「哎喲，怎麼會這樣悲哀、淒慘呢？」那人問他：「您說什麼？」他告訴那人：「不能對不信的人講述這旁生的歷史，所以悄悄地說給你聽。」接著他開始講述：「這頭牲口往昔曾是一位富商，當時為了造佛像、建佛塔等而殺害眾多生靈舉行供養法會，這一家世世代代盛襲殺生舉辦法會的惡規。那位商人死後又轉生為自家的家畜，屢屢遭殺，現今已有六次。」那位阿羅漢因為悲憫那頭旁生說道：「昔日造佛像、建佛塔的人是你，以殺生供施者也是你，殺害數多有情祭祀天尊的還是你，現在你感受果報，哭叫哀嚎又有何益？」

如今的各個寺廟以及那些富戶、官員、大師們，為了延年益壽、歡度節日等而以血肉供施葷齋，這種現象在當今的惡世中隨處可見，十分猖獗，這完全是在助長外道做法的苗頭，血肉供施也屬於此類。用有些地區的話來說：殺生是苯波教。如續部中說「密宗吟為苯教時」，指的也是這一點。因此，如果有稍微注重業因果、關心佛教的人，請你們對此謹慎小心。如頌云：「無有重於殺生罪。」

事實上，殺生的罪過重不重何需更多的教證理證？如世尊說：「自身為範例，切莫害他眾。」人們所謂的「在世界上最寶貴的就是自己的生命」，我們是何等地珍愛自己的生身性命啊，甚至身體上扎入小小的一個刺兒也難以忍受，實際上所有眾生都同樣珍惜自己的身體、生命，這一點完全相同。因此，殺罪重與否還需要說明嗎？如寂天菩薩說：「自與他雙方，惡苦既相同，自他何差殊？何故唯自護？」尤其是以網繩捕殺眾生較其他罪業更為嚴重。如若用火弩殺死一個眾生，則令有形、無形的許多眾生魂飛喪膽，因此有殺害數多眾生之罪。

現在用什麼樣的方式殺害眾生，將來自己需要感受同樣遭殺的果報。昔日，目犍連尊者到地獄去時，看到如黑木炭般的一個人被具許多頭像的眾生用各種兵器打殺著，身體被碎屍萬段，並有許多恐怖的惡狗啃食。尊者說：「這是往昔殺害眾多人與野獸的異熟果報。」

《念處經》中云：「罪惡深重者，異熟亦熾盛，遭受大損害，故當斷罪業。」因為現今沒有立即現見造惡業的果報，所以大多數人高高興興地造罪業，但是將來必將哭哭啼啼地感受苦果。如《因緣品》中云：「為己得安樂，笑著造罪業，罪業之異熟，將哭泣感受。」當今時代不同於往昔，因果即生難以圓滿現前。然而，就像高空中鳥的影子暫時雖然看不到，但當牠落地時身旁必然會有影子，我們一定要對善業惡業如影隨身這一點堅信不移。律藏中說：「猶如影子隨人後，身坐影坐行彼動，善惡如影亦復然，此乃佛說無上語。」

殺生的過患既然如此，那麼戒殺的功德也同樣廣大。

與上述殺生的五種果報相反，戒殺則不墮惡趣、轉生人天後長壽無病等等。經中說：「斷除殺生業，歡喜持淨戒，諸鬼神不害，彼人轉善趣。」戒殺的人自然而然會生起慈悲心，受到天眾相助，諸鬼神不能損害，一切有情視其為親友，並受到眾人喜歡，諸事順遂。而殺害多少眾生，其福德會相應衰減。同樣，保護多少眾生其福德也會相應增上。如今長壽無病的一些人也是由於往昔戒殺的原因。佛在經中說：「戒殺之補特伽羅所發何願皆會實現。」

因此，我們若能懺悔以前所造的殺罪，立誓今後戒殺，發願往生極樂世界，則毫無懷疑，必將如願。所以說，要想將來趣向安樂處，必須斷除殺生。

從前，三十三天的一位天人出現了五種死相，他觀察死後生處，結果發現將投生為王舍城的一頭豬，他禁不住在那裡哀嚎。帝釋天王問：「你為什麼悲傷啊？」他道明原委。帝釋天王說：「有辦法。」就去請問世尊。世尊說：「讓他戒殺可從惡趣中解脫。」帝釋天王讓那位天人受持不殺生戒。他死後轉生到了兜率天。[51]

另一則公案：曾有一次，晝辛吉尊者去地獄時，經過一白天，臨近黃昏時來到一座美妙的天宮裡，看到那兒有四名天女與一位男士在共同嬉樂享受欲妙，他們也獻給尊者一些飲食。整個夜晚都是在盡情享受幸福歡樂之中度過。到了旭日東昇之時，他們說：「現在到我們

---

[51] 詳見《天子受三歸依獲免惡道經》。

感受巨大痛苦的時候了，你還是不要待在這裡，請走吧！」尊者莫名其妙，心想：這是為什麼呢？於是走到一邊暗中觀瞧：（轉瞬間）那美妙的天宮已不復存在，四名天女也已無影無蹤，出現的是四條具鐵齒的雜色大狗，牠們把那個男人推倒在地，將他的肉撕成一塊塊而啃食著。日落之前他一直感受著無法堪忍的痛苦。黃昏時分又如前一樣享受快樂。尊者問那男子：「你因什麼業力而落到如此下場的？」他說：「我曾經轉為人身時是內波城殺生數多的一個屠夫，因我當時在嘎達雅那尊者前發誓晚上不殺生而感得如今夜間享受此等快樂；因白天殺害諸多眾生所致如今白日遭受這般痛苦。請您返回人間時，帶口信給我家中以殺生為業的兒子，就說：『你的父親因所造殺生之業而轉生於地獄中正感受著劇烈的痛苦，我已親眼目睹，你自己也要斷除殺生惡業，否則必將與你的父親一樣受苦。』如果他不相信，就告訴他：

『你的父親是這樣說的，在屠場的地下埋有一個金瓶，取出來可依此維生，時常供養大尊者嘎達雅那，並提起老父我的名字作迴向，這樣對淨除我的此惡業果報大有好處。』晝辛吉尊者（返回人間後）如實地轉告了口信。[52]

曾有一個捕殺眾多野獸的獵人，白天殺生，夜晚作頂禮供養等善法。後來墮入地獄時，白天被許多飛禽猛獸啄食、啃食，感受痛苦，晚上由眾多天女供養承侍、

[52]詳見《一切有部毗奈耶皮革事》中億耳長者子的公案。

享受嬉樂等等。

因此，如果能夠做到日日夜夜戒殺，那麼生生世世唯享安樂。倘若不能做到這一點，那麼僅僅在晚間或初八、十五、三十等吉祥佳日斷殺，也稱為善惡雜業，將輪番感受苦樂的果報。如果一輩子日日夜夜中一次也生不起斷殺之心並恆時肆無忌憚殺害眾生，那麼世世代代中唯有墮入惡趣，除此之外連安樂之聲也聽不到。因此說，小心翼翼禁戒殺生至關重要。

不與取：包括以貪嗔癡三種惡心而獲取財物，但主要是由貪心引起。大不與取是指竊取三寶所依物資、供品、僧眾共同的財物以及父母的財食。中不與取是指盜竊、掠奪、摧毀，或通過暴力、經商牟利、短斤少兩等不正當的各種欺誑手段獲取普通人的財物。如農民們竊取田地，打亂分界的標記、破壞田地籬笆等乃至盜取一把禾秸以上都屬於中不與取。牧民們偷取細繩、一節繩索、牛奶等，或盜取鼢鼠洞中所積之物等[53]旁生、非人所擁有的財物也將犯下嚴重罪過。達官顯貴們僅以一塊茶磚作為禮品而得到一匹馬即是「以狐皮換馬匹」的說法，如此千方百計獲取財物也都與偷盜相同。

特別就從事經商者而言，十不善業中除了邪見、邪淫兩種偶爾發生以外，其餘罪業全部具足。作為一名比丘、沙彌，通過經商途徑哪怕只獲得了一錢銀子，也犯他勝罪，

---

[53]牧民挖掘人參果時經常竊取鼢鼠夏天所儲存的食糧。

已從根本上破戒。諸如，為他人利益而偷盜屬於小不與取。而且，那些不具戒律、無有聞思之人，以諂曲奉承、裝腔作勢等行為獲利，也與不與取一模一樣。

總而言之，別人未將其擁有的財物直接給予自己，而自己想方設法據為己有的一切行為全部屬於偷盜。自己竊取或唆使他人偷盜等所犯的罪完全相同。

這種不與取何人易犯呢？具大吝嗇、所需甚多、貪得無厭、恬不知恥、催稅所逼、懲罰所迫之人容易就犯。

果報：根據動機大小不同，不與取的異熟果分別轉生於三惡趣中。等流果：即便幸得人身也轉生為乞丐、雇傭等，雖有微量財富，也遭強者搶劫、弱者盜竊，遺失虧損，毀盡無餘等，與天、人、鬼共享而無有自主權。即便擁有奶牛也是無有三白，飲食不具營養，莊稼遭受銹病(54)、霜雹或為蟲害所毀。如今為貧困、虧損所逼的這些人完全是往昔盜取他人財食的果報。增上果成熟於外境上：只能轉生於土地貧瘠、飢荒頻發的地區。同行等流果：生生世世喜歡行竊，經商詐騙，轉於旁生中也是成為愛偷盜的老鼠、狗等。尤其是僅盜竊微乎其微的供品或塑佛像、造佛塔、印經書的財物也將墮入寒地獄或餓鬼中。哪怕享用針尖許的三寶財物也必定墮入地獄。

從前，哲·白蓮大師來到衛藏時，一日夢見自己與眷屬口中都燃起熊熊大火。他集中所有僧人，說：「一定

(54)銹病：草木因真菌引起的病害。

是造了惡業，你們究竟做什麼了？」眷屬們說：「我們沒做什麼呀！」大師再三觀察，結果發現他們將自己食用的舊酥油換成了新酥油，查詢這些新酥油是做什麼用的，原來是作供酥油燈的原料。大師告訴他們：「以此酥油要供許多酥油燈。」

所以，我們對供品必須小心謹慎。如果對於三寶之財、上師之財、父母之財，甚至僅竊取一根針也將墮入無間地獄。又如：若一位比丘或沙彌在僧眾共有的收入基金中，只取出一錢銀兩，也將獲得所有僧人數量的他勝罪（此義在律藏中有廣述）。

特別值得一提的是，身為在家男女，僅僅喝一碗僧眾的茶或稀飯也將墮入地獄或轉生為病龍。如《日藏經》中說：「寧可以利刃，砍割己肢體，切莫將僧物，施與在家人。」

從前，目犍連尊者與華傑比丘同去海邊，途中遇到一個形似巨大樹幹的眾生，周身遍布數多昆蟲蝕食，發出大聲慘叫。華傑比丘問：「這是什麼原因？」目犍連尊者回答：「這個眾生曾是一位僧眾執事員，名叫樂達比丘，因為擅自享用僧財而轉生為此眾生，他曾給予僧財的在家人轉生為這些昆蟲吃著它的身體，由此死去還要墮入大地獄中。」(55)聖者龍樹菩薩也曾如是發願：「但願我不轉生為，糾察炊事管理僧。」其密意也在於此。

---

(55)詳見《百業經》之「擅用僧物，得餓鬼報」。

作為破戒之人，如果占據僧眾的位置以及使用經堂的坐墊等，將墮入地獄或轉為患麻瘋病的旁生。律藏中說：「破戒者若跨一步，進一口食一碗水，僅此享用僧眾物，則為邪命墮地獄。」

要往生極樂世界，絕對需要上供下施，哪怕僅偷了一粒芝麻，不用說往生極樂世界，甚至連善趣之身也無法獲得，只能墮入惡趣中。曾有一位出家人因偷了少許財物而轉生為蛇。一名天女因盜一朵花而下墮，諸如此類的公案有許多。

而且，尸陀林中的財物及屍體上的物品也是有主的，所以也不能盜取。從前，一位比丘死後，屍體被扔到尸陀林裡。有人拿他屍體上的物具。那位比丘轉生成了非人而令屍體驟然站起說：「不要偷我的物品。」

就算是為了他眾的利益也萬萬不可盜竊。昔日，德洛巴菩薩一次去化緣時，到了一戶門前，那裡晒著兩家的芝麻堆。看守的人準備回家去取齋食，便讓德洛巴看護。這時，他用夏加（小勺子）從另一家的芝麻堆裡取出七粒芝麻拋到給他取齋飯之人的芝麻堆中。本來，他可以很快得地，結果因此而延誤了數年。

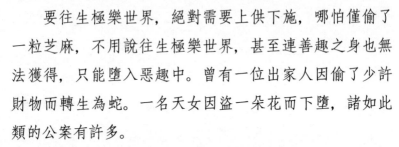

儘管盜竊僧財的公案也為數不少，但這裡講述一則驚心動魄的案例：往昔，一位商人對毗婆尸佛教法中的諸多僧眾供養珍寶。當時，一位有權的比丘接受後據為己有而未供養僧眾。一日，諸僧眾向他催索。他勃然大怒，出言不遜說：「你們吃屎吧，這珍寶是我的。」此人死後墮入地獄，又於九十一大劫中轉生在不淨嘔吐物之中，死去後在王舍城附近堆滿糞便的一大池沼中轉生為一隻身形如蛇狀的四足昆蟲。釋迦牟尼佛見後指示給諸比丘看，並說：「此眾生還要轉生於地獄中住數萬年，然後再轉生在此不淨物中，未來賢劫千佛都將攜眷屬來到此地並講述此昆蟲造惡業的始末。」而並沒有說他解脫的時間。(56)思維這一公案後，對於接受僧眾共有的信財亡財，應當倍加注意。

另外，破戒之人偽裝成具戒者，或行非法之輩假裝為如法行者，或狡詐之徒冒充成就者來攏集信財亡財，也屬於邪命，和不與取無有差別。如國王松贊干布曾經說過：「若集信財亡財養父母親朋等，則集財者將轉生為駱駝，所有享用之人轉生為駱駝崽，那些施主全部轉成駱駝的主人。需要如是還債。」

大成就者唐東加波尊者在莫年格山谷裡看見一塊磐石中有一條一木軛許的大蛇，周身上下密密麻麻彌漫著成千上萬拇指大的青蛙吃著牠。尊者向牠吐了口唾液加持，將其超度了。並對眾僧人說：「無有功德之僧人若享用信財亡財，就會變成這樣。」

法王噶瑪巴年僅 6 歲時，從居住的地方貢布嘉卡山谷附近的平原到安閒散步處去的路上，在戲耍過程中將

(56)詳見《百業經》之「盜用僧物，恆時受報」。

鞭柄插入一塊磐石中，結果石頭裂開，在石頭中間有一個形如肺臟、一肘長的旁生，身體外面有許許多多芝麻大小的白色含生蝕食著牠，裡面有許許多多黑色含生吃著牠。法王噶瑪巴只是向牠吐了口水、專注加持，便使牠命絕身亡，並將牠的屍體火化。眾眷屬問：「這是什麼原因？」法王說：「我往昔轉為遊戲金剛(57)時，此地的一位享用信財、亡財的上師(58)祈禱過我，因此如今我將牠從惡趣中拯救出來。否則，牠仍要墮入地獄中，那些白色的含生是他享用活人信財的異熟果報；黑色的含生是他享用死者亡財的異熟果報。」

卡繞巴尊者住所的附近有一隻鷂鷹經常弒殺眾生。一天，這隻鷂鷹死了。上師以神通觀察牠轉生到何處，結果發現牠以往昔的善果而轉生為一富裕牧民之子，但以屢屢殺生之業所感不久便夭折了。後來尊者又觀察他轉生於何處，發現他竟然已轉成了一位廣泛度化眾生的大上師，他的所化事業極為廣大。由於法務繁忙，所以為亡者作超度在騎馬行路時順便就將儀軌念了，後來人們共稱他為「馬上儀軌上師」。最後，在一次信眾雲聚，舉行隆重的大灌頂時，那位上師（突然）離開了人世。當時卡繞巴尊者的一位侍者也在現場。大家商量後決定將過世上師的五根(59)委託那位侍者帶到卡繞巴尊者前作超

(57)遊戲金剛：第四世噶瑪巴。
(58)就是指現在被他超度的那個旁生。
(59)亡者的神識已融入五根中。

度儀式。侍者接近到上師那裡時擔心這樣帶去會遭到呵斥，於是他用綢緞把五根卷起放在一塊岩石旁邊，先到上師前稟明了事情經過。上師說：「用我的這件祖衣裹起來！」侍者帶著祖衣去了。（到了岩石旁看到）那五根已變成了一隻一肘長的惡蠍。他立即返回請上師到這裡觀看。雖然上師也來了，但因緣起不具全，儘管用祖衣包裹也無濟於事。那隻惡蠍逃竄到一塊大岩石旁，由於業力所感牠鑽進突然崩裂的岩石中，隨後岩石閉封了。凡是與那位上師有關聯的眾生靈魂全部轉成無數含生並融入那塊岩石裡蝕食著那隻惡蠍，而且從惡蠍的心間長出一棵高高聳立的柏樹。侍者問：「牠何時才能解脫？」尊者說：「直到那棵高大的柏樹被鳥爪踏盡時方可解脫。」

此外，衛藏的黑馬喇嘛轉生成雅卓耶湖裡的一條大魚⑥⓪等等（有許多此類公案）。《念處經》中云：「何人以邪命，少許維生活，將沉於糞泥，為諸昆蟲食。」

拉薩地方住有一位智者大格西，他可與文殊菩薩猶如人與人對話般進行交談。後來他既見不到文殊菩薩，也淡忘了以前所聞受的法，什麼也想不起來了。於是他向一位上師請問原因。那位上師問：「你以前就有如今這麼多的財產嗎？」他回答：「以前沒有，後來才有的。」上師說：「作一次滅財佛事吧！」（他也如是照辦。）結果信財都化為烏有，又面見文殊菩薩等等一切都恢復

---

⑥⓪此公案在《大圓滿前行引導文》中有廣述。

如初。

博朵瓦大格西曾說：「在家人天天造十不善業也不如戒律不清淨之人享用一口信食的罪大。」《呵責破戒經》中也宣說了此理。《寶蘊經》中說：「世尊在宣講享用信財的過患時，五百名戒律不清淨的比丘說『不應享用信財』而還俗了。其他比丘呵責他們。世尊說：『莫說此語！具有悔心者還俗是誠信正法。他們死後將轉於兜率天中，將來成為彌勒佛的首批眷屬。』這時，又有二百位比丘淚水奪眶而出，說道：『我等寧願餓死，在未證果之前決不享用一口信食。』世尊道：『善男子，善哉！』」《彌勒獅吼經》中也說：「寧可一日還俗一百次，戒律不清淨之僧人切莫享用信財。」《教比丘經》中說：「不守出家之學處的人身著出家裝束享用信財亡財不如做一位正直的在家人。」

所以，除了具有成就與離患這兩種功德的人之外，吃一口信食也將感受千倍的異熟果報。如佛在經中說：「施主以信所施財，具德離患我開許，不具此者食一口，亦將還債如山王。」《毗奈耶》中也說：「寧可去食用，諸燃火鐵球，不具戒律者，切莫食信齋。」又如《涅槃經》中云：「寧可食燒石，飲用銅熔液，不守淨戒者，不應享齋食。」《寶積經》中云：「破戒之諸人，雖身著法衣，唐捐信財故，如吞燒鐵球。」全知持明無畏洲大師也曾說：「重罪之人呼師救，死時雖供牛馬匹，除非十地自在者，切莫指望如我者。」然而，《念處經》中說：「對破戒者供養財食的施主可轉生於善趣。」又經中說：「若以後悔心及畏懼心享用信財，也可減輕其異熟果報。」因此說，肆無忌憚地享用黑財（即信財、亡財）是往生極樂世界的一大障礙。

國王、大臣之類等具有勢力的人只應合理收取田地賦稅，如果不顧王法搜刮民財的話，則如昔日的蓮童王子曾經執掌國政六十年，結果墮入地獄長達六十劫[61]。經中說：搜刮民財的大官員多數將轉生到餓鬼、惡龍之中。華智仁波切於《大圓滿前行引導文》中也講述了古代一位名為哦吉的僧財管理員的故事。還有不可勝數諸如此類的實例。

如此思維不與取的過患後，若能做到縱遇命難也不偷盜，則必將生於善趣，成為受用極為富足、擁有國政七寶的國王等，並且無有人能損害他的受用，可以自由自在地享用……有無量利益。經中也說：「何人斷偷盜，恒喜於布施，不行竊取者，彼等轉善趣。」

非梵行：是指下到梵行居士[62]，上至比丘，對真正的女人或旁生、非人、幼女，以及在非處（口、肛門等）作不淨行。本來，十不善業中說是邪淫，而此處稱為非梵行是為了便於對一般人闡述，或者是因為嘎單派教言

---

[61]詳見《釋尊廣傳.白蓮花論》之「不當國王裝啞跛」。
[62]梵行居士：終生正受梵行戒律、戒不淨行的近事男。

中也如此出現過。對於在家人而言，所謂的邪淫是指本來自己有妻子，同時又對屬於他人的女人、別人的妻子作不淨行，這對世間俗人來說也是過患極其嚴重的。如《俱舍論》中云：「邪淫極受譴責故。」大邪淫是指對母親、阿羅漢尼、尼姑等作不淨行，屬於近五無間罪；中邪淫不僅是指對別人的妻子，而且對於自己的妻子在白天、齋戒日、妊娠期間、不願意的情況下以及於有佛像、佛塔、佛經和上師所在的地方作不淨行，罪過也極其嚴重；小邪淫也有不同程度的許多種類。自己親自行邪淫或教唆他人行邪淫罪過都是一樣。

非梵行的過患：一般而言，對女人行邪淫純粹是由貪心引起的，但也有對怨敵的女人或為了害別人等以嗔心行邪淫的情況，認為女人如流水任何人均可對其作不淨行，或以密法為藉口說修密法者可作不淨行，是以癡心行邪淫。

根據動機的不同，邪淫的異熟果報將相應墮入三惡趣中，尤其是轉生到鐵柱山，或者轉生在不淨淤泥中或轉為女人胎中的寄生蟲。假設獲得人身，也將感受妻子遭他人強搶或妻子不稱心意並偷盜，性情惡劣，夫妻雙方猶如仇敵相遇一般的果報。如今許多人娶了一位惡劣的妻子，整天吵鬧不休，最後不得不離婚、分居等，這都是前世邪淫的果報。其同行等流果：生生世世對女人貪得無厭，喜歡邪淫，或轉生為雞等貪心強烈的旁生。

何人易行邪淫呢？那些無慚無愧、卑鄙下劣、貪不厭足以及往昔曾轉生過魚雞等的人容易就犯。品質高尚、知慚有愧的人不會行邪淫。

在印度，曾對行邪淫的人處以極為嚴厲的死刑等，並視其為極度卑鄙惡劣之徒。如今煩惱濁極其熾盛，尤其是諸魔女捉弄人心，一些男人為了女人慘遭財食、性命毀於一旦的痛苦，並且很多出家人也為此而完全失毀了別解脫戒，最終甚至葬送了生身性命，這都是由貪欲引起的。關於此等過患下文中還有廣說。

當今處於所謂「隨行五毒煩惱、內心昏憒錯亂」的時代。所以，真正具足清淨戒律的只有極少數高僧大德，而無處不生的破戒邪道卻無量無邊。這種現象只有到彌勒佛出世時才會隱沒，此外誰也無法避免。如法稱論師說：「邪道無邊故，一一難破盡。」

因此，有緣分的人要從自身做起，使獲得的人身具有意義。而且，要想往生極樂世界，在家人一定要努力斷除邪淫，出家人徹底捨棄非梵行及其同品，這一點十分重要。

如同上述戒殺的功德一樣，這裡講述一則邪淫造罪與持戒行善混雜而交替享樂受苦的實例：從前，晝辛吉尊者去地獄境域，走呀走呀，當太陽剛剛升起時，來到一座美妙宮殿。在那裡，他看到一名嫵媚的天女和一位英俊的男士在共同嬉樂、享受妙欲。他倆也對尊者奉獻了飲食，這樣共住到黃昏日落。這時，他們說：「現在要有大恐怖出現了，您不要待在這裡，請走吧！」尊者想：這是怎麼回事呢？於是便走到附近的地方偷偷觀看：美妙宮殿以及天女都已杳無蹤影，只見那位男士赤身裸體。這時，出現了一個如黑色毒蛇般身體纖長、面目猙獰的女人在他身上纏繞七匝，從漆黑夜晚到黎明之間一直飲著他的腦髓。他感受著這種難以忍受的痛苦與恐怖。旭日東昇之時，（這些慘狀）全部消失，他又如前一樣享受快樂。尊者問：「這是什麼原因？」他說：「我曾是內波城行邪淫的婆羅門，當時嘎達雅那尊者為我宣說了行邪淫的諸多過患，並勸誡我斷除邪淫。然而，我只能發誓白天持不邪淫戒，無法做到一整天持戒。所以，如今感受白天享樂、夜晚受苦的果報。您若回到人間，請捎口信給我那日日夜夜行邪淫作不淨行的遺子。告訴他：『你的父親因以前行非法（邪淫）而轉生到了地獄，你當斷除此種非法行為、守持戒律，否則下場將與我一樣。』」尊者返回人間後將口信轉告了他的兒子。[63]

所以，如果能夠完全斷除邪淫不淨行，那麼生生世世都獲得安樂，現世當中也是受到眾人稱讚，成為高貴種姓，生生世世喜歡持戒，暫時轉生於天界等有無量功德。經中也說：「不去他妻旁，斷除邪淫行，知足於自妻，此士轉善趣。」

---

[63]詳見《一切有部毗奈耶皮革事》中億耳長者子的公案。

如是在阿彌陀佛及其眷屬前，以追悔之心發露懺悔身體所積累的殺生、不與取、非梵行或邪淫三種不善業。所謂的不善業是成熟惡果之因；發露之義是指說出所造的罪業而不隱瞞；所謂的懺悔是使自相續與罪業二者截然分開的意思。

壬二、懺悔四種語惡業：

妄語離間綺惡語，發露懺悔語四罪。

妄語：本來沒有見到本尊、鬼神等卻說已見到了，本來未曾獲得證相、授記等卻說已獲得了，這是上人法妄語，出家人說此妄語破根

本戒；對正法、上師、僧人惡語中傷，無理誹謗以及欺騙上師父母等的妄語為大妄語；凡是為了誘惑別人所說的各種欺人之談，無論是否達到了目的，均屬於中妄語；見到了卻說沒見到等或添枝加葉地說謊言，甚至開玩笑說妄語都是小妄語。自己親口言說或慫恿別人說妄語罪過都一模一樣。

為了利養等，是以貪心說妄語；為害他人，是以嗔心說妄語；自己雖無功德卻顯出一副讓別人感覺是有功德者的這類增上慢的妄語等，是以癡心說妄語。

根據說妄語的動機不同，其異熟果報也分別墮入三惡趣，或者雖然轉生為人，但所說的語言連自己的父母也不相信，本想說實話卻成了說妄語，口中發出難聞氣味，口齒不清、結結巴巴。「見到了卻說沒見到」一類

的妄語者轉生為盲人等。不管到哪裡總是遇到妄言欺騙者，此人所作所為全是徒勞無益，生生世世喜歡說妄語。如律藏中說：說妄語者如水器中之水傾倒後所剩甚微一般，其功德僅有少分而已；猶如剩餘微量之水亦漏到地上一般，其梵淨行之諸功德皆漏失無遺；猶如空空的容器倒放一般，梵淨行及所有的功德均一敗塗地；如同狂象無所不作一樣，愚癡說妄語之人無所不說。又云：「說妄語之人，一法亦遠離，摧毀後世者，無有不造罪。」

出家人若說妄語也就不算是出家人了。如《因緣品》中云：「無戒說妄語，剃髮非沙門，愚昧入貪欲，彼豈為沙門？」在家人說妄語也是同樣。對世間法而言，如果一個人不恪守盟誓，自食其言，那麼他沒有絲毫可信賴的，如同無有環扣的口袋一樣(64)，令人厭惡如同不淨物一般，不被當成好人如同烏鴉一樣，無有實義好似水泡、芭蕉樹一般。

說妄語誘騙他眾的人們終究不會得逞，最終只能毀滅自己。從前，在瑪嘎達地區(65)有一位印染工名叫古熱瑪，她住在城邊的一間樹葉茅棚中從事印染工作。一次，她將裝有赤黃色染料的器口用樹葉蓋上後，出去採花了。這時，一隻母狐狸來到此處，牠踏在染器上，踩塌了蓋子（樹葉）掉到裡面，結果身體被染成了黃色。牠來到

(64)藏族人所用的裝糧食的口袋，如果不在上面加一環扣則無法放在牲口背上。
(65)瑪嘎達地區：在印度金剛座附近。

一處尸林，碰到一隻狼，狼羨慕不已，問道：「您是誰呀？」狐狸為自己有這樣的毛色而洋洋自得妄言說道：「我是天上的夏繞那野獸。」所有愚昧者就是隨聲附和。因被妄言所欺，那隻狼向所有猛獸們大肆吹捧狐狸，牠們也都信以為真，最後所有猛獸全部成了那隻狐狸的眷屬。狐狸的母親知曉此事後對牠說：「唉，女兒呀！於淨水中沐浴後，置身卑位則安樂，劣性以皮生慢者，長此以往定遭殃！」雖然如此勸告，牠卻執意不聽。當牠受到獅子的恭敬承侍而騎在獅子背上大聲叫喊時，獅子認出牠是狐狸，心想：這個卑劣之輩竟然讓我來馱。於是發出巨吼聲。狐狸昏倒墜地。所有猛獸都氣憤地說：「這隻狐狸欺騙了我們。」便將牠的毛全部拔掉，使牠倍受痛苦。一位天人說：「心力未達到，以皮生我慢，安樂不長久，脫毛妄狐敗。」以貪嗔之心說妄語者必定落到如此下場。

那麼，何人易說妄語呢？不護根門、貪嗔強烈、喜求利養、多嘴如鸚鵡、無有慚愧、草率行事之人好說妄語。

斷除妄語的人猶如鮮花和蜂蜜一般令眾人舒心悅意，將避免上述妄語的那些過患，獲得與之相反的功德。如經中說：「一切如意寶中真正的如意寶最希有；一切燈盞中真正的明燈最殊勝；一切親友中真實的親友最可貴。」不說妄語之人暫時（未得果之前）成為眾人信任之處，宛如純金一般，死後轉生於天界，正如經中所說：「為他利不欺，為己或因懼，不說妄語者，彼士轉善趣。」而且斷除妄語是究竟獲得圓滿正等覺諦實語舌相圓滿之因。

離間語：是指挑撥他眾之間和睦關係的語言。其中大離間語是指破壞僧眾和合，即挑撥佛及其眷屬之間的關係，與之類似的是挑撥上師高僧大德及其眷屬之間的關係；中離間語是指破壞寺廟之間、四位僧人以上八位僧人以下的關係；小離間語是指挑撥離間的人想在關係融洽、友愛和睦的僧俗男女兩人以上，或鄰里之間、夫妻之間說東道西搬弄是非，使他們產生怨結、發生爭鬥，製造不和。

自己直接說妄語或通過諂誑手段搞離間以及慫恿別人說離間語等罪過都是相同的。因為意樂是由三毒產生，所以妄語的異熟果報相應墮入三惡趣，即使轉生為人，然而他的等流果也是與說妄語相同，自己的眷僕不和，不願意住於一處，心不穩定，無論前往哪裡都是遇到說離間語之人，總是喜歡說離間語。

儘管真正的破和合僧在當今時代不會發生，但與之類似的挑唆師徒、寺院之間的關係在如今卻時有發生，這種罪業近似無間罪。昔日，提婆達多破壞僧眾和合時，整個三千大千世界的眾生相續中都不曾生起善根，這裡所說的也與之相似，如《文殊根本續》等中說：若有一個在寺廟、上師之間製造矛盾，猶如攪拌血液之棍子一般的人，死後立即墮入無間地獄中[66]。若挑起僧眾發生糾

[66]如云：「一口惡食攪亂五臟六腑，一個壞人擾亂村頭寨尾。」

紛，則直至沒有緩解之前，當地的所有眾生都因生起嗔心而墮入地獄，好似焚焦的大地無法生長苗芽一般，發生糾紛的村落所在地數由旬以內不能生起修持佛法之果。《勸發勝心經》中云：「何處有諍及戲論，遠離百由旬為佳，何處若有諸煩惱，頃刻亦莫留住此。」

當今時代，大多數人都是信口開河、胡說八道，於在家男女、城鄉、鄰里、寺廟等之間說來道去，引起糾紛，製造混亂，這簡直是在造無間罪以下的惡業，危險性極大。因此，把握住自己的口是一大要點。只有像得地的聖者高僧大德們才不致於被離間語搞破關係，而對於大部分凡夫人來說，很容易因讒言而分道揚鑣。這主要是由於（大多數凡夫人）喜新厭舊、輕蕩浮薄、雜念紛紛的緣故。如律藏中說：「信任陌生人，依止惡劣者，草率捨棄友，愚者三法相。」

如今我們無論是寺廟僧團還是在家夫婦，都是與釋迦牟尼佛同一教法相聯的兄弟姐妹，尤其是在此極樂法會中結緣的所有眾生均是阿彌陀佛的弟子，也是往生極樂世界的道友。所以，不要聽信跟隨讒言者的謊話而捨離親密的朋友。律藏中說：「不因他語捨友伴，應當觀察他人言，欲挑撥者尋時機，是故莫依離間語。」

一般來說，虛偽不實、不知羞恥、阿諛奉承、花言巧語、心靈骯髒、兩面三刀的人好說離間語。因此，一剎那也不應與這種人相處。如《因緣品》中云：「無信吝嗇者，挑撥離間者，智者勿親近，莫交往惡友。」

很久以前，一頭母獅殺了一頭母牛後將牠的小牛犢與自己的獅子崽一起哺養長大。母獅臨終時留下遺言：「你們倆是我用同一乳汁餵養的兄弟。在這個世界上，有許多挑撥離間者，所以我死之後，你們誰的話也不要聽信。」說完就死了。在那頭獅子的後面經常有一隻吃剩肉的老狐狸跟著。後來那頭獅子每當殺了一頭野獸食用時，便想到牠的夥伴，於是急忙趕回家裡。因此，老狐狸常常吃不到剩下的肉，牠非常生氣，心想：我吃不到剩肉完全是那頭牛造成的，應當將牠們倆分開。於是牠便到那頭牛面前俯耳躺下。

牛問：「老舅舅啊，你是因風濕或中暑而痛嗎？」

狐狸回答：「我的身體不痛而是心痛。」

牛又問：「那為什麼呢？」

狐狸說：「獅子要殺你呀！」

牛不相信地說：「我們倆有母親的遺囑，這不可能是真的，你不要說這種話！」

狐狸說：「信不信由你。」

隨後牠跑到獅子面前也如此說了。

儘管獅子也像牛說的一樣說出了狐狸的話，可是牠們倆還是心懷疑慮。回到窩裡互相打量。以往同在窩裡時獅子給牛磨角，牛給獅子梳鬣……親密無間，互相從未猜疑過。此刻，牠們互相打量時都認為狐狸說的是事實。

於是牛用角剖開了獅子的肚皮，獅子也殺了牛，牠們倆由此斃命。此時一位天人說：「依止惡友者，終不得好處，且看獅牛友，被狐離異也。」

品行高尚之人不可能隨著讒言跑，挑撥離間者只會自食其果，自取滅亡。從前，有一隻小老虎名叫臂賢，一頭小獅子名為齒賢，牠們倆和睦友愛，形影不離。當時一隻老狐狸如上所述一樣進行挑撥離間。但是，牠們倆情意穩固，沒有輕舉妄動、魯莽行事，再三觀察後得知老狐狸是在挑撥離間。結果獅子一巴掌拍死了那隻狐狸。此時天人說道：「狡詐狐狸說妄語，試圖分友實慚愧，且看彼因讒言死，密友安樂又歡喜。」[67]

思維此等過患後，若能斷除離間語，則生生世世幸遇善友，情意穩固，誰人也無法使之關係破裂，將獲得與前述之過患相反的利益。如經中云：「恒時若斷除，離間拆散友，喜愛調和者，彼人生善趣。」

惡語：是指刺傷、擾亂他人心的語言，即如所謂的「雖無箭尖利刃語，亦能刺入人心間」。若說殺死你、打倒你、消滅你等等各種各樣難聽的話語；或說「你是狡詐者、盜賊、屠夫」等指責種姓的過失；「你家世惡劣」等指責家族的過失；或者說「你的父輩代代都是如何如何地造罪業」等揭露罪惡；或說「你是破戒者，毀誓言者」等加以譴責；或說「聾子」、「瞎子」等指出別人身體

---

[67] 詳見《四分律》中善牙獅子、善膊虎的公案。

的缺陷；或者說「你的臉簡直就像獅子面一樣，聲音好似狗叫一般」等等取種種惡名，以及無中生有、捏造抹殺都屬於粗語。

當然，上師傳授竅訣教言時要調伏弟子的相續，所以說粗語是合情合理的。如阿底峽尊者所說：「殊勝上師（或佛法）為揭露罪惡，殊勝竅訣為擊中要害。」又如云：「若具悲心無罪過。」倘若不是上師，那麼即使別人有錯，也不能揭穿，否則會激怒對方，所以不可為之。極重惡語罪是指詆毀佛像佛塔不好，或者對佛菩薩、比丘、沙彌、上師、父母說粗語。此外對破戒比丘、沙彌、在家男女進行惡語中傷，甚至對旁生說是「斷角、跛足」等也有很大過患。

自己言說或煽動他人說惡語，果報完全相同。說惡語主要是由嗔心引起的，但也有以其他煩惱而說的。它的異熟果分別墮入三惡趣中，即使得到人身也是聽不到一句悅耳之語，恆時心情煩躁，遭受眾人嗔恨，經常擔驚受怕，猶如野獸忐忑不安，常遇惡友，並且轉生到惡劣環境中，生生世世口出惡言。

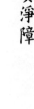

特別是指責佛像、佛塔，必受果報。從前，一個人對著一尊斷了手指的佛像說「斷指佛」，話音剛落他自己的手指即刻斷了。又有一人對著迦葉佛的遺塔譏諷地說：「這佛塔太大了。」結果他於許多世中轉生為侏儒。有許多這類公案。如果說「這位本尊容貌不莊嚴」，那麼就要感受悲慘的惡果。

常說不吉祥語的人對圓滿的佛陀也口出不遜：古代，名叫金西的一位醫生，他的兒子繼承了父業。當時，有一位比丘患了痔瘡，請他來檢查。看到污穢不堪的情景，他不願意予以治療。但是，國王強行命令他去治療。此時，大慈大悲的導師釋迦牟尼佛因憐愛病人也來到了現場。那位醫生氣沖沖地說：「沙門老爺、僕女之子你過來吧，看看聲聞的肛門爛了。」大慈大悲的導師從眾敬王時起種姓家族毫無過患瑕疵，他竟然惡言粗語侮辱佛陀說「僕女之子」。七天之後這位醫生口吐鮮血死於非命，隨後墮入地獄之中。(68)

倘若在大庭廣眾之中說惡語，則會傷害諸多菩薩，將感受順現受業：從前，漢地的一位大智士造了一部將僧眾喻為毒蛇的論典。一次，他與眾多僧人同行至途中時，突然說道：「你們快逃避吧！我好像要感受業果了。」剛剛說完，他的兩手粘連在頭上成了蛇頭，雙足粘在一起成了蛇尾，全然變成了一條黑黝黝的毒蛇，向林中竄去。

此外，也不能惡語侮辱年老比丘、沙彌：

曾在舍衛城境內，有一頭老野牛，牠去飲水時陷進淤泥裡。舍利子尊者見後將牠從泥中拽出，用手把牠身上的泥擦得乾乾淨淨，並為牠宣說三句法語，之後便離開了。老牛在對舍利子尊者生起信心中死去，後來在舍

(68)詳見《根本說一切有部毘奈耶藥事》卷2中阿帝耶醫王的公案。

衛城轉生為一位婆羅門的兒子，因為業力所感他天生體態如牛，並長有兩個咽喉，還能夠反芻食物。他長大以後出家，最終獲得了阿羅漢果位，即是所稱的「牛主尊者」。這是由於：往昔迦葉佛時，他曾是一位博通三藏的出家僧人。一次，看到一位年邁的比丘正慢慢悠悠地進餐時，他說：「你像老牛反芻一樣。」後來他得知那位老比丘是具功德者（聖者），便誠心懺悔，以至於未墮入地獄。但是，以其惡語等流果而於五百世中轉生為牛，如今成為最後有者時也是體態如牛。69

曾經在迦葉佛教法中有一位沙彌執事員。一次，諸多比丘對他說：「你將少許清油中炒過的鍋粑放在臼器裡用杵搗碎，然後給我們。」由於那位沙彌當時事務繁忙，於是對他們說：「諸位上座，請稍等片刻，我再供養。」那些比丘們卻大發雷霆，惡語說道：「如果我們可以接觸杵臼的話，應該把你放在臼器裡面搗碎。」結果他們全部變成了形似杵臼的眾生而墮入地獄。釋迦牟尼佛在世時曾示現給僧眾看，並講述了此事的來龍去脈。

另有一位通達三藏的比丘以博學多才而自居，他對其他比丘說：「你們就像牧童一樣。」結果他在五百世轉生為牧童。70

又有一位年輕比丘看到了另一位比丘跳過水溝。當

69詳見《根本說一切有部毘奈耶雜事》、《百業經》。
70詳見《根本說一切有部毘奈耶藥事》卷11。

時隨口便說：「你好像猴子一樣。」由此他在五百世中連續轉生為猴子。[71]

從前，一位商人牽著一條狗上路了。途中，

那條狗偷吃了商人們所帶的肉。那些商人們把牠的四肢全部砍掉後扔在空曠的荒野中。牠感受了異常的痛苦。這是由於：迦葉佛時，牠曾是一位聲音悅耳動聽的年輕比丘。當時他對一位聲音不好聽的老比丘說：「你的聲音簡直像狗叫一樣。」由此他於五百世中連續轉生為狗。[72]

一般而言，那些種族高貴、相貌端嚴、青春美滿、地位顯赫、財產富足、廣聞博學的傲慢之人容易以言語侮辱傷害他人。

往昔，某寺院有位智慧頗高的格西，在辯論過程中無有人能辯勝他。於是他說：「你們真像驢一樣。」並作出姿態。他以此惡業死後立即轉生為驢頭鬼。

再有，安多地方的一位格西是獲得文殊菩薩加持的高僧大德。一次，來自某大寺院的一位小僧人與其關於「眾生有無新生……」這一問題展開了辯論。當大格西的理證稍有相違時，那位小僧人因此便認為自己智慧不凡，順口說道：「你真是一無所知，『三輪[73]』！」以此果報，他即生舌根完全糜爛，最後舌頭斷掉而命絕身亡。

---

[71]詳見《賢愚經》中蜜勝比丘的公案。
[72]詳見《大方便佛報恩經》卷3中均提沙彌的公案。
[73]三輪：辯論時，對方若理屈詞窮，辯者可說「三輪」，指對方完全輸了。

以貪嗔之心進行辯經，若引起互相生嗔，則罪過十分嚴重：昔日，大慈大悲的導師釋迦牟尼佛在世時，兩位比丘開始辯論，最後雙方惡語相譏，互不相讓。因為年輕的比丘對老年比丘說了許多粗言惡語，以至於年老比丘懷恨在心，氣憤地回到自己的住處，閉門不出，最終死在那間房屋裡並轉生為一條毒蛇。當時，世尊吩咐阿難說：「你去告訴那條毒蛇：世尊說，『蛇呀！你是曾於我教法中出家的，本可獲得解脫，但如今你因生嗔心而轉為毒蛇，你應向所嗔的這位比丘道歉。如果還繼續嗔恨，將墮入地獄之中。』」阿難尊者帶著那位年輕比丘去敲毒蛇的房門，並一五一十地轉告了世尊的話。可是，那條毒蛇噴散嗔恨的毒氣後仍不肯出來。世尊又命目犍連尊者去了，他也同樣轉述了世尊的話。然而，那條毒蛇只是從鐵門縫中伸一下頭，就又鑽到裡面去了，還是不願出來。此時，舍衛城到處傳說著一位比丘因嗔心而轉成了毒蛇，致使許多人為了看熱鬧而聚集在那裡。隨後，世尊也攜眷屬來到此處。佛陀嚴厲呵責了那條毒蛇。牠無法堪忍世尊的語言威力，很快便出來了。世尊將毒蛇帶到祇陀園。牠在眾人面前驚恐不已，跑到世尊座下蜷身而居。世尊將牠與那位比丘放在一起後，說：「你因為以前說了如毒般的嗔怒惡語之業而轉生為毒蛇，如果現在仍然造向他人射毒箭的惡業，那麼來世你將會怎樣呢……」講述了許多過患。那條蛇知道自己已投生為惡劣的眾生後失聲痛哭起來。佛陀說：「你造惡業時理應啼哭（但那時卻未流淚），如今惡果成熟已轉為旁生，哭又有什麼用呢？快向這位比丘懺悔！這位比丘，你曾經是這條蛇的辯論對手，無疑也應頂禮（懺悔）。」那位比丘向毒蛇頂禮，那條毒蛇也禮拜了比丘。在場的所有人都驚奇不已，更加對佛陀生起信心，對因果生起誠信。世尊也依此因緣而傳授佛法，令許多人獲得功德（得果位）。那條毒蛇也在對佛陀生起信心中死去，後來轉生到三十三天。

如此具足戒律、精通三藏的比丘，尚且由於嗔心、惡語而轉生為毒蛇，那麼像我們這些毫無功德的在家男女們將會如何呢？因為當時正值大慈大悲的導師在世、業果迅速便可成熟的緣故，惡業瞬間即可得以清淨。如今在這佛法末期，積累惡業之力與往昔截然不同，所以在尚未受完果報之前不可能值遇佛陀那樣的導師。

當今具諍時嗔恨濁十分猖獗，從出家人到在家人以貪嗔偏袒之心評論教法宗派的好壞或者為了地位、名聲、財產、受用等這些無有絲毫實義或者蠅頭小利的事，始終懷著如毒般的積資淨障——對治愚癡之懺悔支 237 惡心，惡語好似毒箭一般從口中射出，由此導致暴發激烈的爭吵糾紛甚至國破家亡，這是在造死後立即墮入地獄的罪業。如頌云：「在家眾為受爭論，出家者為想爭論。」《俱舍論》中也宣說了受、想是爭論之根本、輪迴之因。

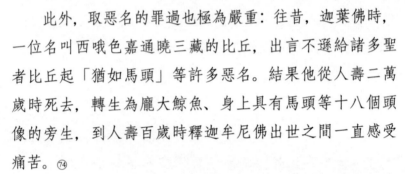

因此，無論是依靠佛法說粗語，還是為世間輪迴瑣事出惡言、惡語，都是嗔恨、爭鬥的根源。所以，我們思維以上的公案後應當倍加警惕。最初互相說惡語，一旦生起嗔心就要立刻改變，否則將於多生累世墮入地獄以及轉生為毒蛇。

此外，取惡名的罪過也極為嚴重：往昔，迦葉佛時，一位名叫西哦色嘉通曉三藏的比丘，出言不遜給諸多聖者比丘起「猶如馬頭」等許多惡名。結果他從人壽二萬歲時死去，轉生為龐大鯨魚、身上具有馬頭等十八個頭像的旁生，到人壽百歲時釋迦牟尼佛出世之間一直感受痛苦。(74)

本來，人人都有一個固定的名字代表他自己，如果不叫人本身的名字，而取一些「豁嘴」、「歪鼻」之類的惡名，都是在積累墮入惡趣的罪業。昔日，釋迦族五百女子的丈夫被暴軍斬盡殺絕，她們都成了寡婦。後來帕吉波國王的軍隊又將她們的手腳全部砍斷，結果她們死去。這是由於：她們曾是迦葉佛教法中的五百僧人，當時，給諸比丘取「斷足」、「斷臂」等惡名，以此惡業在許多生世中墮入地獄，又於五百世中被砍斷手腳而亡。(75)無論是取什麼惡名都會感受五百次那樣的等流果報。如若對比丘沙彌等取惡名，其異熟果將墮入地獄。

---

(74)詳見《根本說一切有部毘奈耶》卷9中劫比羅的公案。
(75)詳見《根本說一切有部毘奈耶雜事》卷9中五百釋女的公案。

此外，若對父母口出惡言，果報也極為嚴重：從前，邊地具石境內的力部施主有一個兒子名叫珠辛吉。他要前往大海島嶼去取寶時，他的母親極力阻止，但他卻不聽。最後母親傷心地哭了。他氣急敗壞地說：「我要前去取寶，你卻說不吉祥的話，願你見地獄！」用牧區的話就是怒罵「下地獄吧！」這樣口出粗語後他便一走了之。途中在一家旅店住宿，因業力所感商人們全部走了，珠辛吉睡得太沉，諸商人也把他給忘了。等他醒來時所有的商人都已無影無蹤。知道只剩下他和兩頭驢留在空無一人的海邊上以後，他十分驚慌，馬上將兩頭驢連在一起，驅趕著牠們向前行進。這時，狂風大作，路途完全被沙子遮住，根本不知往哪裡走。然而，那兩頭驢很聰明，牠們憑著嗅覺聞氣味緩緩地向前行進。珠辛吉因為又慌又急，於是用鞭子猛力抽打牠們，希望加快速度。結果兩頭驢也因神志不清而迷路了。他們來到另一個空曠的地方，兩頭驢已精疲力竭、口乾舌燥，牠們伸出舌頭呼呼地喘氣。見此情景，珠辛吉生起了惻隱之心，便將牠們留在原地，他到處漂蕩，最後到了十分恐怖的餓鬼城市……後來又在十二年間以他原來的那一身分不斷流落於地獄之處，受盡了飢寒交迫、口乾舌燥的無量痛苦。

甚至對旁生也不能惡語指責：久遠以前，一位施主有一個耕種的僕人和兩頭牛。一次，牛去田裡時，僕人扔一節木頭砸斷了一頭牛的角，就稱牠為「斷角」。又有一頭牛跑到地裡時，他拋鐮刀砍掉了牠的尾巴，稱牠為「斷尾」。那位主人本來答應將女兒嫁給那個僕人，後來沒有履行諾言。僕人對主人懷恨在心，他把兩頭牛拴在一棵枯樹上，用鞭子抽打，然後置之不理。初劫時旁生會說話，牠們說：「以前你從來也不用鞭子打我們倆，而且給我們餵草、餵水，就像父母一樣慈愛、保護，現在為什麼這樣虐待我們？我倆犯了什麼錯？」

僕人說：「雖然你們是無辜的，但你們的主人欺騙了我。」

牛問：「那麼，你為何不稟告國王呢？」僕人回答：「我沒有證人。」

牛說：「你向國王稟告，我們可以作你的證人。如果國王問：『你有證人嗎？』你就說：『有牛們作證。』如若國王說：『牛們怎麼能作證呢？』你就回答：『我們把牠們拴在岩石下，如果我的話是真的，那麼就告訴牠們：『不吃草不飲水。』這時，我們也不吃不喝，直到國王相信為止。」

於是僕人就這樣向國王稟告了。國王說：「那麼，就這樣做來看吧。」此刻，斷尾的牛突然想到僕人喊自己「斷尾」的惡名，於是記恨起來，牠說：「我不願意作證，不用說是草，就是石頭我也要吃。」其餘的牛說：「這位僕人對我們猶如父母般慈愛，我們不能騙他，應當為他作證。」牠說：「儘管這是事實，但因他經常叫我斷尾，所以我不願意為他作證。」

其餘牛對僕人說：「你（用繩子）把這頭斷尾牛的鼻子穿透後繫在我們的牛角上，如果牠吃草的話，我們的牛角便向上抬起，那時你就說：『大家看啊！牠們所指示的太陽也在為我作證呢。』這樣將得勝。」

僕人將斷尾牛的鼻子穿透。

那牛喊道：「你們看呀，這個人還在加害我。」

其餘的牛說：「他不是加害你，而是在給你打扮呢，你不要出聲，靜靜地待著吧！」

國王進行審判時，牛們如此為他辯護，結果他大獲全勝，如願娶到了主人的女兒。這說明：雖然是旁生，但如果慈愛牠們，牠們也知道報恩；如若口出惡語傷害牠們，那麼從今世起牠們也會報仇。即使未能報仇，也會發惡願於生生世世中不斷陷害報復。

此外，在一個僻靜的山村，住著一個趕車的人，他有名叫「嘎雪」、「薩熱」的兩頭牛，後來牠倆各自生了一頭小牛犢。因為嘎雪所生的小牛犢的牛角連在一起，所以為牠取名「嘎雪連角」；因為薩熱的小牛犢是歪嘴而給牠取名「薩熱歪嘴」。這兩頭小牛犢逐漸長成了大牛。一次，車夫們聚集一起談論牛的好壞。那兩頭牛的主人胸有成竹地說：「我的這兩頭牛十分出色。」他們協商決定：以五百兩黃金做賭注，讓牛們在艱險難行的路上拉著裝有大批貨物的車進行比賽。那些人也下了賭金。主人讓兩頭牛拉著車，他自己一邊驅趕一邊喊：「嘎雪連角快跑！薩熱歪嘴快走！」可是牠們卻毫不情願。於是他用針扎牠們。這時，其他人說：「你輸了，不要害死牛啊，快把賭錢給了。」結果他損失了五百兩黃金。他為了懲罰那兩頭牛，數數鞭打牠們並在烈日炎炎下將牠們拴在枯樹上。

那兩頭牛以人語說道：「你為何要這般懲治我倆呢？我們犯了什麼罪？」

他（怒不可遏地）說：「你們倆明明知道，卻故意讓我輸了錢，因此處罰你們！」

牠們倆說：「那是你自己的口業所造成的。本來我們倆的名字叫『薩熱』、『嘎雪』，可你卻喊我們『連角』、『歪嘴』這樣難聽的名字，所以你才輸了。但是，現在你選一條更為難行的道路，在馬車上裝上原來兩倍多的貨物，下原先兩倍的賭金，直呼我們的名字，再進行一次比賽，我們會讓你贏得賭金。」

他按照牠們所說的去做了，然後一邊趕牠們一邊喊：「嘎雪快跑，薩熱快跑呀！」那兩頭牛竭盡全力很快將貨物順利送到平原上，最後他贏得了一千兩賭金。(76)

可見，無論是對人還是對旁生都不能說難聽刺耳的惡語。如律藏中說：「故當說柔語，莫言不悅語，若說悅耳語，成善無罪業。」

---

(76)詳見《四分律》卷11中婆羅門牛的公案。

那麼，何人易說惡語呢？那些惡口如蛇舌、心狠殘暴、暴躁易怒、不護根門、無有慚愧、性情惡劣之人好說惡語。

有些人天生除了說惡語以外似乎不會說話一樣，這也經常會傷害不熟悉的人。多數惡人故意說惡語刺傷他人的心。如《因緣品》中云：「天生一出言，便說惡語者，猶如利斧頭，將砍斷自己。」鄔金蓮師曾說：「惡人之語如毒樹，觸於何處斷一節。」經中云：「為惡語垢所制服，無論何者無安樂，猶如獅蛇極凶殘，惡語之人無善趣。」《報恩經》中說：「熾熱諸鐵輪，恒旋頭頂上，其苦非難忍，（倘若說惡語，果報更難忍，）永莫說惡語。」又如頌云：「熾熱諸鐵輪，恒旋頭頂上，其苦非難忍，（倘若說惡語，果報更難忍，）於聖莫說惡。」

想到此等過患後，如果能夠斷除惡語，那麼不會轉生於惡趣之中，並且經常聽到悅耳之語，受到眾人恭敬，親朋好友眾多，一切事業自然成辦，即使淪為一無所有的乞丐，也會贏得諸人喜歡，永無死於惡性（無有善法）中的顧慮。如經云：「斷除諸傲慢，惡語傷感情，何者說柔語，彼士轉善趣。」又說：「聖者斷惡語，恒說柔和語，極喜美語者，近住於涅槃。」

綺語：主要是指未經觀察、信口雌黃的無關語。如世尊曾說：「詳察細審而言說，未經觀察切莫說。」如果要開口講話必須要深思熟慮之後再出言。如果沒有進行觀察順口就說，那麼很可能造成前言不搭後語，成為綺語。如在大眾場合中，不作詳察，隨口亂說，將會傷害許多人而成為綺語、惡語。如諺語所說：「口中若出言，當視他人臉。」

特別是在聞法期間如若胡言亂語，以及誦儀軌或念咒語間隔時東拉西扯，則罪過極為嚴重。如今，僧團總的僧規及瑜伽自宗的法規有些十分渙散、鬆懈，有些人甚至在念誦儀軌的同時也是廢話連篇，在僧眾行列中與興趣相投的道友們互相打鬧、交頭接耳；到了中間念咒時，便取出一個如黑腸子般的鼻煙壺開始吸煙，或者喝茶、閒聊等作種種非法行。如若一邊漫不經心地誦咒一邊夾雜閒言碎語，同時口飲茶水，則其罪過與捨法罪一樣重。此外，念咒時講述故事，談論歷代王朝、軍事戰爭、搶劫商業的狀況，議論女人的好壞，評價財物的賢劣以及古今中外、溝頭溝尾等形形色色的無稽之談，這是所謂的「亂言之口如惡庫，信口胡說爭訟因」。依此可產生貪嗔的分別念，進而斷送自他念經的善法，因此（在念經時說綺語）過失相當嚴重。

一般而言，那些不知羞恥、懈怠懶惰、放逸散漫、貪嗔強烈、如鸚鵡般喜歡言談，口心不調順的人愛說綺語。如果與這種人交往相處，必將斷掉善根，被引入惡趣之中。如《入行論》中云：「伴愚必然生，自讚毀他過，好談世間樂，無義不善事。」人們常說：「一切語言均是由欲望而說。」所以，這類綺語大多數完全是自讚毀他的語言。喜歡說綺語的人增長強烈貪嗔、極為怠惰等許多不善業。《寶積經》中也宣說了說綺語的極多過患。鄔金蓮花生大士也曾經說過：「雜有綺語誦一月，不如禁語誦一日。」

綺語也是依賴於貪嗔癡而產生的，所以它的異熟果報將分別墮入三惡趣。即使轉生為人，也將成為諸人不喜，如瘋子般言繁語雜，心煩意亂，誰也不相信他的話，世世代代中愛說綺語。

如果斷除綺語，那麼生生世世生於貴族之家，受到眾人擁戴，語言前後連貫，語言不會出現過錯，能言善辯並與正法毫不相違，所說之語相合眾人心意猶如蜂蜜一般……有不可思議的利益。經中也說：「設若能斷除，無義諸綺語，恒時講正法，彼士轉善趣。」

如是（在阿彌陀佛及其眷屬前）發露懺悔口中所造的妄語、離間語、惡語、綺語四種不善業。

壬三、懺悔三種意惡業：

貪心害心與邪見，發露懺悔意三罪。

貪心：是指貪圖他人豐富的財物、強大的勢力、勇士的魄力、智者的辯才、美麗的容貌等，並想：若有辦法讓我擁有這一切那該多好啊！

大貪心是貪圖上師僧團的財產，其過患特別嚴重。大部分商人等為了謀得利潤而對寺廟僧眾共同擁有的財物產生貪心，其過患如上面強奪偷盜僧財時所講的一樣。

許多人貪圖買到上師們手中的馬牛等信財亡財並想從中獲取利潤，其罪過也非常大。假設獲得了少許利潤也猶如飲毒一般。鄔金蓮師說：「上師財如哈拉毒，誰若享用則喪命。」甚至，如果看到別人有一尊佛像或優質的物品，便將它拿在手中從頭到尾瞧個不停，摸來摸去，企圖得到。暗想：唉，若我能擁有這樣的物品該多麼好啊！這也屬於貪心。

一般來說，那些恬不知恥、貪得無厭猶如餓狗之人易生貪心，這主要是由欲望引起的，但是也有諸如貪求敵人之財等以嗔心引起的。依靠貪心也會導致害心、殺生、不與取等惡業的出現。

其異熟果報將墮入三惡趣中。即便幸得人身，也是相貌醜陋，貧窮可憐，雖有財富也易毀盡，由於貪欲作障而使心中所願無一實現，生於惡境，常常成為具貪心者。尤其是對有福德之人的財富生起貪心，如果依此產生害心，則其結果將如往昔的頂生國王一樣，他已獲得了與帝釋天王平起平坐的權勢，後來還妄想擁有一切，最終天界的福德也殆盡了……有許多這類公案。

不以自己擁有的財產為滿足，還貪圖他人之財，依此使自己的財產也會失毀：很久以前，一隻狐狸在溪水邊尋得一塊肉。這時，牠看見水裡的魚兒在游動，便想先去吃魚，於是牠放下那塊肉跑去吃魚，結果魚鑽到了水底，那塊肉也被烏鴉叼走了，最後牠什麼也沒有得到。

本來，如果自己沒有積累的福德力，那麼對心中所想、眼睛所見的事物都生起貪心又有何用呢？因為眼福不淺而無所不見，心似損耗鬼而無所不求，由於自己耗盡福德終將一無所獲。所以，自己有多少財物都知足。無有貪心之人即使如乞丐一般窮得身無分文，然而精神方面卻十分富足；不知滿足具貪心者儘管物質極為富裕，但精神卻極為貧乏。如《親友書》中云：「佛說一切財產中，知足乃為最殊勝，是故應當常知足，知足無財真富翁。」

貪心過患極其嚴重，若能斷除貪心，則轉生為人時，財物富足穩固，誰也不會對其產生絲毫搶奪之心，轉於天界也成為不同其他天人的富裕者。如經中說：「城邑或靜處，他人所屬物，不生貪心者，彼士轉善趣。」

害心：是指對於與自己關係不好的敵人，即使不是敵人但由於心懷惡意的緣故而對他人擁有的財產、受用、名譽、地位等生起難以堪忍的嫉妒心，並想：倘若能夠加害此人那該多好啊！這個人遇到不幸該多好啊！居心不良。最為嚴重的害心是對於嚴厲的對境佛菩薩以及自己的上師、父母懷有惡毒之心。乃至對於包括旁生在內的有情，如果存心加害，則過患都非常嚴重。特別是不了知密宗金剛乘甚深行為之義而對加害自己或施主等的怨敵魔障根本生不起剎那悲心，從開始就企圖消滅他們，一直懷著嗔心害心。但他們卻美其名曰：這是密宗的降伏事業。實際上這絕對是惡意惡語。

那些無有慚愧、疑慮種種、心胸狹窄、心靈骯髒、胸中充滿惡意之毒水的人們容易生起害心。

害心是由三毒產生，主要是由嗔心引起，其異熟果報必將墮入三惡趣中，這是不言而喻的。即使僥倖獲得人身，也是相貌醜陋、愚昧無知，身心常為種種痛苦所逼，受到眾人憎恨，轉生於空曠恐怖、邊鄙野蠻、時有爭論的環境中，經常慘遭礌石兵刃等橫死，生生世世唯起害心，無有生起慈心的機緣。

事實上，如果對方沒有違緣障礙，那麼自己如何生惡心也不能達到任何目的，而只會耗盡自己的福德。試圖依靠惡咒等徹底消滅對方時，如果遇到個別無有福德、勢單力薄者，有可能勉強對付，但也將是兩敗俱傷，自己得不到一點利益，既損害了今世又摧毀了來世的解脫道。如《入行論》中云：「縱令敵不喜，汝有何可樂，唯盼敵受苦，不成損他因。」

有些人雖然言行上不能夠傷害對方，但心中總是想：對方若人財兩空、牲畜皆亡該多好啊！可是，連讓一個蝨子叮咬對方的事也未辦到，結果自己卻墮入地獄。也有些人不只是對敵人而是對所有的人都是語言白如牛奶（甜言蜜語）、內心黑如墨汁（心地惡毒）（即所謂的口蜜腹劍），這也屬於害心，將成為地獄的墜石，也有成為鬼魔種姓的。

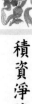

當自己所懷有惡意的怨敵出現不樂意之事時，則說：

「我實在高興，真是佛的加持，我心滿意足了，他本該如此。」如此隨喜者，反倒他自己真的得到「佛的加持」了吧。因為對方慘遭不幸，自己如果幸災樂禍，則與親自造罪的過失相同。所謂「害心是地獄的使者」，這種生害心者死後將如投石般立即墮入地獄。在地獄沸騰的銅液裡燉煮時，你若高興爾時該高興，你若心安爾時該心安呀！如《入行論》中說：「汝願縱得償，他苦汝何樂？若謂滿我願，招禍豈過此？」

曾有這樣一則實例：古代，在一深山中住有師徒二人，另有一個與他們不和的上師。一天，上師對侍者小僧人說：「煮上好茶！今天我聽到了一個好消息。」小僧人問：「聽到了什麼？」上師說：「與我們倆不好的某某上師有女人了。」小僧人說：「噢，上師呀，這有什麼值得高興的呢？我還以為您面見本尊得到授記了呢。」帕單巴尊者聽到此事後說：「幸災樂禍的那個上師比破戒造罪的那位上師罪過還大。」這就是所謂的「惡心武器傷自己」。

往昔有一個人配製毒藥，企圖害他人，結果誤入自己口中而一命嗚呼。

另曾有父子兩人，老父親躺下時，有一隻蚊子落在他的禿頂上叮咬。兒子想：我的老父還沒有死之前，牠為何要咬他？打死牠！於是扔了一塊木板，結果沒有打到蚊子反而給父親的腦袋開了瓢，老人就此喪命。

此外，從前，舍衛城的施主們供養僧眾齋食時，首先供養僧眾，之後再布施乞丐。有一次，一個國王種姓的小乞丐和一個婆羅門種姓的小乞丐前去乞討，婆羅門種姓的那個小孩沒有掌握好時間，（在供僧之前）去了，結果什麼也未得到。國王種姓的那位小乞丐在僧眾享用後去要的，所以獲得了許多飲食。國王種姓的小孩問婆羅門的兒子：「你討到東西了嗎？」他因未得到任何飲食而氣憤不已，說道：「我如果有權力，一定砍掉所有這些比丘的頭。」他生起如此惡毒之心。國王種姓的小孩說：「我若掌握大權，一定每天以百味甘美飲食供奉佛陀及其眷屬。」他生起這樣善妙的心。他們倆說完話便各自到樹下，都睡著了。從某處疾馳而來的一輛馬車輾在婆羅門小孩的脖子上，他的頭斷了。他因害心的果報立即成熟而喪了命。當時舍衛城的一位大商主過世了，他膝下無子。家人們商量決定若有一位具大福德之人就請到家中。人們便四處尋找，發現了國王種姓的小孩正在一棵樹下躺著，其他所有的樹蔭已消失，但他所在的那棵樹的蔭影仍在他上面而沒有消失。於是他們斷定那是一位具廣大福德之人，選中他作為商主。後來他供養佛陀及其眷屬齋食，在佛前求法最後獲得了解脫。所以，這是他善良之心的果報立即成熟的原因。[77]

　　因此，一切善惡主要依賴自己的心，我們務必捨棄惡心劣意，生起慈心善意，否則，存有惡心者非但不能

---

[77]詳見《法句譬喻經》卷1中二商人的公案。

往生極樂世界，甚至連善趣也無法獲得。如《入行論》云：「博施諸佛子，若人生惡心，佛言彼墮獄，長如心數劫。」又：「誰製燒鐵地？女眾從何出？佛說彼一切，皆由惡心造。」《念處經》中說：「心為敵中敵，心外無他敵，如燧木自焚，心為自心毀。」可見，乃至地獄燃燒的鐵地以上都是由害心所產生的。因而，我們必須徹底斷除害心。

如果斷除害心，那麼今生也會安樂富足，誰也不能令其生畏，使眾人舒心悅意，心情恆時歡喜。如《因緣品》中云：「具有害心人之中，當住無有害心處，具害心中無害心，奇哉此人極安樂。」又說：「何人無害心，憐憫眾有情，慈愛諸含生，彼永不生怨。」死後也將感受天界的大福報。如經中說：「慈心不損惱，無有害心者，不傷諸有情，彼士轉善趣。」

邪見：是指對真理的顛倒認識。大邪見即：說業因果不實有、前後世不存在、三寶不真實，認為行善作惡都一樣，或誤認為父母殺害眾生是為了積善根，宰殺旁生作供施等，視損害為正法等奉持邊地邪道的宗派。與之類似的還有：口口聲聲說「飲酒吸煙等有什麼過失，殺生沒有那樣的罪過……」詆毀因果，儘管一善未作，唯造惡業，卻認為不會墮入惡趣，肯定能得人身，這是因果邪見。或者說：「僧眾無有本尊，本尊無有加持力……」侮辱三寶的威望，這種邪見與外道相同。同樣，視上師僧人為有過失者也屬於大邪見之類。一切眾生從自性方面來說都具有如來藏，對自己的孩子也毫無慈悲心者在鷂鷹、豺狼等旁生中也沒有，將任何眾生都看成低劣者（與外道）一樣，視正法為非法、非法為正法等均是邪見。

如頌云：「十不善中邪見重。」所以，從產生不信因果的邪見開始直到尚未生起誠信因果的正見之前，以往的一切善根後來不會生起，斷絕善根之人不能恢復如初，因此罪業極為嚴重。

那些不知羞恥、愚昧無知、從無始以來經常轉生於無暇邊鄙之處、為惡友所欺、無有信心、滿腹懷疑之人易生邪見。

邪見的意樂是由三毒產生，但主要來源於愚癡。根據意樂強弱不同，其異熟果報分別墮入三惡趣之中，尤其是墮入無間地獄而需要感受其餘地獄的所有痛苦。之後接連不斷轉為旁生，即使幸得人身也因往昔不善業的等流果而空耗，世世代代轉生為邪見者等等，其過患無法想像。具邪見之人的善根也將成為痛苦之因。如龍樹菩薩說：「若欲趨善趣，當修習正見，邪見者行善，其果亦難忍。」

如果親近不信因果的惡友或雖信因果卻不懂因果道理的人，那麼自己也會染上生起邪見等過患。如《因緣品》中云：「若將純淨吉祥草，繫於腐爛之魚上，彼草亦會變腐爛，依止惡友亦復然。」倘若依止誠信業果、喜善警惡、了知業因果道理之人，則自己也會轉變成具有正見者。如《因緣品》中云：「若人將紫梗樹葉，置於漢香香囊中，樹葉亦發出香氣，依止善友亦復然。」《寶積經》中也說：「依止說法善知識，切莫依止諸惡友，具足淨戒及多聞，當知勝義唯一門。」

有些愚癡惡劣的弟子儘管依止了一位賢善殊勝的上師，卻對上師無有恭敬誠信之心，也未能正確理解教言，表面上裝模作樣，僅僅修行了少許法便自吹自擂，但實際上卻在散漫、懈怠中虛度人生，結果任何功德也未獲得，居然說：「某位惡上師欺騙了我，正法也不深奧。」最終以邪見死去而墮入惡趣。

還有些在家人盡力作消災延壽、頂禮轉經、淨除罪障等佛事，希望今生幸福安樂。然而，因往昔所積惡業力感召而屢遭病痛、失敗等厄運。於是便說：「我們竟然落到了這種地步，因果不真實，三寶無加持，別人唯造惡業卻享受快樂。」生起邪見。

事實並不是這樣，廣行善法之人今生遭受痛苦是由於：因果真實不虛而使以往所造的惡業在現今成熟，此後可得盡除，如今所造的善根，後世必將成熟，絕不會虛耗，正因為三寶具有加持力才使往昔的惡業迅速現前。即所謂的「大福者臨趨善趣，痛苦猶如燃烈火」；有些人雖然積累了滔天大罪，今生卻越來越幸福快樂，但這並不妙，這是因為往昔的點滴善果於現世中成熟，之後便徹底耗盡，如今所造的惡業必將於後世中成熟，以致永無解脫之時，這就是所謂的「重罪者臨墮地獄，福德猶如降大雨」。此類實例如下：

從前，札珠城市（尼洪國家）的國王俄扎雅那之子名為具髻，他繼承王位後把兩個惡臣納入朝中，而將兩位法臣擯除朝外。之後以非法治國，致使整個國家轉入邪道。父王俄扎雅那於佛陀前出家，最後獲得了阿羅漢果位。然後他返回札珠城市，準備制止太子及群臣非法執政的惡行。由於奸臣們從中挑撥致使具髻殺害了父王。因為他的父王是阿羅漢，所以他造了兩種無間罪。當時，嘎達雅那尊者也在當地，他預言：「從現在算起到第七天時，札珠城市將被土埋沒，具髻國王及其眷屬將墮入無間地獄。」隨後，第一天狂風四起，將塵石一掃而空，第二天降下花雨，第三天降下衣雨，第四天降下銀雨，第五天降下金雨，第六天普降各種珍寶雨。到了第七天，漫天降落土雨，儘管國王等眾人企圖逃跑，但因非人擋住了去路而未能跑掉，結果所有的人全部被土壓死，之後墮入無間地獄中。(78)

可見，今生行善之人感受痛苦、罪業深重之人享受少分安樂，這都是可能的。因此，我們不應對因果生起邪見，諸如阿羅漢等高僧大德們之中也有臨終感受痛苦的。

也有自己因前世惡業而於今生中起邪見的公案：往

(78)詳見《雜寶藏經》卷10之《優陀羨王緣》。

昔，邊地給國王有名為「戰哦」、「炯幾」的兩個兒子，他們成了常斷見者。後來國王將他倆委託勝光王撫養。他們捨棄了邪見，於佛陀前出家，最後獲得了阿羅漢果位。這是由於：他們曾是迦葉佛教法中精通三藏的兩位出家人，以此業力所感今於釋迦牟尼佛教法中獲得阿羅漢果位。同時轉生於邊地成為邪見者是因為：在迦葉佛時，他們二位前往某邊地，無有教言卻大膽包天擅自修行。本來沒有證悟卻自以為證悟了，從而生起增上慢。因臨終時沒有獲得任何功德而心生邪見，口口聲聲地說：「迦葉佛的教法不真實，因果不存在，我們倆沒能解脫。同樣，其他人也絕不會有解脫。」說完便死去了。以此邪見他們於多生累劫中墮入惡趣，並於許多世中生於邊地，在此之前連三寶之聲也未曾聽過。

思維此邪見的過患後，如果能夠做到縱遇命難也不起邪見的話，那麼生生世世不會墮入惡趣。在家男女們也是同樣，即便不能夠徹底斷惡行善，但是對於微乎其微的小事也不能說「僅此無關利害」而起邪見。業因果毫釐不爽。因此，認為因果的確存在而誠信因果，這一點至關重要，這也是所謂的世間正見。不要認為一滴水無有任何用處，如果逐漸積累則最終必將充滿大的水器；如若認為小小的火星沒有什麼危害而不加警惕，則可能焚燒大山。通過這些真實不虛的比喻我們就能懂得（因果無欺的道理）。如《因緣品》中也說：「雖造微小罪，來世受痛苦，雖積微小福，來世得安樂。」龍樹菩薩說：「世間之正見，誰人若具足，彼於千劫中，不會墮惡趣。」

無有邪見、誠信因果之人，因細緻取捨善惡、如理行持，而於生生世世中心相續充滿善業的良好習氣，此人對一分戒律也極為重視，恆時喜歡出家，具有視諸上師為真佛的清淨心，喜愛恭敬善知識，懂得哪怕僅聞一句佛法也有巨大意義，因此常愛聞法，諸鬼神也歡喜讚歎此人，經常生於正法興盛、善友雲聚的環境，暫時轉於天界獲得吉祥圓滿的增上生福德，究竟往生清淨剎土等利益無量。經中也說：「業及業異熟，誠信此二者，受持正見者，彼士轉善趣。」

（在阿彌陀佛及其眷屬前）發露懺悔自己生起或令他人生起以及隨喜他人生起貪心、害心、邪見這三種意不善業。

辛二（懺悔身語意嚴重之惡業）分五：一、懺悔五無間罪；二、懺悔近無間罪；三、懺悔捨法罪；四、懺悔誹謗菩薩罪；五、懺悔惡見罪。

壬一、懺悔五無間罪：

殺師父母阿羅漢，惡心損害佛身體，

發露懺悔無間罪。

現在分別懺悔極重罪業，首先懺悔五無間罪。一般來說，五無間罪是指如前所說的（殺父、殺母、殺羅漢、惡心出佛身血），再加上破壞僧眾和合。但是，此處按照《祖法金藏論》中所說，是指殺害父母、堪布、阿闍黎等具法眼之諸智者，不經中陰直墮地獄。（此論說殺上師也屬於無間罪。）殺害父親、母親，或者殺害傳授別解脫、菩薩、密乘等法的阿闍黎，以及殺害聲聞、緣覺、阿羅漢，惡心弄傷佛的色身，自己親自造或教唆他人以及隨喜他人造過這些罪業，死後都將不經他世立即墮入無間地獄。因此，誠心誠意發露懺悔這五種無間罪業。

（下面對此五無間罪稍加解釋）：破壞僧眾和合便中斷了法輪（損害佛法）；佛陀是三界的皈依處，損傷佛身也就損害法身的所依——殊勝色身之中的化身（損害佛陀）；阿羅漢是斷盡三界煩惱的殊勝僧眾（殺羅漢即損害僧眾）。損害這些也就是損害了三寶的緣故成為無間罪，如往昔的提婆達多一樣，我們這些人從無始以來也可能造過無間罪。

殺害上師：對自己來說，傳授別解脫、菩薩、密乘法的堪布、阿闍黎等上師的恩德已勝過真佛，不用說是殺害，就是侮辱上師或一剎那對上師生起邪見惡心等，也將墮入地獄。甚至僅僅稍稍生起「我已勝過上師」的分別念，罪過也相當嚴重，例如：涅嘉那革瑪繞僅僅認為自己的智慧較上師略勝一籌，即生便遭到七次危及生命的違緣。

大成就者黑行與一位弟子一同渡海，那位弟子心想：「就功德而言，上師的確殊勝，但從資具方面來說，我要富有些。」僅以此念便使船沉入了水中。

此外，一位捨事者的上師有一個弟子。一次，這位弟子在稠人廣眾中傳法時，他的上師也來到當場並頂禮。弟子明明看見了上師，但在大庭廣眾之下不方便給上師還禮。眾人散去後，他迎接上師並頂禮其足。上師問：「剛才我頂禮時，你為什麼不起身呢？」他緊張地妄言稟道：「我沒有看見您。」剛剛說完，他的雙眼便落到了地上。

有許多此類公案。

不必說是廣泛授予灌頂、傳承、教言的上師，甚至對從字面上講解的阿闍黎、獲得四句傳承的上師也應恭恭敬敬。相反，若違背師教，則過患極大。如續部中說：「聞一偈頌者，若不當作師，百世轉為狗，成為具痣者。」依止上師、堪布、阿闍黎後，無論他好壞，都不能違背其教言。續中說：「依止上師後，無論其好否，豈能違教言？彼若失此印，墮金剛地獄。」又云：「縱然無功德，依師若捨棄，侮辱諸上師，誹謗三世佛，其罪說不盡。」這其中宣說了（違師言教的）許多過患。因此，違背上師、堪布、阿闍黎（之教言）罪過極其嚴重。

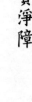

殺害父母：（在歷史上有許多殺害父母的事例，）曾有一位施主之子殺了自己的母親，未生怨王殺害了他的父親。父母雙親在今生今世對自己恩重如山，自己的善妙身體也是由他們的因緣而形成的，因此父母是嚴厲的對境。對於出家人來說，父母等同於堪布阿闍黎，如果未經父母允許則不可以出家。

往昔，有一位小駝背阿羅漢因業力所感於六天中斷了齋飯。阿難與目犍連兩位大尊者為他化緣的齋食被狗和烏鴉搶走，也未能解決他的那份齋飯。第七天，舍利子尊者化到了一缽齋飯給他。這時，大地突然裂開，所有的食物全部落到地下。舍利子尊者以神變取出交給他，可是又被風吹散了，絲毫也無法享用。舍利子說：「現在看來他沒有進食的緣分了，給他水喝吧。」尊者供水給他，當時諸非人向水中灑入灰塵，結果水變成了灰湯。小駝背阿羅漢喝了灰湯，最後因飢餓而圓寂。這是因為：在很久以前，有母子二人（相依為命）。一次，兒子外出時，母親對許多比丘供養了齋食。兒子回來後得知此事，因為他是一個吝嗇之徒而對此忍無可忍。他將母親關在一間空屋裡作為懲罰，七天之中置之不理。母親飢餓難忍，有氣無力地說：「兒呀，給我一點食物吃吧！」兒子氣急敗壞地說：「你將自己的那份食物給了比丘們，現在還給你什麼，你吃灰去吧！」最後母親餓死了。以此業果他連續不斷地墮入惡趣之中，並於數世中飢餓而死。如今獲得阿羅漢果位時，這位最後有者也因飢餓而亡，且臨終時還需要食用灰塵。(79)

毆打父母的罪過也如此嚴重：從前，有位商主名叫匝哦之女，他將幾天中做買賣攢得的收入供養母親。在

(79)此例於《百業經》第三十一公案中有詳述。

他即將啟程去海島取寶時，母親勸他不要去，他執意不聽。母親一邊哭一邊拽著他的腳。他氣憤地說：「我要去大海取寶，你竟然說此不吉利的話。」同時用腳狠狠地踢母親的頭。然後一走了之。以此業報在海上船隻毀壞，他獨自一人倖免於難，到處漂泊，因以往供養母親幾次銀幣之業而於數千年中享受天人的安樂。後來又被業風驅趕到了南方一處，他走進一座三層門的鐵室內，看到那兒有一個人的頭上旋繞著一個燃火的巨大鐵輪，腦漿膿血四處飛濺。匝哦之女問：「你造了什麼業而落到這種下場的？」那人說：「我因曾損害過我的母親而感受此果報。」他回想起自己也曾損害母親，即刻鐵輪落到了自己的頭上，感受痛苦。(80)

甚至僅僅生起毆打父母之心也需要感受這樣的果報：大阿羅漢目犍連也被裸體外道徒數數毆打，身體被摧殘得簡直成了葦草一樣。本來，他具有僅用一個腳拇趾便可動搖天界尊勝宮的神變，可是在當時由於往昔的業力所壓，就連變化想也想不起來，更不必說大顯神變了。那麼，目犍連尊者因造了什麼業而慘遭如此痛苦的呢？從前，一對婆羅門夫婦有一個兒子，他娶了個媳婦。那個媳婦從中挑撥致使他對自己的父母也變得冷漠無情。一次，他看見父母二人坐在一起，非常生氣，惡言說道：「真該將你們整個身體摧殘成葦草一樣。」以生此惡心之業，

(80)詳見《雜寶藏經》中慈童女的公案。

他在五百世中被人打死，如今這是最後的餘業。[81]

此外，也不能侮辱父母或從其身體上跨過等：曾有位叫仁慈供施的商主，因從自己母親的頭上跨過之業，而即生墮入孤獨地獄，並且頭上轉著兵器鐵輪，感受難忍之苦。

若指使父母做事也將感受果報：昔日，釋迦美女耶輸陀羅懷其子羅睺羅長達六年之久，生產時感受了難以忍受的痛苦。這也是因為：從前，母女二人攜帶一桶酸奶趕路，女兒不願意背奶桶，於是對母親說：「阿媽，你背這個吧，我要去方便一下。」在遙遠的途中一直讓母親背著奶桶。這就是此業的等流果。[82]

由此可見，父母是多麼嚴厲的對境。譬如，若用世間的財物、辛勤勞作報答父母的恩德，那麼兒子將父母扛在雙肩上於百年之中轉繞四大部洲，也報答不了父母之恩，以遍滿大地的七寶供養也無以報答恩德。倘若讓父母信仰佛法、受持戒律、生起智慧等以及趨入佛門，則可回報父母的恩德。而以狩獵、盜竊的贓物，信財、亡財等邪財奉養父母，非但不能報恩，反而是讓他們積累地獄之業。

另外，對於破戒的父母也應恭敬承侍：往昔，一位施主的兒子是通曉三藏的比丘。後來他的父親也出家為

[81]詳見《根本說一切有部毘奈耶雜事》卷18。
[82]詳見《佛本行集經》卷55。

僧眾做事，十分辛苦。一次他對兒子說：「我累得精疲力竭了，你應恭敬侍奉我。」兒子說：「本師講過：『獅子一樣的人不能承侍狐狸一樣的人』。」父親說：「兒子，誰如獅子，誰又像狐狸呀？」兒子說：「爸爸，我具足戒律猶如獅子一般，你是破戒之人就像狐狸一樣。」父親說道：「兒呀，像狐狸一樣的我能生出如獅子般的你嗎？」正在這時，世尊讚歎父母說道：「父母是利益的恩田，無論何時理應恭敬、令生歡喜。何人若令父母歡喜、真實供養撫恤父母，將受到梵天、阿闍黎的供養等。」如此讚歎了許多（恭敬承侍父母的功德）。又說：「智者以飲食，衣物及臥具，孝敬父母親，今世無災難，死後趨善趣，獲得諸安樂。」

年輕人如果孝敬父母與長者，就是在積累福德；如若凌辱他們，就是在耗盡福德：從前，被稱為和氣四瑞的羊角鳥、山兔、猴子、大象，按照長幼輩分，其中年齡最小的是大象。所以牠對其餘三者恭敬侍奉，途經艱險難行之路時，牠們都騎在大象背上過路。羊角鳥是牠們中最年長的，其餘三位對牠都是畢恭畢敬。必須像牠們那樣恭敬老者。鄔金蓮師也曾說過：「勿令老者憂，當以恭敬護。」

因此說，念念不忘父母、上師等的深恩厚德是正士的品質。如《世間正士莊嚴》的法規論中云：「承侍應敬者，尤憫無怙眾，不忘報恩德，乃是聖者行。」

知恩圖報的正人君子，甚至轉為旁生也不忘報恩：昔日，一位比丘的床榻下，一隻老鼠帶來許多食物貯存在那裡。那位比丘享用這些食物便不需要去化緣。世尊說：「那位比丘的前世是那隻老鼠的父親，老鼠因孝敬父親而帶食物給他的。」

對父母、上師等恩將仇報，即是所謂的「以石擊打大恩人」。如《佛本生傳》中記載：往昔，釋迦牟尼佛轉生為人熊時，救了一個定死無疑的獵人的性命。然而，那個獵人卻出賣了人熊，使牠慘遭殺害。當他接受自己的那份熊肉時，以無欺因果之力，他的手斷落到地上……

不知報恩的人比老狗還下劣，如果給狗食物，那麼牠永遠也不會忘記。律藏中說：「不知報恩之諸人，視其比犬更惡劣，犬亦知曉感激人，如蛇之人放毒氣。」不念上師、父母恩德的修行人，護法也成了魔。如鄔金蓮師說：「不念父母師恩時，本尊護法現魔相。」[83]

在如今的惡世，有些卑劣之人僅僅在人前顧及面子、害怕羞恥，雖然沒有直接殺害父母，但是他們在父母尚有勞動能力期間，把他們當成奴隸一樣，指使他們做事。所有的美食暖衣，兒子、媳婦享用，父母雙親食不果腹、衣不蔽體。父母到了年邁不能做事的時候，宰殺老牲畜，驅趕老父母，這是卑鄙之人的做法，結果把生身父母攆

---

[83]如《二規教言論》中云：「父母上師長老等，利己人前不報恩，諸天護法恥笑彼，失卻助伴如僵屍。」

到城郊或寺廟附近，使他們流浪乞討，最後餓死凍死。而他們自己卻在父母所立的家業上坐享其成，毫無羞恥，沒有一點悲心，真好似羅剎一般。即使未將父母逐出門外，也是以惡言粗語、殘羹剩飯虐待他們，令其備受痛苦，沒有比子孫虐待父母更嚴重的罪業了。

因老年人心力脆弱，如果（兒女）促成他們死亡，與自己親手殺害父母一模一樣。等到老人死去以後，再為了避免別人譏笑而供養跛牛、瘦羊、布匹、哈達作佛事也無有任何利益。兒子、兒媳等人從今生起會經常遭受種種不幸，死後將如墜石般立即墮入地獄。

當然，作為父母，也不應多嘴，而要常念觀音心咒。身為兒女，如果不與父母頂撞，也不懷歹意在衣食行為上虐待雙親而恭敬承侍孝敬奉養父母，則今生來世都將吉祥順遂。從前，有母女二人一同過河，母親想：女兒若得解脫，我被水沖走也可以；女兒也對母親如是生起愛心，結果兩人都被水沖走了，（因她們互相生起了善心，）死後轉生到梵天界。

因此，以前犯了如此過錯之人，必須從即日起盡力懺悔，改過自新。

壬二、懺悔近無間罪：

殺害比丘與沙彌，污尼毀像塔寺等，

發露懺悔近無間。

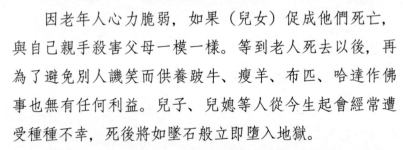

近似於無間罪之業：即殺害具戒的比丘或沙彌，玷

污沙彌尼、比丘尼等持戒的尼姑毀其戒律，以及毀壞、焚燒畫像、塑像等佛像或繪畫塑造的佛塔和經堂等殿堂，這些是五種近無間罪。（在阿彌陀佛及其眷屬前）發露懺悔親自所造、令他人造的所有極為嚴重的近無間罪。

本論上下文中有與其他經論中的說法不同之處，在此並沒有直接列舉不易出現的罪業而只是列舉了容易就犯的。一般而言，如《俱舍論》中說的：「染污母亦無學尼，殺定菩薩有學聖，奪僧合食毀佛塔，此等即近無間罪。」

殺害比丘沙彌：清淨的比丘、沙彌是佛教的根本，如若殺害他們則毀壞了法與僧二者。如世尊曾說：「佛教勝寶燈，即是聖法器，苦行著袈裟，釋迦子比丘。」即使損害戒律不清淨的比丘，過患也很嚴重，因為現在的出家人無論如何鄙劣，但在勝解佛[84]出世時都會證得果位。佛經云：「諸在家人如狗屍一樣，破戒之出家人猶如大象屍體一般。」破戒者也能勝過一切外道沙門。《地藏十輪經》中云：「瞻匐波花雖枯萎，亦勝其餘諸花朵，破戒僧人縱行惡，亦能勝過諸外道。」

不僅如此，甚至也不能對沙彌、比丘生起惡心。經中說：「任何眾生若對身著袈裟之比丘生惡心，則彼於三世諸佛、緣覺、阿羅漢生惡心，於三世聖者生惡心故將成熟無量罪業之果報。」

---

[84]勝解佛：賢劫千佛中最後一佛。

僅僅輕蔑、損壞法衣也不可以，如若對其（法衣）恭敬則獲得福德。《地藏經》中云：「一切智者極讚頌，此大仙人（佛陀）勝幢衣，何人於彼作供養，定脫三有諸束縛。」從前，在一片森林中有一頭獅子名叫尊固，牠那金黃色的皮毛極其漂亮，並對眾生非常仁慈。一天，一個獵人看到牠後，暗想：我如果把這頭獅子殺了，將牠的皮獻給國王，一定會得到重賞。於是他剃掉頭髮、穿上法衣（冒充出家人），他將弓箭藏在腋下，向獅子所在的方向走去。趁著獅子正在熟睡之時，用毒箭射中了牠。獅子驚醒後撲到獵人身上，當牠發現獵人身著法衣後生起誠信。心想：我若加害此人，就是對三世諸聖者生惡心。隨後自己死去了。初劫時連旁生也不加害僅持出家形象者。(85)

如果毀壞佛像、佛經、佛塔，則毀者自己造了近似無間罪的嚴重惡業，但對佛教卻無大妨害。（而損害比丘沙彌則不同，）比丘、沙彌無論好壞，都必定會受持少許佛法，因此，達官顯貴等和僧眾打官司，或對他們身體進行懲罰迫害等，是直接毀壞佛教。往昔印度法律規定：出家人如何觸犯王法也只被稱為「童子得斷(86)」而不受治裁，也不會遭到任何譴責。

（不僅如此，甚至損害居士也有極大的過失：）從前，

(85)詳見《大方便佛報恩經》。
(86)童子得斷：如孩童違犯法律也不會受到國法的懲罰。

一個人因毆打了一位居士而於多生累世中轉為身體龐大的旁生，當牠到水裡時被所有水生動物吃食，來到河邊時被猛獸所吞食，到虛空中時則一切非人用兵器將其碎屍萬段，感受如是痛苦。

敘述殺害比丘、沙彌等過患的公案也有許多。

污尼：哪怕是具足一分戒律也屬於證法，等同於包括天人在內的眾生所供養的佛塔。所以，如果毀壞受了比丘尼、沙彌尼、女居士及持八關齋戒的女眾之戒律，就是在玷污佛教，此人也斷絕了解脫道。如諺語所說：「以黑毒之斧，損壞金佛塔。」實際上，在此五濁惡世，對一日持一分戒律製造違緣的罪過，比百年之中阻止他人供施的罪過還大。如《寶積經》中云：「何人以信心，百年作布施，何者一日持，淨戒較其勝。」

毀佛像：諸經續中多處宣說了一切有為善法中塑佛像、造佛塔、印佛經的功德極大，倘若毀壞這些，罪過較功德更大。《白蓮花經》中云：「何人若於牆壁上，自繪抑或令他畫，百種福飾圓滿身，彼等皆獲菩提果。」佛像是工巧的化身。《寶積經》中又云：「佛陀幻化多種像，為利有情行善法。」《耳飾經》中說：「末法五百世，我現文字相，觀想彼為吾，爾時當恭敬。」這說明經典的文字既是色身也是法身舍利。因此，如果毀壞或販賣經典的話，罪過極為嚴重。

對於惡趣罪業深重的有情來說，連生起「這是佛像」

念頭的機會也沒有。如今我們能夠心裡浮現或者親眼目睹佛像，這也是往昔積累福德的結果。當獲得大資糧道時，佛像也直接見為殊勝化身。如《寶性論》中云：「如琉璃淨地，現天王身影，眾生淨心地，現能王身影。」

所以，我們思維佛的功德，佛像的原料無論是好是壞，都不要想成是物質所造的，而要作真佛想。如《親友書》中說：「佛像縱然以木雕，無論如何智者供。」如若毀壞上師高僧大德像等，罪過也同樣嚴重。

毀佛塔：佛塔是佛陀的意所依，如果建造，則功德無量；倘若損毀，則過患無窮。想到這一點，甚至對別人建造藏青稞許等大大小小的佛塔，都不能妄加評價它美不美觀等，更何況是毀壞呢？如頌云：「善意將鞋墊，置於能仁頂，他人扔掉彼，二者得王位。」即是所謂的「依一塔小像，三人得成佛(87)」。曾有一頭渾身是泥的豬在一佛塔上蹭泥，恰巧補合了一處裂縫，依此牠死後便轉生到天界中。有許許多多此類公案。

若轉繞佛塔也有諸多功德。如律藏中說：「任何智者以淨心，向此佛塔邁一步，上品純金一千兩，供塔之德不可比。」經中說：在佛塔上供養裝飾品、鮮花、酥油燈，以及清掃、塗妙香、刷白漆等也有無量功德。

如若重新修復破損的佛塔也有巨大功德，如頌云：「何人見佛塔，即當重修復，爾後獲大力，身壯無畏懼。」

(87)此義於《大圓滿前行引導文》有廣述。

如果毀壞佛像、佛塔，或塑造佛像、建造佛塔尺寸不足，用煙熏黑、跨越等輕蔑行為都將墮入惡趣，即使轉生為人也是身材矮小、諸根殘缺不全、身色醜陋、愚笨無能等。

毀壞佛堂：所謂的佛堂是指三寶所依存在之處或僧眾聚會的經堂，不用說是毀壞，就是在裡面睡覺、丟口水、鼻涕、茶渣以及放屁等也將墮入惡趣。在經堂內，也不能坐污穢的坐墊。

昔日，世尊去廣嚴城化緣時，看見一個背部色如黑瓷罐般的人，世尊說：「此人曾是迦葉佛教法中的一位出家人，當時他在僧眾經堂裡鋪坐骯髒的敷具(88)，以此業力於五百世中成為背黑黝黝的人。」

僧護尊者在地獄中所看到的形如牆壁、形如柱子的地獄眾生，也是曾在經堂的牆壁上吐痰，在柱子上塗唾液、鼻涕以及因倚靠而弄髒牆壁柱子等的果報。(89)

若拿取建造三寶所依或殿堂的物資，造成殿堂因原料不足而縮小面積等，也是與毀壞（三寶所依或經堂）的罪過相同。此處雖然沒有列舉關於此等過患的諸多公案，但是我們在明確了知損壞佛塔的這些過患後，務必要小心提防，對以前所造的此類罪業在即日盡力懺悔，這一點十分重要。

壬三、懺悔捨法罪：

---

(88)敷具：比丘十三種資生具之一，僧人使用經堂時需鋪設的坐墊。長三肘寬二肘六指。

(89)詳見《佛說因緣僧護經》。

三寶殿經所依等，以彼作證違誓等，

發露懺悔捨法罪。

此類捨法罪是指以殊勝的對境三寶、廟宇殿堂、經典論典三所依等作證，說綺語時也是隨便發誓、賭咒，打官司、做生意等時明明盟誓，爾後卻故意自食其言。甚至僅僅說天尊為證，也要塑造其身像，否則便已捨棄了這些本尊。（在阿彌陀佛及其眷屬前）發露懺悔所造的所有捨法罪業。

如今有些人，連做一個小泥塔和刻印一句觀音心咒的能力也不具備，竟然口口聲聲以《甘珠爾》、《丹珠爾》作證而發誓，這些人到底在想什麼？大多數人以開玩笑的方式發大誓，結果福德在口中耗盡。如鄔金蓮師說：「劣者自食其誓時，滅福損失莊稼也。」如今的人們為了一件區區小事也作大量盟誓，這都是不顧盟誓、言而無信的徵相。如果誓言確鑿可靠，那麼何需作許多盟誓呢？

自食其言的增上果成熟於外境上：土地貧瘠，食物無營養，恆常遭受四大的災難。成熟於自身：福力薄弱。所以，我們一定要倍加警惕，以免因自食其言毀壞善根。本頌中的「等」字所包括的真正捨法罪前文中也稍微講解了。

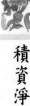

依止了一位無有智慧、具偏袒心的上師後以貪嗔之心擾亂佛教，僅僅表面上聽聞一點點法，便自以為是大修行者、受持宗派者而生起我慢，便說「我通過觀察認為這一點合理、這一點不合理」，猶如盲人評說色法的

賢劣一般對新舊宗派的見解、教規進行取捨破立，致使眾多愚人跟在他們後面跑，隨聲附和，令別人捨棄正法比自己同時造五無間罪還嚴重。因此，我們這些孤陋寡聞、偏執一方的人，小心謹慎至關重要。如《經莊嚴論》中云：「隨聞具智慧，若謗所聞法，異相無量身，愚者何定為？」又說：「盡解直聲義，生慢失智慧，捨棄諸善說，毀自嗔法障。」

縱然所有的法並不能都與自己的心適應，但是修持自己感興趣的法也是自己有緣之法，結果也會有所收益。對其餘所有法也要盡力結上一個緣。珠巴根拉大師曾說：「我遇各種勝法理，每一竅訣皆結緣。」即使不能如此，也不要妄加褒貶，沉默不語、平等對待無有罪過。世尊說：「住於中間者，捨法我未說。」又《經莊嚴論》中云：「意過自性惡，於色不應嗔，況於懷疑法，故中立無過。」

因為眾生有不可思議的根基、種性，所以大慈大悲的佛陀也宣說了不可思議的法門。這所有的法門從不同側面講都是真實不虛的，不管是從直接還是間接的角度來看，無一不是獲得解脫之道。同樣，隨行佛陀的高僧大德所著的一切善說也是如此。因此，不能視為有好有壞，而要認識到這是不可思議的。經中說：「於所宣深法，縱未生信心，亦莫詆毀之，念法不可思。」如薩迦班智達曾說過：「一無所知的愚者若一言不發，則對佛法損害不大。」

尤其是當今時代邪見、貪嗔惡濁氾濫，公平正直的智者極為罕見，即使是清淨宗派的智者們進行庸俗的辯論也將成為嗔恨之因，何況是那些冒充成就者的愚人呢？《龍王鼓音頌》中說：「品質惡劣者，為邪見所毀，粗暴生嗔時，沉默獲安樂。」又云：「愚者宣講法，摧毀諸善根，攝受多眾生，將於地獄燉。」

此外，末法時代許多出家人誹謗正法，從而以捨法罪墮入大地獄中，於數劫感受痛苦，又於多生轉為面目不正、聾盲者、無舌者、醜陋者、駝背者、無頸者、跛足者、聲音如狗叫者，恆為飢渴所逼，身體枯瘦、嘴巴糜爛、眾人不喜等眾生。

特別是，評價大圓滿、大手印見修的是非，猶如用一拃來衡量虛空一樣，甚至連這些話語被風吹到的地方都要十分戒備。如《寶性論》中云：「何人若嗔法，彼豈得解脫？」其中宣說了謗法的許多過患。《等虛空邊續》中說：「密中之勝密，何人若誹謗，則棄佛勝密，永離解脫道。」《深智圓滿續》中說：「違背了義罪業者，定墮地獄誠可悲。」《護意續》中云：「若謗普賢此密意，乃至虛空存在間，死後墮入金剛獄。」《降哲續》中說：「佛教末世時，惑苦極熾盛，縱厭輪迴法，行法入佛門，然受劣宗染，偏袒執佛法，增上邪念諍，因煩惱嫉妒，以法造捨法，偏執經律藏，讚自貶他法，慢言純誹謗，精華密乘法，造彼捨法罪，濁世修行者，如覆口沙箱，墮金剛無間，地獄等惡道。」沒有理解佛法要點而捨法的人很難擺脫輪迴。如經中說：「不知微妙法，愚者長流轉。」諸如此類的所有經續注疏中宣說了捨法的無量過患。在印度藏地關於此類公案雖然為數不少，但此處恐繁不述。

在家人不要聽到別人的一種說法便評價佛法的好壞、正法吉不吉祥（有無加持）等等，否則，僅僅在口頭上也會造捨法罪，危險性極大。所以，我們從今以後必須倍加謹慎，對以前所造的此等罪業以強烈的追悔心來懺悔，爭取得以清淨。

壬四、懺悔誹謗菩薩罪：

誹謗諸菩薩之罪，較殺三界有情重，

發露懺悔無義罪。

懺悔誹謗菩薩的罪過，前面已講了殺害一個眾生罪過有多嚴重，這裡說，以惡心誹謗諸位菩薩（的罪過）比同一時間殺害三界一切有情的罪過還要嚴重，因為菩薩是成佛之因，相當於是一切眾生的父母。經中也說：「若以嗔心反對菩薩，則比將一切眾生關入牢獄罪過還大；若詆毀菩薩，則比殺南贍部洲眾生之罪還重；若生起嗔心而詈罵大乘勝解行菩薩或說不悅耳之語，則比毀壞盡恆河沙數佛塔之罪還嚴重。」又說：「若詆毀菩薩，比殺害一切眾生並奪去彼等所有財物之罪還大。」因此，（在阿彌陀佛及其眷屬前）發露懺悔毫無意義中所造的這些彌天大罪。

如同諺語所說：「不知盜賊、菩薩在何處。」絕不能從外表形象上估計人的好壞而隨口誹謗，我們根本不了解（凡夫或聖者）真實的情況是怎樣，含而不露的瑜伽士們就像灰蓋著的火坑一樣。如《學集論》中云：「彼若未斷定，輕蔑諸菩薩，如灰覆之火，其於地獄焚。」獲得（生死）自在的菩薩們可以投生為固定、不定的種種形象而利益有情。所以，大菩薩甚至在乞丐、屠夫、旁生等當中也有，那麼出家人中一定會有。

本來，藏地雪域是觀世音菩薩的所化剎土，多數人都是信奉大乘佛法的。《寶篋經》中說：「凡是會念觀音心咒之人均是大乘種性。」出家人中幾乎沒有未發菩提心的，因此，若不指責任何人而觀清淨心，則無有罪過而且是圓滿一切的根本。

如果自己有信心，那麼即使是低劣的對境（也可依其獲成就），猶如老婦人依靠狗牙而成佛一樣。如寂天菩薩說：「生佛既同體，何不敬眾生？」比如，如果將一個假人⑨⓪執著為人，則真的會顯現它跑來的情景。同樣，如若將任何人都看成壞人，則見佛也有過失；如果將任何人均看作好人，那麼對於屠夫也會看成有功德之人。這完全與各自的心清不清淨有關。所以，我們要對一切眾生都有賢善之念。從前，薩迦法王根嘎釀波⑨①看到許多

⑨⓪假人：由土石堆積而成。
⑨①根嘎釀波：意譯慶喜藏（1092－1158）。款.卻傑波之子，生於後藏，為薩迦五祖之初祖，二十歲即住持薩迦寺。

小僧人脫掉法衣在溪水邊耍箭術時，他說：「諸位僧人穿上法衣，我這個老居士要向您們頂禮。」

我們怎能像分辨小麥青稞的優劣那樣來判斷這是好人那是壞人呢？世尊曾說：「除非我與同我者，無人能量他人心，若量則犯大罪過。」（大多數凡夫人）自相續中有十分明顯的過失看不見而去觀察他人相續中隱蔽的過錯，真成了瘋子一樣。如至尊彌勒菩薩說：「於色不應嗔，況於懷疑法？」

隱瞞自己的一切過失而指責他人的錯誤，會受到天人等諸眾的恥笑。《寶積經》中云：「覆藏自過失，觀察他罪過，此二如毒火，智者捨此過。」又說：「何人觀察菩薩過，當知此乃瘋狂者。」

自己的過失縱然如高山也難見，他人的過失僅如芥子也易見。如《因緣品》中云：「自他過相比，猶如揚糠秕，易見他人過，難睹自過失。」又云：「莫察他人過，已作抑未作，而當察自己，合理不合理。」

如今是許多邊地野蠻人冒充成就者利用種種手段來欺騙眾生的時代，因此見到賢善之士不要立即草率信仰，看到卑劣之人也不應魯莽詆毀，而要保持中立態度，不置可否。如果依止一位相識已久、具有信樂、誠實可靠、戒律清淨的出家人，那麼不僅自己不會上當受騙而且他也不會有所改變。假使最初以信心求得法要結上了法緣，就說明已經依止了上師，以後即使見對方有過失也不能詆毀誹謗。否則會自食其果墮入地獄。阿底峽尊者說：「切莫誹謗一切人，於誰生信當依彼。」《入行論》中云：「有情種種心，佛亦難盡悅，何況劣如我？」

濁世的人們極為剛強難化，有些上師無法令一些地方的人或個別人心生歡喜，結果這些人便誹謗上師，其他人則如山兔驚傳「嘎拉」聲[92]一樣隨聲而轉，我們不要隨波逐流。當今時代多數人所說所傳的若真實可靠的話，則這個世界已瀕臨毀滅了，如同往昔大慈大悲的導師在世時的惡魔提婆達多一樣，斷了善緣的人們如果遇到一個迎合各自心理、無視因果的騙子，則拜他為師；如若有一位如法者，則視其為魔，因為擔心他（如法者）有損於自己的世間八法而對其進行詈罵誹謗、歪曲事實、敗壞其名、擾亂其心從而將此人驅逐出境，例如，在匝達地方人們都長有一個腳，若有一個雙足的人到那裡，當地的人都譏笑說：「這是非人，長著兩隻腳。」蓮師曾經說過：「成就智者流浪他鄉時，出現虛偽騙子欺惑人，不見持淨戒者功德時，出現詭詐之人騙眾生。」《金鬘公主傳記》中也有如是記載。所以，我們萬萬不可聽到別人詆毀說是壞人便盲目跟從，這樣會導致自己的天尊也遭到邊地外道的誹謗。如果跟著毫無根據的道聽途說後面跑，則將毀壞自他。

---

[92]山兔驚傳「嘎拉」聲：從前有一隻山兔忽然聽到樹上的果實落到水中發出「嘎拉」的聲音，驚慌逃竄，奔走相告，說「嘎拉」來了，比喻無端自相驚擾。

儘管自己親眼見到是有錯、卑下的人也不能輕蔑誹謗，往昔在印度有許多大菩薩以乞丐身分而居的實例。

阿底峽尊者初來藏地時，一位伏藏大師前去謁見尊者，當時尊者住所的門口有一個白髮蒼蒼拄著拐杖的老婦人。因為那位伏藏大師的排場很講究，所以他的眷屬僧人們用石頭棍棒驅趕路上的人們，那位老婦人來不及躲避而被打倒在地。後來那位伏藏大師圓寂後往生到銅色吉祥山。當時一位女子擋住他，不讓進入持明者的行列中。他問：「你是誰呀？為何阻攔我？」女子答道：「我是空行母益西措嘉，阿底峽尊者到藏地弘揚佛法時，我為了防止他出違緣而在他的門口守護，你們當時輕蔑了我，因此我現在阻攔你。」

唐東加波尊者的傳記中也敘述了他曾依止了許多化現為屠夫、寡婦等的上師。

法王松贊干布前去朝拜尼泊爾的三大佛塔[93]時，途中看到一位乞丐比丘脫下破爛的衣衫，在烈日下抓蝨子。國王想到這是一位比丘，便從坐騎上下來向他頂禮。那位比丘心想：我實在很了不起，這些大國王們也向我頂禮。國王知曉他心中所想，說道：「我是尊敬誠信釋迦佛的律藏法門，你沒有什麼可傲慢的。」那位比丘是一位隱蔽的大成就者，因此他示現神變將三大佛塔置於手指尖上。國王說：「這沒有什麼大驚小怪的。」邊說邊打開

[93]三大佛塔：香根塔、夏絨卡繡塔、施身虎塔。

髮髻顯露出阿彌陀佛的身像給他看。比丘說：「這也沒有什麼稀奇古怪的。」他取過一把利刃，用力剖開腹部，示現出勝樂金剛的壇城……經中也說：「醜陋愚笨無利養，縱然理應輕蔑責，人之界行難知故，切莫魯莽指責彼。」

不僅對人不能妄自衡量，甚至對旁生也很難以測度：從前，一位蒙古格西對他的一位弟子說：「你去五台山拜見文殊菩薩吧，我無法饒益你了。」於是那位弟子去了五台山，結果什麼也沒見到。返回途中去了峨嵋山，看到一間大房子裡許多漢人在吃飯，便去乞討，那些人誰也沒有給他。他稍坐片刻，這時裡面有一位官員打手勢叫他過去。他躊躇不定地來到官員面前。那位官員把所有的剩飯都給了他，並且問道：「你從何處來，要到哪裡去？」他原原本本地講述了事情的經過。官員交給他一封信說：「你返回家鄉途經一座名雅傑的大城市，那裡有一名叫達西者，請你把這封信轉交給他。」說完又贈送了路糧。他帶著那封信到了雅傑城市，到處詢問達西住在哪裡。但誰都不知道。再三追根問底，還是沒有人知曉。另有一個人說：「這裡有一頭老豬名叫達西，牠十分慈憫眾生，除此之外再沒有叫達西的了。」他讓那人指點了老豬所在的位置，心想：現在沒有指望將這封信交給任何人，只好交給那頭豬了。於是來到那頭豬的面前，將信扔到牠的跟前。老豬用鼻子拆開信，稍微看一下就死去了。他感到莫名其妙，立即看信的內容，信上寫道：「達西菩薩親啟，你自此依旁生形象度化眾生的事業暫時已圓滿，現在應前去東方以其他行境利眾！文殊。」他意識到了那位官員就是文殊菩薩，馬上返回去謁見，結果原地已一無所有。但是這位上師最後也獲得了成就。諸如此類的公案不在少數。

此外，評說上師智慧的深淺、見解的高低等也詆毀了法與人二者，說這些出家人如何如何等從總體上詆毀罪過更大。往昔，目犍連尊者去地獄時看到一個身形是人、身高達數由旬的眾生，它的舌頭也伸出一由旬，上面有許多牛被驅趕著在耕犁，它感受著無量的痛苦。尊者觀察這是什麼業力所致，結果只是知道許多世代中它不斷轉生於地獄，而根本無法知曉這到底是什麼業力，於是便去請問世尊。世尊說：「那是由於它對迦葉佛的諸僧眾說：『這些破戒者，戒律不清淨者……』從總體上誹謗僧眾的結果。這是五百世果報的最後一次，許多佛出世時仍然不得解脫。」

因此，欲求解脫之人務必要警惕誹謗罪，以前不慎之中所造的誹謗罪在即日必須懺悔。

壬五、懺悔惡見罪：

聞善功德惡過患，地獄痛苦壽量等，

認為不實僅說法，此罪重於五無間，

發露懺悔無解罪。

上文中所講的聽到阿彌陀佛名號的利益、以少分供品供養而最後獲得佛果等善法的功德；因為誹謗菩薩或對其生起剎那惡心而墮入地獄等惡業的過患；例如在這個世界上，同一時間用三百短矛猛刺一個人的痛苦甚至也無法形容所有地獄中痛苦最輕的復活地獄中的一分痛苦，下面所有地獄的痛苦越來越大，無間地獄的痛苦是其他地獄痛苦的總和也無法比喻等等地獄痛苦的諸多特點；人間五十年是四大天王天界的一天，四大天王天界的五百年是復活地獄的一天，復活地獄的眾生壽量為五百年等，如（《俱舍論》中）云：「復活地獄等六獄，日漸等於欲天壽。」以此計算，極熱地獄壽量長達半個中劫等地獄壽量等以及因各自業力所說的地獄壽量。雖然聽聞了上述這些善不善業因果法門，反而認為這是不真實的，只不過是一種表面的說法、傳說而已，對因果產生邪見，這是比造五無間罪還嚴重的惡業，因為五無間罪有懺悔的機會，而這種惡業斷絕了善根，乃至在沒有對因果生起誠信之前進行懺悔也無有恢復的機會，將於許多阿僧祇劫中不能從惡趣中解脫。（在阿彌陀佛及其眷屬前）發露懺悔無有解脫的滔天大罪。《涅槃經》、《解脫經》等佛經中宣說了具邪見者永遠不能從惡趣中解脫。

對那些從外道或邊地野蠻者等轉生於這個世間的人們如何宣說善惡因果，他們也不生信心。善於口頭傳法、表面聽聞的法油子及行為偏於見解方面的人們也輕視因果，他們說：「此別解脫是聲聞的行為，我們金剛乘的做法不必受這樣的局限，煩惱就是道智，能束縛的東西不成立，若證悟了見解則沒有因果相，我在入定中得知行善無利作惡無害呀……」這也屬於此類邪見罪。

當然，如果證悟了究竟的見解，那的確是這樣。然而，任何佛經中從未說過見行互相脫離可以獲得解脫。如《妙臂續》中說：「佛陀我說別解脫，一切清淨戒律中，在家咒士除相軌，其餘皆當實行持。」必須按照佛陀所說的去做，否則若無有特殊的必要（而捨別解脫戒），則會失毀誓言。續中云：「破誓瑜伽者，多出行違緣。」《密集續》中云：「外護聲聞行，內喜密乘義。」鄔金蓮師也曾說過:「外表應當實踐經部儀，細緻取捨因果有必要。」《勝樂續》中云：「不具見之行，不具行之見，此二密宗魔，墮入無間獄。」作為初學者，地道功德的長進必須依靠取捨因果。因此，一定要細緻取捨因果。

即便是自己已經不會被因果之過患所染[94]，但在沒有特殊必要的情況下，於他人面前也應當如理取捨，我們要認真思維這些道理。從前，一位上師宣說了吃肉的諸多過患，之後，弟子就沒有再供養他肉食，上師說：「拿肉來！」弟子說：「您已宣講了食肉有如此多的過患，現在還要享用嗎？」上師說：「那只是說法而已，實際上怎麼能完全做到呢？快拿肉來吧！」如果只是口頭上能說會道而對因果不屑一顧，那麼就與這則公案中的上

[94]意思是說：完全達到了超越因果規律限制的境界。

師一樣了。

此外，往昔死相比丘和具棘沙彌生起惡見說：「未持過午不食、不觸火、不砍樹等戒律有誰墮地獄了？制定這些戒律有何必要呢，真不知道這個佛陀在說些什麼。」也有如此胡說八道者。如果自己實在做不到，還是沉默不語為佳，否則，將斷絕善根，危險性極大。

在家男女們也是同樣，聽聞甚深的因果法門時不要說：「這些上師都是能說會道，想說什麼就說什麼，就像昔日一位上師說法時一位老婦人開玩笑的例子一樣(95)，這些道理不可能真實，即使是實實在在的，我們也全然不理解。」也有這般輕視因果、斷了緣分的下劣人；或者說：「他們能做到這樣，我們怎能忍受得了如此的痛苦呢？」而懈怠度日；或者說：「實際上，如果一分善法真有這樣的功德，那麼一切眾生成佛有何困難？倘若一分罪業真有那樣的過患，那麼誰也無法獲得解脫了。」也有如此自相續僅有的一分善根完全斷盡今後也無有生起善根機會的人。佛經說：「業及業果不可思議。」假設因果是以我們愚癡的心能了知的一個法，那為何還說是因果甚深法呢？

---

(95)此公案：昔日，一位上師對一個老婦女說：「你到山上大聲念誦觀音心咒，那些花草都會和你一起念，其功德無量。」到了吃飯時，上師又說：「因農民種地殺生無數，這一粒青稞就是一隻小蟲，吃糌粑簡直就是在吃蟲粉，罪過無邊啊！」老婦人笑著說：「上師啊，聽您老人家講善法的功德時，不用說您就連我也覺得能解脫；一聽到您講造惡業的過患時，不用說我，就是上師您解脫也似乎有困難。」

事實上，愚昧無知的人對世間上十分明顯的財物，也很難辨別其好壞，就更不可能了知極其細微隱蔽的業因果了！我們如果承認自己是圓滿正等覺佛的追隨者就必須對佛語堅信不疑。如頌云：「孔雀羽絢麗，亦為因差異，遍知力知彼，否則不可知。」因果是以圓滿正等覺所具有的十力中知處非處之力徹見並以獅吼巨聲宣說的，因此不可能有欺惑。又如《彌陀經》中云：「是故諸智者，堅信佛陀語，以佛智為證，口上讚佛知。」所以，我們不應懷疑佛陀的智慧。口口聲聲說對佛有信心而不注重因果、喜歡惡業的那些人純粹是在說妄語。如果真有信心定會重視因果，因為佛的一切教言中根本沒有比取捨因果更殊勝的修法根本。如果自己誠信佛語而不努力，那麼佛陀也無法強制性引導他。如佛在經中說：「吾為汝說解脫法，當知解脫依自己。」《入行論》中云：「饒益眾有情，無量佛已逝，然我因昔過，未得佛化育。」可見，一切信心中再沒有比誠信因果不虛、歡喜細緻取捨善惡的信心更殊勝的了。佛在經中說：「文殊，何為信力？具信心者，對一切佛法真正信仰、信受、誠信、不疑乃信心。堅信業及業之異熟。」譬如，就算是世間上一位誠實老人的語言也是真實可靠，那麼無有妄語遍知佛陀的教言怎麼會欺惑我們呢？

在世間上，播下種子後，辛勤耕耘，它定會生出果實。同樣，善惡因果也必定真實不虛。想到這一點而對因果堅信不疑至為重要。倘若不誠信因果，也就是不相信佛及佛語，在世界上不可能有比這更嚴重的罪業。因此，必須懺悔以往所造的此類罪業。如今處於邪見惡濁猖獗的時代，所以今後務必要倍加小心提防。

庚二（懺悔佛制罪）分三：一、懺悔別解脫墮罪；二、懺悔破菩薩戒墮罪；三、懺悔失毀密宗誓言罪。

辛一、懺悔別解脫墮罪：

十三僧殘四他勝，墮罪惡作向彼悔，

發露懺悔五墮罪[96]。

現在講述佛制罪，首先是別解脫佛制墮罪：即四他勝、十三僧殘、三十捨墮、九十單墮、四向彼悔、一百一十二種惡作罪。作為比丘，如若違犯這五種佛制墮罪中的其中一條，則是破別解脫戒，以此將墮入極熱地獄至復活地獄之間感受痛苦。所以，在（阿彌陀佛及其眷屬前）誠心發露懺悔破別解脫戒的罪業。

對於諸位出家人，詳細的學處在他論中有講解，而對在家男女們不必廣講。如果不讓已受了比丘、沙彌戒的出家人學習戒律學處，則他們很容易變成屠夫等造罪之人。佛在經中說：「為不知學處的人傳戒，猶如放縱醉象任其為所欲為一般。」因此，出家人必須精勤學習學處。如頌云：「永遮破戒者，享用經堂等。」失毀戒

[96]五墮罪：律藏所說比丘、比丘尼的五類犯戒罪目，區別為五篇；梵語音譯為波羅夷、僧伽婆尸沙、波夷提、提舍尼、突吉羅。意譯為他勝、僧殘、墮罪、向彼悔、惡作。

律之人今生也不能加入僧眾的行列，更何況說往生極樂世界呢？《念處經》中云：「戒律始終善，讚頌具戒士，破戒之諸人，如同旁生畜。」又說：「誰披戒律衣，彼為著裝者，何人捨戒律，裸體如畜生。」

思維持戒功德及破戒過患後，應該努力恢復戒律、守持戒律。

辛二、懺悔破菩薩戒墮罪：

四惡法罪十八墮，發露懺破菩薩戒。

菩薩墮罪，即妄言欺騙上師、堪布、阿闍黎等，令修本尊、誦咒語、求戒律等行善法的人產生懷疑或生後悔之心，誹謗高僧大德，依靠經商等各種諂誑手段欺騙眾生，這四種黑法可導致忘失菩提心等嚴重過患，因此必須予以捨棄，而修學相反的四種白法。

（下面介紹二十種菩薩根本墮罪：）

一、掠奪三寶財物；二、捨棄正法；三、毆打搶劫比丘、沙彌；四、造五無間罪；五、心生邪見。這是國王菩薩易犯的五種根本墮罪。在（這五種墮罪中）前四者的基礎上再加上用武力等摧毀城市、地區、村落、附屬地方，這是大臣菩薩容易就犯的五種根本墮罪。

一、對智慧尚未成熟者宣說空性令對方心生畏懼；二、令別人退失大乘發心而趨入小乘；三、令他人捨別解脫戒而趨入大乘；四、言說此聲緣道不能斷除煩惱，自己受持或使他人受持此觀點；五、以嫉妒心讚自毀他；

六、為獲名聞利養而宣稱自己已證悟空性；七、令比丘受懲罰並暗取賄賂；八、拿取修禪者的受用施與求學者促成對方捨棄修行。這是普通菩薩易犯的八種根本墮罪，加上前面的十種共十八種，再加上捨棄願、行菩提心兩種，總共有二十種根本墮罪，（在阿彌陀佛及其眷屬前）發露懺悔違犯菩薩戒任何一條的罪業。

《入行論》中云：「猶如最勝冶金料，垢身得此將轉成，無價之寶佛陀身，故應堅持菩提心。」如果護持菩提心戒律（菩薩戒），則將獲得佛果。《入行論》中又云：「故如所立誓，我當恭敬行，今後若不勉，定當趨下流。」想到不護持戒律必將不斷流轉惡趣中這一點以後，必須精勤懺悔，認真持戒。

辛三、懺悔失毀密宗誓言罪：

十四根本八粗支，發露懺破誓言罪。

密宗的誓言（三昧耶戒）包括十四種根本戒及八種支分戒。諸無上續部共同承認的十四根本戒：

一、詈罵（誹謗）金剛上師阿闍黎；二、違越佛教言；三、損害金剛道友；四、捨棄菩提心；五、故意出精；六、詆毀他宗；七、對非法器宣說極密法；八、視五蘊為痛苦；九、懷疑自性清淨之法；十、本有能力而不降伏十大應誅(97)；十一、以尋思分別視離戲法性為有相；

(97)十大應誅：又名十逆怨賊。佛教密乘所說應殺不赦的十惡怨敵：毀滅佛教、摧殘三寶、劫奪僧財、謾罵大乘、坑害上師、挑撥金剛兄弟、障難修行絕無慈悲、背棄誓戒和顛倒業果。

十二、捨棄堪為法器之弟子；十三、應時亦不享用誓言物；十四、捨棄智慧女性。

八種支分戒：一、依止不合格的明妃；二、薈供時進行爭吵；三、依自力從不符合續部中所說法相的明妃體內攝取甘露；四、對堪為法器者不宣說密法；五、對以信心求法者宣說他法；六、於不信密乘者中住七日；七、無有證悟智慧而自詡為密咒士；八、對非法器宣說密法。

（在阿彌陀佛及其眷屬前）發露懺悔失毀密宗金剛乘誓言的所有罪業。

如果沒有懺悔（所失毀的三昧耶戒），則將墮入金剛大地獄之中；倘若懺悔舊罪、防止新犯，則將迅速獲得佛果。如續（《功德藏》）云：「入密士夫之去處，惡趣（指地獄）佛外無三處。」

雖然三種戒律全部受了，但如果其中一分學處也沒有守護，僅是精進地懺悔，那只不過不會感受破戒的嚴重果報。可是，以受戒的果報有希望脫離輪迴，卻無有速得解脫的希望。只要是具足三種戒律之人就必須像飼養馬牛羊三種牲畜一樣分別護持，如若違犯了也需要依各自的儀軌（要求）進行懺悔。僅僅獲得了灌頂不能推卸責任，如果灌頂自身的誓言尚且不清淨，又怎麼能救護下面的墮罪呢？當然，從本體上來說三戒可以轉依，但並非是指初學者相續中包括三戒中細微單個佛制罪在內全部混為一談，這些要點很難以理解。因此，三戒分開守護極為重要，因為需要根據自相續的煩惱分別念分別加以對治。

庚三、懺悔未認識之自性罪：

未受戒律造惡業，非梵行及飲酒等，

一切自性之罪過，發露懺悔未知罪。

在家男女們如果沒有受戒則不會有佛制罪。然而，所造的不善業卻不可勝數。非梵行、飲酒、殺生、偷盜、搶奪等以及吸鼻煙、抽草煙等，凡是以煩惱心引起的所有自性罪，在家出家任何人造了都有罪過。雖然造罪者是在不知道它是罪業的情況下造的，但也必然要感受果報。如《因緣品》中云：「愚者若未知，造作諸罪業，一旦果成熟，各自受其苦。」因此，（在阿彌陀佛及其眷屬前）發露懺悔未認識的此等自性罪。（古大德）說：想到異熟果報的痛苦後僅僅口中也不敢言說，所以這種惡業稱為「罪」。

非梵行：儘管非梵行的過患無量無邊，但概括而言，如《月燈經》中云：「為貪諸愚者，依靠腐女身，將成劣眾生，彼墮惡趣中。極大怖畏之繩索，乃為難忍女人索，是故諸佛皆未讚，依止貪欲及女人。」《念處經》中說：「女人禍害根，毀壞現後世，若欲利己者，當捨一切女。」如果依止了好似能迅速散布毒氣之毒蛇一樣的女人，則是摧毀今生來世一切的禍根。

一般來說，雖然對於在家居士禁止邪淫而不遮止與自己的妻子行淫。但是，依靠女人是引起貪心的惡業，也是輪迴勝義不善業[98]之因。如龍樹菩薩說：「貪嗔癡及彼，所生業不善，無有貪嗔癡，及彼生業善。」不能單單以身語所造之業安立為究竟的善惡業，而應根據動機確定。如經中說：「為貪所縛者，不知理非理。」

具有強烈貪心者造無間罪也滿不在乎：以前，舍衛城的一位施主有一個行邪淫的兒子。母親為了保護他而將門扣上了。他喊道：「媽媽，開門啊！我要去方便。」母親知道他要去行邪淫，拒絕開門。他大聲吼道：「媽，你要再不開門，我就殺死你。」母親說：「兒呀，我寧可死，也不忍心聽到自己的兒子因禍害之根邪淫而喪命的消息。」具有貪欲者無所不作，他不顧來世，用寶劍砍斷了母親的頭，之後跑到女人那裡。他因造了滔天大罪而瑟瑟發抖。這時，那個女人說：「你不要害怕，這裡沒有別人。」為了討那女人歡喜，他說：「為了你，我把自己的母親都殺了。」那個女人聽了這話，心想：這個人實在太惡劣了。於是她一邊逃跑一邊大喊：「強盜來了。」他也被這嘈嘈嚷嚷聲嚇跑了，結果一無所得。他是因貪愛女人而造無間罪的。[99]

《喜者婆羅門經》中說：「佩帶裝飾他人妻，猶如烈焰當捨棄，獲得自妻應滿足，邪淫如毒切莫行。」在

---

[98]輪迴勝義不善業：《俱舍論》中說，輪迴的本性稱為勝義不善。
[99]詳見《根本說一切有部毗奈耶出家事》、《出曜經》。

家男子不滿足於自己的妻子而暗中與他人妻子行邪淫，這是十分嚴重的罪業。

此處將邪淫用「非梵行」一詞。包括梵淨行居士在內，如果僅僅以貪心眼看女人也犯戒，那更何況說是依止（真正作不淨行）呢？如續云：「寧可燃鐵片，蒙蔽自雙目，不可失正念，眼看女人面。」此外還有許多教證。

飲酒：對於出家人，即使是病人，喝草尖露珠許也不開許，並且它是肆意失毀一切戒律的根本。酒醉如泥者連自己的生命都無法保護，怎麼能護持戒律呢？因此，佛在經中說：「飲酒者非吾後學。」鄔金蓮師也曾說：「身著狗皮戴草帽，攜帶兵器與棍棒，宣說斷空之劣法，飲酒同時講法者，毀滅佛法之五相。」這裡將在家人飲酒也安立為自性罪，是因為世尊禁止釋迦族的病人喝酒並說：「承認我是導師之人，草尖許的酒也不能喝。」在家男女應當重視本師釋迦牟尼佛的教言。佛經中說：「在家人飲酒是身惡行，若常多飲酒，不斷熏習，則墮惡趣。」大部分聲聞乘也隨此教證而承認飲酒是自性罪。布施酒也是不可以的。如經中云：「極其喜好飲酒人，無法利己令他樂，酒使迷惑面醜陋，如哈拉毒切莫飲。」我們以理證智慧觀察也容易看出飲酒的過失。

（一般而言，）飲酒主要是以大貪心而飲用，也有以傲慢、嗔心、愚癡而飲的。如果以這樣的惡心飲用，那當然是罪業，如前文中所引用龍猛菩薩的教證一樣[100]。

依靠飲酒也會導致自食其言、言而無信、說妄語、綺語、殺生、不淨行等許多不善業的出現。世尊曾說：「酒乃諸罪之根本。」如有一則實例：從前，一位僧人住山修行，這時一個女人牽著一隻山羊、帶著一瓶酒來到他面前。她說：「你或者殺這隻山羊，或者喝這瓶酒，或者與我作不淨行。」僧人思維再三，認為飲這瓶酒好一些。於是他喝了那瓶酒，結果神志迷亂，最後既殺了生也作了不淨行。[101]

昔日，宗喀巴大師在世時，上方有一個賣酒的女人給寺廟的僧人們賣了許多酒，也讓他們飲酒，以至於她在即生中身體變成了人身量大的惡蠍，徑直穿入一塊房屋大的岩石中。從外面聽的時候，裡面傳出嚎陶大哭的聲音。有一隻老鷹每天用翎羽拂拭那塊磐石。眾弟子問宗喀巴大師：「這是什麼原因？」大師說：「那個女人許多世中讓別人飲酒，凡是喝過她酒的人都以飲酒罪業轉為蠍子崽並吃著母蠍，牠們自己也互相啖食，接連不斷如是轉生、吃食等，每一天都要感受諸多生死之苦，直到那隻鷹鷲用羽毛拂盡那塊岩石，又再度墮入地獄。」

有些佛經中說飲酒只是佛制罪。對此，世親論師認為：在家人如果不是以強烈的貪執而喝少量酒，也無有罪過，就像普通的飲食一樣。當然，如若以猛烈的貪心過量飲

「貪嗔癡所生，乃為不善業，無有貪嗔癡，所生為善業。」

詳見《大方便佛報恩經》中迦葉佛時代一居士的公案。

用，則會導致爭吵、戰爭、災難的發生等，其罪業之大，無需再言。

吸鼻煙（抽煙）也是同樣，世尊曾概括一切所斷而說：「凡能產生罪業之行，必須完全捨棄。」吸煙者顯然違背了此教言。許多伏藏品以及瑪吉拉准的授記等中都說吸煙過患極大。（煙草）是由惡因——魔女經血的種子產生，由不淨惡劣的物質組合而成，最後魔女發了許多惡願⑩，由此形成了這種低劣物，可以產生極為強烈的貪心和諸多罪業，並且會激怒諸天龍等眾生，因此我們必須將吸煙視為罪業。

關於飲酒、吸煙較廣的過患可從其他經論中得知。此外，吃蔥蒜步入佛教徒行列或經堂中等也屬於此類罪過。

總而言之，在今生來世中對自他完全有利無害的一切事，誰做也無有罪過；有害無利的方面，摻雜貪嗔癡三毒的一切事都是罪業。所以，無論在家人還是出家人如果懺悔曾經造過的罪業，今後警惕以免重犯則全部可包括在這其中。

庚四、懺悔未知就犯之佛制罪：

雖受皈戒灌頂等，不知守戒護誓言，

發露懺悔佛制罪。

---

⑩魔女所發惡願：諸如，願所有吸煙的人全部墮地獄，凡吸煙者皆成癮，如果我所發的惡願成熟的話，願此劣物立即開花結果。

雖然受了皈依戒、灌頂密宗戒等，但只是如放生牛羊一樣全然不顧，受皈依戒後縱遇命難也不捨三寶等共同五戒，皈依佛後不尋其他天尊等各自破立的九種學處，以及獲得灌頂後甚至連夢中也不能違背上師言教等有諸多總的誓言、分別的誓言。（如每一灌頂後）立誓：「主尊如何教，一切我當行。」（在阿彌陀佛及其眷屬前）發露懺悔一分戒律也不知道護持的此等佛制罪。

如今雖然存在少許教法，但因為魔業極其猖獗，人們對於法師講經說法猶如病人前放食物一般絲毫也不感興趣，證法隱沒的跡象也已出現：即使是四續部灌頂也只是被視為摸頂一樣當成兒戲，真可謂「求法縱多守護少，發誓容易難實踐」。

本來，講經說法是宣講因果、戒律的取捨法，可（有些人）不求法，在對戒律一無所知的情況下受了許多戒後便置之不理，這當然有一分受戒的功德，但因為失毀誓言暫時必定要墮入惡趣。如頌云：「佛陀之學處，不勤墮惡趣。」在家男女也必須了知應護的戒律而精勤守持，這一點十分重要。世尊曾說：「濁世的修行人，猶如口朝下的沙箱般墮入惡趣。」所說的密意也在於此。因此，凡是受了戒都有一分要守護的戒律，不但要知道求戒更要懂得守戒。我們現在認清了自他的一切罪業，雖然從法性意義上來說無有所懺悔的，但在世俗諦如幻的境界中作懺悔而求得暫時往生極樂世界、究竟獲得佛果，如此發菩提心是至高無上的現行對治力。

己二、以厭患對治力懺罪：

若無悔心懺不淨，昔所造罪如服毒，

以大慚畏悔懺罪。

如果不具備猛烈的追悔心，單單口頭上懺悔，罪業不能得以清淨。因此，心裡觀想：往昔所造的罪業，就像健康人中了毒一樣。我已造了如此卑鄙之惡業，從自己方面應當深感慚愧，在世間上赤身裸體、吃不淨糞並不可恥，而獲得珍寶人身後無所顧忌地造此骯髒的罪業，真是很慚愧。如《親友書》中云：「誰以寶飾之金器，清除骯髒嘔吐物，轉生為人造罪業，與之相比更愚蠢。」《本生傳》中說：「縱然未見中造罪，亦如服毒豈安樂，天眾以及瑜伽士，清淨之眼定現見。」想到佛菩薩一定會了知並羞辱我，心生畏懼，想到那墮入惡趣的異熟果報而十分害怕，以至於茶不思、飯不想，幾乎癲瘋昏倒等，以如此強烈的追悔心來懺悔，務必做到昔日未生怨王殺害父親生起後悔心那樣。

己三、以返回對治力懺罪：

後無戒心罪不淨，發誓此後遇命難，

亦不造作不善業。

猶如用妙藥清毒療病必須要做到日後不再服毒一樣，雖然以追悔心作了懺悔，但如果日後無有穩固的戒心，則罪業也不能得以清淨。所以，我們應當發誓：從即日起直至未獲菩提果間，縱然遇到生命危險也不造罪業。例如：從今以後，如果不小心禁毒，一次療愈也無濟於事。《入行論》中云：「獲斷惡之心，說為戒度圓。」如果立誓不造罪業，唯一行善，那麼即使未成辦大善事，但是心的善法極為廣大，因此這一點相當重要。如若無有戒罪之心，即便身語沒有造罪，但內心所造的罪業極為嚴重。如頌云：「善業或惡業，皆由心所積。」

己四、以所依對治力懺罪：

阿彌陀佛及佛子，加持淨化我相續。

如果從自己的角度以悔心、戒心來懺悔，則必須以猛烈的恭敬心、虔信心祈禱「阿彌陀佛及其眷屬佛子定要如同擦拭鏡子般完全淨化自他相續，賜予加持」。

如果依靠四種對治力來懺悔，則無論多麼嚴重的罪業都必定能得以清淨，因為罪業不成實有並且是有為法。如古大德所說：「罪業雖無德，懺淨乃罪德。」《別解脫經》中云：「罪性本無有，為利諸有情，懺悔四根本，五無間邪行。」屢屢造罪之人如果再再懺悔，則無始以來的一切罪業都能夠清淨，誠心懺悔一次也可淨除千劫中所造的罪業。如《金光經》中云：「何人千劫中，若造嚴重罪，一次極力懺，諸罪得清淨。」《彌勒獅吼請問經》中也說：「無知所造罪，一切當懺悔，智者若懺罪，不與業同住。」

凡夫愚者明明知道造了罪卻不知懺悔，反而視其為功德，如此一來，即使是微不足道的罪業，也會把他引入惡趣，比如很小的鐵球也會沉入水底；智者不慎造了罪業，追悔莫及並知道懺悔，所以不會墮入惡趣，好似鐵球被打成薄片則不會沉入水底一樣。尤其這裡所講的是與菩提心相聯的懺悔對治法，所以即便是造了無間罪也可壓制或減輕。如《毗奈耶經》中云：「造作難忍極重罪，譴責自己（修菩提心）將減輕，猛厲懺悔戒重犯，定能徹底根除彼。」《入行論》中云：「以是善行恆微弱，罪惡力大極難擋，捨此圓滿菩提心，何有餘善能勝彼。」往昔的未生怨王、樂行王、指鬘王等最初也是因放逸無度、煩惱粗重而造了嚴重罪業，但後來認真懺悔，最終也現見了真諦。如《廣戒經》中說：「何者造罪業，善業可遮彼，如離雲日月，照耀此世間。」不造罪業以及雖造罪業卻能精勤懺悔的這兩種人，佛說都是正士[103]。因此說，如果沒有淨除這些罪障則是現見清淨剎土的大障礙。

思維此等道理後實修：即先誦《三十五佛懺悔文》一遍，《總懺文》一遍，再誦：「父母為主我等眾……加持淨化我相續。」一邊頂禮，一邊觀想四種對治力。之後坐下念誦淨戒咒七遍：「嗡阿麼嘎西啦、桑吧局桑吧局、吧局吧局、瑪哈謝達薩哆，班瑪布部柯達布雜、達局達局、薩門達、啊哇羅格疊吽帕的所哈。」再誦：「具足無垢戒，受持清淨戒，持無慢心戒，願戒度圓滿」一遍，接著念

[103]《地藏十輪經》中云：「於我法中有二種人名無所犯，一者稟性專精本來不犯；二者犯已慚愧，發露懺悔，此二種人於我法中名為勇健得清淨者。」

誦「斷除一切損害他，夢中亦不生惡念，恆時不離菩提心，願戒圓滿諸吉祥」一遍。如是懺悔後觀想：皈依境的諸尊眾安慰說「你們的罪業已清淨」，並且身體發光照射我們，最後一切罪障清淨無餘。

戊四（對治嫉妒之隨喜支）分四：一、隨喜之功德；二、隨喜有漏無漏善根；三、分別隨喜大乘善根；四、隨喜特殊十善業。

己一、隨喜之功德：

聞聽他人行善時，若捨嫉妒不喜心，

誠心歡悅作隨喜，佛說同獲彼福德。

首先宣說隨喜的功德：耳聞目睹他人聞思修行、塑佛像、印佛經、造佛塔、上供下施等行持善法時，如果能夠捨棄心胸狹窄、無法容忍、擔心別人善根勝過自己的「嫉妒心」，以及暗想我一定要達到像他那樣的競爭心、不歡喜心，而想：我真高興，他做了這樣的善事實在稀奇。如果自己能夠誠心誠意歡悅隨喜，佛說對方親自行持，自己觀想去做，結果自己也可同樣獲得他的福德。這是不需要任何人力、物力、財力僅以分別心便可獲得廣大福德的極妙方便法。我們應當為自己不能成辦善法而感到後悔，對他人行善感到欣喜。

昔日，勝光國王供養佛陀及其眷屬時，一個流浪的乞女歡欣喜悅作隨喜。佛陀問勝光王：「如果有一個福德超過你的人，那麼可以將此善根迴向給她嗎？」勝光王回答：「可以迴向於她。」最後佛陀念誦那個乞女的名字作了迴向。《匯集經》中云：「三千須彌可稱量，隨喜善根無法量。」

己二、隨喜有漏無漏善根：

故於聖者及凡夫，所作諸善皆隨喜。

因為隨喜有如此廣大的功德，所以我們對於聖者以及凡夫所做的一切善事都應隨喜。具體而言，即對於小乘聲聞緣覺聖者們積累資糧、斷除所斷、修證智慧、達到有餘涅槃境界時廣利有情的善根；大乘諸聖者菩薩於許多大劫中積累資糧覺悟解脫的功德等五道十地所攝的一切功德和圓滿二利的一切無漏善法；關於異生，正如所謂「分別趨異道，故名為異生（凡夫）」，對於因為不同業惑而趨入不同六道，加行道者以下已入解脫道和未入道的凡夫人所行大大小小有漏的善法，都應當隨喜。

己三、分別隨喜大乘善根：

於發無上菩提心，廣利有情皆隨喜。

我們應當隨喜諸佛最初發無上殊勝菩提心，以清淨殊勝意樂於諸多大劫中以六度萬行成熟眾生的相續，最後究竟圓滿、成熟、清淨三功德，現前了圓滿正等覺果位。之後示現十二相等不斷廣泛饒益俱胝那由他剎土中的眾生，此理正如《經莊嚴論》等及經藏《本生傳》所述那樣。

佛陀即使轉為旁生身時也無不利益有情，諸如（我等大師釋迦牟尼佛）轉生為烏龜時解救眾多商人擺脫海中危難[104]；轉為如河達魚時遣除人們的疾病和瘟疫[105]；成為獅子時救護商人，使他們免遭毒蛇之難等[106]；成為金色鵝王令梵施國王及其眷屬趨入佛門[107]等有許多這類公案。

成佛以後也是以種種形象利益眾生：例如，金地領域的嘎謝國王準備消滅勝光王時，本師（世尊）化現為轉輪王，目犍連尊者化現為大臣，調伏了嘎謝國王及其眷屬。[108]

如若對諸如此類無量無邊的善根生起歡喜心，（則獲得無邊的功德。）如經云：「佛德不可思，正法不可思，聖僧不可思，若信不可思，

果報不可思。」在凡夫地時也可利益眾生，如對眾生生起一刹那的饒益心，想方設法使他人心生歡喜，令一個眾生的心轉向正法，成辦一分善業也迴向有情等等，總而言之，無有自私自利之心所做的一切善事都是利益眾生。

己四、隨喜特殊十善業：

斷十不善行十善，救護他命發布施，

守持戒律說實語，化怨言語直柔和，

少欲言說具義語，修持慈悲行正法，

---

[104]詳見《根本說一切有部毘奈耶藥事》卷15中龜王的公案。
[105]詳見《菩薩本行經》卷3中跋彌王的公案。
[106]詳見《根本說一切有部毘奈耶藥事》卷15中獅子王的公案。
[107]詳見《根本說一切有部毘奈耶破僧事》卷19中滿面鵝王的公案。
[108]詳見《賢愚經》卷7中金地王的公案。

於彼善法皆隨喜。

共同十善業中，首先是三種身善業：一般來說，如果發誓斷除十不善業，則是十善業，

然而此處指的是特殊十善業。

救護他命：關於救護遭受獵殺、必死無疑的野獸、牲畜、犯人等其他有情生命的功德，前面雖然已經宣說過，但在這裡進一步舉例說明：

從前，舍衛城一位富裕施主生了一個具相的兒子。親朋好友們在河邊歡聚一堂舉行宴會，由於那個小孩極其標緻，大家相互傳來遞去，結果不慎將孩子掉到水裡，被水沖走了。因為他福德廣大而沒有淹死，被一條大魚吞下去後就生存在魚腹中。在那條河的下游有一位施主膝下無子。一天，他撒網捕撈到了那條大魚，剖開魚腹時，發現裡面有一位相貌莊嚴的孩童，他非常高興，於是精心撫養。孩子長大後出家，最終獲得了阿羅漢果位。諸比丘請問世尊：「這是什麼原因？」世尊說：「昔日，拘留孫佛宣說了斷殺的諸多功德，當時一位施主聽後受了不殺生戒，以此生生世世中相貌端嚴，今世中雖然進入了鯨魚口中，也免遭一死。又因曾供養拘留孫佛一枚金幣，致使無論生於何處均成為富裕之人，如今出家而獲得阿羅漢果位。」(109)

此外，一位施主有一座妙寶塔，他沒有兒子。一天

(109)詳見《賢愚經》卷5中重姓比丘的公案。

他對著寶塔說：「如果不賜給我一個兒子，我就毀掉你。」塔中的天尊聽後驚恐萬分，將此事告訴了多聞天子（請求幫助）。多聞天子也無法使施主生子，便去求助於帝釋天。帝釋天對一位臨終的天人說：「請你投生到那位施主家中。」那位天人說：「我想獲得出家身分，如果投生在他家，出家就會出現違緣，這可不行。」帝釋天又說：「你大可放心轉生到他家，若有違緣我會幫助你。」於是那位天人轉為施主的兒子。長大後想要出家，父母卻不同意。他想：我如果不能出家，那麼獲得人身也無意義，不如死了好。於是就去跳河，沒想到被水沖到上方，沒有淹死。他又跳到兵器、烈火中，以及從懸崖頂縱身跳入深淵，都沒能夠死掉。最後他想：這個勝光王是位暴君，十分殘忍，我應違犯王法。他到舍衛城的居民家中行竊，結果被他們捉住交給國王。國王命人向他身上亂箭齊射，但所有的利箭全部返回，一支也沒有射中。國王吃驚非小，向他賠禮道歉，並且親自開許他出家，最終他獲得了阿羅漢果位。這是由於他曾經轉生為梵施國王的一位大臣時搭救了一個被判處死刑的人，從而於五百世中任何怖畏也不能損害他。[110]

此外，大菩薩（指釋迦牟尼佛）轉生為人熊時救護了一個瀕臨死亡的獵人性命。[111]

[110] 詳見《賢愚經》卷1中恒伽達的公案。
[111] 詳見《佛說護國尊者所問大乘經》卷2。

當他轉為根達野獸時，梵施國王對一獵人說：「如果得不到那個野獸的皮，就將你們所有的獵人全部殺掉。」一個獵人為了尋找根達野獸而漂泊到乾燥的荒野中，接近死亡。根達野獸發現後生起悲心，用淨水、水果救活了他，並剝下自己的皮交給他。有許多諸如此類的公案。

如果我們能夠做到縱遇命難也不殺生而救護眾生，則可獲得天人一樣的壽命。《念處經》中云：「一切戒律中，轉善趣之因，即此施命戒。」

布施：如米拉日巴尊者說：「當取出口中之食而作布施。」甚至小到施給身為旁生的雞、狗一個小小食團，大到諸如善義王子和新巴商主取得如意寶後施與南贍部洲的眾生從而遣除了他們的貧窮；給孤獨施主供養佛陀及其眷屬花園；睜眼國王布施雙目；救眾王子布施財產、太子、王妃等。倘若能如此勤於布施，今生來世中將獲得廣大受用，不受貧苦，不會轉生於餓鬼界，究竟獲證佛果。

持戒：守護戒律是指甚至都不以貪心眼看、手觸女人。例如，聲聞大迦葉尊者轉生為婆羅門之子涅珠達之時，薩迦賢比丘尼（金色比丘尼）當時是薩迦婆羅門的女兒。他們二人奉父母之命，在不情願之中被強迫結為夫妻。十二年當中朝夕相處，但彼此之間甚至連貪愛之心也從未生過，更何況說真正作不淨行呢？他們是了知持戒功德與貪欲過患的正士。所以，儘管父母讓他們同床共寢，但他們卻沒有這樣，而是一個人睡的時候另一個人站著，輪流而睡。一次，薩迦賢入睡時手臂露到外面，一條蛇纏繞住她的手臂。涅珠達見此情景，便用一把扇子的柄端向上挑那條蛇，結果驚醒了薩迦賢。她說：「怎麼，你碰我了嗎？」涅珠達連忙回答：「不是我碰你，因為你的手臂被蛇纏住了，為了保護你，就用扇柄碰了一下。」薩迦賢說：「被毒蛇纏住倒沒什麼，絕不能讓男人觸碰。」他們二位就是這樣堅持守戒的。後來涅珠達成了佛陀的法太子大迦葉尊者時，薩迦賢就是阿羅漢女金色比丘尼[112]。世間上也有如是持戒的高尚之人。

因此，我們應當欣樂隨喜並且自己也爭取這樣持戒。在家人要以自己的妻子為滿足，斷除邪淫。出家以後，以貪心歡喜女人等不守戒律的人，不僅不能稱得上佛陀的追隨者，簡直就像黃豺狼一樣。如頌云：「偽裝釋迦子，猶如黃豺狼。」

（反之，持戒的功德也相當大。）經中說：在其他清淨剎土千百劫中持梵淨行戒，也不如現在僅僅一上午持不害眾生等一分戒律的功德大。在如今濁世、佛法即將隱沒之際，一天中守持斷殺生等一分戒律的功德比恆河沙數劫之中供養俱胝那由他佛陀的功德還大。因此，我們對一分學處也不要輕視，而應守護。別人的相續中具有一分善法我們也應生歡喜心。

[112]詳見《根本說一切有部苾芻尼毘奈耶》卷1中迦攝波、妙賢的公案。

在家男女們甚至受持齋戒也有極大功德。如果嚴格守護八關齋戒則轉生於天界等，詳細的功德可以從其他經論中得知。

如果破一分戒律也要感受苦樂交替的果報：「從前，一位貧窮婆羅門看見給孤獨施主屢屢供齋給受長淨齋戒的出家人及在家人後，他自己也受持了長淨齋戒。其間，有一天他到了一個山村，夜幕降臨後借宿在一位婆羅門家中。那家人請他用餐。他說：「我受了八關齋戒，午後不能進食。」主人說：「你如果不吃就不要住在我們家。」他聽後十分害怕，就進餐了，結果破了齋戒，本來他死後可轉生於三十三天，因破了一分齋戒而轉生到四大天王的天界中，被取惡名為「破齋戒天子」，因受用及威光也遜色於其他天人而感到羞愧難當。

另有一位業障深重的老婦人，受了三天齋戒，一天吃了少量食物，一天喝了水，一天認真地守護齋戒。她死後沒有轉生到三惡趣中而轉成了一名國王的太子，因一日進餐（毀戒）而致面目醜陋，因飲水而致心緒起伏不定猶如瘋子。因此我們應努力護持淨戒。

說實語：若開玩笑也能斷除妄語，盡量言說真實語，則意義極大。如《因緣品》中云：「實語如甘露，實語乃無上，住於實義法，佛說為誠實。」誠實的人宛如純金一般是眾人信任、歡喜之處。

化怨：不是為了地位、財食而作中間調解人，而是以好心好意化解怨恨、平息戰爭、衝突等諸多不善業，因此這是隨喜的一大要訣。《念處經》中云：「親朋與好友，相互不和睦，何人極調解，轉生於天界。」

柔和正直語：不懷有貪嗔之心，言說溫和調柔的正直語。心語溫和的人是具有大乘種姓功德的人，也是難能可貴、令人歡喜之處。如律藏中說：「兔角極難得，龜毛亦難得，妓女獨處難，說直語難得。」此教證也可加在上面的真實語中。所以，我們恆時要盡可能斷除歪曲的話語。

說具義語：我們應該唯一言說安慰憂愁者、令他人對解脫起信心以及使所化眾生趨入正法等具有意義的語言。無著菩薩說：「多言可生不善業，縱然未生虛度日，除非定利自他語，精進禁語極重要。」因此，平時要策勵於聞思、念誦上。

少欲：就是所謂的「有福不求亦得財，無福希求亦難得」。因此，不要有了不知足、還特意去尋求，要做到隨遇而安、知足少欲。如《因緣品》中云：「一人縱然有，等同雪山金，亦不滿足彼，當了悟知足。」享受著所擁有受用之安樂的人很多，而享受知足少欲之安樂的人卻罕見。如寂天菩薩說：「享知足樂者，天王亦難得。」所以，以自己的財產為滿足不希求他財是善法。

（曾有這樣一則公案）：一位富翁供養了世尊百味甘美的拉德（食品名）飲食。一個乞丐向世尊索要。世尊說：

「你先說『不要』再給你。」那人說：「不要。」世尊把所有的拉德食品全給了他。給孤獨施主看見後，心想：絕不能斷了世尊的齋食，若有拉德食品世尊會享用吧。於是他便用千兩黃金從那個乞丐手中買下拉德食品，重新供養世尊。並請問世尊：「這是什麼原因？」世尊說：「這位乞丐許多世中始終貪著他人財物，沒有知足的時候，從來沒說過『不要』，因此經常淪為乞丐，現今僅說了聲『不要』便立即獲得受用。未來山部佛出世時方播下解脫的種子。」

做到有吃有穿就心滿意足，這一點無論對於在家人還是出家人都至關重要。

修慈悲心：即使對殺害自己父親的怨敵，也無有陷害之心，而觀想：若一切眾生都具足安樂，那我多麼高興啊！他們若能擺脫痛苦該多好啊！只是修一次這樣的慈心與悲心，其善根也是不可思議的。經中說：「生一慈憫心，較施諸眾勝。」《因緣品》中云：「每月千供施，連續百年者，不及慈眾生，十六分之一。每月千供施，連續百年者，不及憫眾生，十六分之一。」

行正法：如若誠信業因果，奉行、修持正法，則今生後世都會安樂。世尊曾說：「修法之士得安樂。」正法無有主人猶如流水一般。所以對因果有誠信的人，以正法為滿足，對因果無誠信的人則好似餓鬼一樣，正法也無法滿足他。如此，我們一定要欣樂隨喜他相續中的一切善法。

戊五、對治捨法之請轉法輪支：

十方浩瀚世界中，圓滿正覺後不久，
我於彼等前祈請，迅速廣轉妙法輪，
佛以神通知彼義。

如同梵天供養金輪、帝釋供養右旋海螺祈請圓滿正等覺世尊（轉妙法輪）那樣，自己也可觀想：在十方浩瀚無垠的所有世界中現前圓滿正等覺不久、未說正法而安住的諸佛菩薩、上師善知識面前，自身幻化為數多身體，手持法輪、海螺等吉祥供物，為饒益眾生，祈禱勸請他們迅速轉深廣妙法輪，他們以神通了知此事後欣然應允。倘若能夠這樣觀想，則與親自去求法無有差別。這是以心觀想（意念）。如果身語能真實做到，那麼在具教法、證法功德住世的上師們面前請求四句以上法義也可使眾多有情獲得善妙法雨，並且可淨除自己的捨法業障，生生世世不離三寶光明，永遠也不會轉生在暗劫中。

戊六、對治邪見之請不涅槃支：

於佛菩薩持教師，諸欲涅槃彼等前
祈請住世不涅槃。

就像昔日鐵匠之子珍達祈請世尊住世，結果世尊住世延長三個月那樣，自己也可觀想：在有意要趨入涅槃的諸佛菩薩、持教善知識前，誠心祈請他們為利眾生於無數劫中不入涅槃而住世。他們也明知並欣然應允。（他們示現涅槃有三種原因：）如果沒有所化眾生，則如無有水器不能顯現月影一樣，佛陀的色身也就自然融入法界之中；諸佛菩薩聖者們如若住世時間過長，眾生則會有他們將恆久住世之想，導致對修法產生懈怠心理，因此為了使眾生生起厭離心而示現涅槃；也有因末法時期剛強難化的眾生邪行種種，暫時無法調伏他們而心生厭煩趨入涅槃的。得地以上的聖者們如果願意，那麼想住世多久就能住多久。因此，我們不能生起諸佛壽命有長短的邪見。倘若自己所造的一切善根為高僧大德們長久住世作迴向也同樣（可達到效果），並可清淨自己壽命之障等，功德極大。

戊七（對治懷疑之迴向支）分二：一、為眾生獲得究竟佛果作迴向；二、為成辦暫時利益作迴向。

己一、為眾生獲得究竟佛果作迴向：

以此為主三世善，迴向一切諸有情，

願皆速得無上果，根除三界之輪迴。

所要迴向的是什麼呢？觀想以自己現在正在成辦的善事為主，過去、未來三世所積的一切善資糧。迴向於誰呢？迴向於一切眾生，這是以大悲心緣利他（而迴向）。為何目的而迴向呢？願一切有情都迅速獲得無上菩提圓滿正等覺的果位後連眾生之名也無有，猶如抖空口袋一樣徹底根除三界輪迴，使之成空，這是以大智慧緣佛果而迴向，這與《現觀莊嚴論》中所說的「發心為利他，求正等菩提」之義相同。

儘管迴向的方法有許多，但觀想「諸佛佛子如何迴向，我也如是迴向」的方法最佳。哪怕是小小的善根，如若作迴向則一切眾生也都可獲得，這是因為佛陀的威德力、法性的諦實力與自己增上意樂的善心力所致。如果將凡夫人的有漏善根執為我所而不作迴向，那麼就會被嗔心等所摧毀；倘若為自他獲得佛果而作迴向，則因為法界無有空盡的緣故，如同水滴（落入大海中）的比喻一樣，不需要擔心它有朝一日會耗盡，這是為究竟利益作迴向。

己二、為成辦暫時利益作迴向：

願善我今速成熟，遣除十八種橫死，

身康力壯韶華豐，如夏恆河無盡財，

無魔怨害享正法，如法成就諸所願，

弘法利生大益成，使此人身具意義。

菩薩所行之事發願作為成辦暫時利他之因：以如此廣大發心而迴向的善根不等到來世，要依此身分成辦自他二利，所以願此善根在現世中迅速成熟於自身，從而遣除十八種橫死，使壽命長如日月；無有病魔等損害，（健康）如金剛岩；風華正茂、青春美滿如盡情綻放的蓮花；身強力壯如天子；無窮無盡的財富猶如夏季的恆河水一般不斷增長。如《入行論》中云：「貪金渙散人，脫苦遙無期。」

通過善根的加持而使自己既沒有過分積累、守護、增長（財產）的散亂以及歡喜天子魔等障礙正法，也沒有因未償清宿債的怨敵強盜之危害而心生嗔恨。願我們依靠善根力，不加勤作、自由自在地享受正法。如果短命、多病、無財以及遭受魔怨損害等，就會成為利他事業的違緣，身體、受用富足時應發願像文殊菩薩、普賢菩薩等那樣（上供下施），菩薩若有受用則用於布施等，以四攝廣利有情，而與普通人擁有財富截然不同。如《經莊嚴論》（唐譯文）中云：「悲施財三果，悲者恒增長，愛生及攝生，資生復三樂[113]。」如此一來，一切願望都符合正法、無有障礙、稱心如意地實現，依照《普賢行願品》等經論中所說那樣發願受持教法和證法。

佛教如意寶是通過講修而發揮作用的。因為佛教是利樂有情的根本，依之可成辦眾生暫時、究竟的廣大利益，由此使所獲得的珍寶人身不會虛度而具有大義。《俱舍論》中說：「佛之妙法有二種，教法證法之體性，持教法者唯講經，持證法者唯修行。」唯有進行傳講、聽聞、弘揚教法和觀修、行持、領悟證法才真正是佛教後學者應做之事。其他的規章制度、資具福分（建築設施、敲鼓吹螺）等無論多麼完善豐富也不是真正的佛教。

（如今有些人）根本不知道什麼是講修的佛法，只是以貪嗔偏袒之心，猶如轉輪子般沒完沒了地做許多冠

[113]無著菩薩釋曰：「悲施財三果悲者恒增長者。謂菩薩大悲能增長三種果。一者增悲。由修習故能令自體增長。二者增施。由悲自在故能令施得增長，三者增財，由施自在故能令財得增長。愛生及攝生資生復三樂者。從是三果復生三樂，一者從悲為因生愛生樂，二者從施為因生攝生樂，三者從財為因生資生樂。已說大悲增果。」

冕堂皇的散亂事，並聲稱這就是佛教的所為。但事實並非如此，例如，獅子會被腹內的寄生蟲所毀，佛教也是同樣（會被佛教徒所滅）。如世尊曾說：「我此甚深教，餘者不可毀，非我似我（持我教之人）毀。」一般來說，承擔弘揚佛法講修大業的人主要是諸位法太子——高僧大德善知識，但凡是佛陀的後學者都應根據各自的能力受持佛法（、弘揚佛法）。從廣義來說，了知一句法義也是教法，思維一句法義僅僅生起一刹那善心也是證法。在如今佛教瀕臨隱沒之時，僅以此弘法利生，也使自己的人生過得有意義。

在家男女們不要認為：我們怎麼能負起弘法的重擔呢？如藏族的諺語說：「凡子降生後，當做佛法事。」所以，儘管自己做不到廣泛弘揚講修佛法，但也完全可以作為弘揚佛法的順緣，諸如奉勸別人學習論典，為求學者、閉關者提供口糧，想方設法讓別人聽聞一堂佛法，承侍、供養、協助講經說法的諸位上師，自己也誠信佛法，斷惡行善。如果能做到這一分也可稱為弘揚佛法，雖然沒有大名氣也同樣是在弘法利生。

本來，所謂的「佛法完全隱沒」是指在某地區城市中，既無有了知一句正法之人又無有生起一刹那善心之人的時刻。如果哪裡有這樣（知法義、起善心）的人，應當說那裡有佛法。

因此，在當今的濁世，通達正法的人們要以殊勝清淨之心傳講、弘揚佛法。如論中云：「他人行劣事，我豈能如此？」續中也說：「於此末法惡世中，佛陀難行我行持，菩薩難行我行持。」能傳講、聽聞、弘揚佛法的人，誠如《念處經》中所說：「聽聞正法後，廣弘之智者，遠離諸老死，轉生無上處(114)。」

如果因為對佛法有吝嗇心或由於懈怠而不為他人宣說，則將於生生世世中成為愚笨遲鈍之人：一個名叫拉燦丹（即周利槃特）的人在一個月中研學，結果一句偈頌也不懂，這是由於他曾在迦葉佛教法中轉生為一位通達三藏的比丘，當時因吝嗇而不為他人說法的業障所致。(115)

如是對此積累資糧法——七支供，從即日起就必須精進修持。如若自己想行善並且具足順緣時不立即行持而一拖再拖，那麼善心猶如閃電一般稍縱即逝。相反，罪業力量強大，長久串習，持續而存，由此就會隨著罪業轉。如律藏中說：「應當速行善，制止罪業心，福德若耗盡，意將喜罪業。」當下，我們務必要身體力行積資淨罪。雖然造了如山王般的罪業卻不曾作一次懺悔，不曾積累芝麻許的善業卻奢望將來得財得利，這是世間在家常人的觀念。

實際上，我們死後很難從遺產、子孫等處獲得法利，看看如今的子孫們，在父母活著的時候尚且以向他們的

---

(114)無上處：指清淨剎土。
(115)詳見《法句譬喻經.愛身品》中摩訶盧比丘的公案。

眼中灑灰的暴行來虐待，死後很難盡心盡力為他們作超度佛事。而自己所造下的罪業卻一直在前面等候著我們。如果在如今無需指望別人的時候盡力積資淨障，胸有成竹而死，那麼則死後既不需要作七期（七七四十九天的）佛事，也不必心驚膽戰地畏懼罪業在前面等著自己，而是如同已從熊熊烈火的宅院中解脫出來一樣，心中無怨無悔，無所畏懼。一邊心裡觀想以上引導的所有意義，一邊雙手合掌，同時口中緩慢念誦「聞聽他人行善時……使此人身具意義」一遍。

已獲趨極樂剎勝人身，歡喜積累白法資糧者，
願不沉迷劣緣輪迴事，恆時精進行法祈加持。

第二因——積資淨障終

發菩提心

丁三、發菩提心：

往生極樂世界的助緣第三因——發殊勝菩提心，在本頌中並沒有單獨宣說，但它可以包括在前面的迴向支中，或者在前文「加行發心殊勝」中也已概括地講述了。如果想要實際修行，就在前方虛空中觀想：自己於現前安住的阿彌陀佛等諸佛菩薩金剛持上師尊眾前受持大乘菩薩戒。念誦皈依發心偈「乃至菩提果，皈依諸如來，正法菩薩眾，如是亦皈依。如昔諸善逝，先發菩提心，復此循序住，菩薩諸學處」三遍，或者誦「諸佛正法賢聖三寶尊，從今直至菩提永皈依，我以所修施等諸資糧，為利有情故願大覺成」，再念誦「菩提心妙寶，未生者當生，已生勿退失，展轉益增長」。如果每天都這樣受菩薩戒，則可通過修煉，生起、增上菩提心，而且可以積累不可思議的福德。如《慧海請問經》中云：「以諸十方妙珍寶，供養無數俱胝佛，生起一次菩提心，前者不可比此福……」《華嚴經》、《入行論》等經論中也宣說了發心的眾多功德。

如果我們以賢善意樂、發菩提心來修煉自心，那麼即使因業力所感墮入惡趣，也會因發心的善業力而不會產生邪念，並且依靠惡趣的身分也能淨除業障。如大慈大悲導師的本生傳中所記載的那樣。又如頌云：「業之異熟不可思，大悲主亦轉旁生。」

本來，對於聲聞阿羅漢乘坐的馬車，世尊甚至用腳接觸也不應理，（何況真實拉馬車？）而對於初發菩提心（菩薩所乘）的馬車，世尊以頭牽引也未嘗不可，因為菩提心是成佛之因。（佛經中說：）與受了聲聞自宗的別解脫戒而獲得解脫相比，受菩薩戒後毀戒而墮入惡趣更為殊勝。此剎土中的諸位菩薩發願往生極樂世界並實現所願。因此，我們平時勵力發心極為重要。

自利聲緣亦無此勝心，不思自利愚者豈知曉？
成辦二利圓滿正覺因，祈願修習利他菩提心。

第三因——發菩提心終

發清淨願

現在宣講往生極樂世界的第四因——發願迴向，也就是將一切善根迴向眾生，願自他一切有情往生極樂世界。

丁四（發清淨願）分四：一、思維自身而發願；二、思維剎土功德而發願；三、思維主尊功德而發願；四、發願自己最終成佛。

戊一分四：一、發願臨終面見佛菩薩；二、發願死時斷除對輪迴之貪執；三、發願往生極樂世界；四、發願往生後所獲之功德。

己一、發願臨終面見佛菩薩：

與我結緣眾，願臨命終時，

化身無量光，比丘僧眷繞，

親臨吾等前，見彼心歡悅，

無有死亡苦。

根據歷史記載：喬美仁波切的母親、僕眷、門犬等也隨他一同往生極樂世界，我們也應力求做到這樣。往生極樂世界如果只是帶賢善的（親友等）而捨棄惡劣的（仇敵等），那是貪嗔之心。因此，我們應當這樣發願：凡是與我有法緣、財緣等善緣或以搶奪、摧毀、病魔等陷害自己的怨敵等結惡緣的一切父母眾生，當他們即將步入後世之時，在奄奄一息的彌留之際，也就是說，諸如由於得了不治之症而使身體有氣無力，無有食慾，被褥衣服等如何也不舒服，而出現如墜入坑中或被重物所壓般的沉重感；雙目模模糊糊，看不清色法；耳朵聽不到聲音；感受生命幾乎要中斷的劇烈痛苦。這時，作惡之人會出現罪業的景象，行善之士會出現善妙的景象。罪業深重的人心識迷亂，幾乎發瘋，語無倫次，甚至身不由己癱在屎尿之中等外相全部現前，體內四大隱沒次第逐漸出現。此刻，若是現在修持往生極樂世界四因的人，就一定可以見到化身阿彌陀佛由比丘僧眾眷屬所圍繞親自降臨到自己面前虛空的彩虹光芒中。並且，祈願在此極樂法會中結緣之人為主的一切眾生也清淨惡業的迷亂顯現，面見阿彌陀佛及其眷屬。親見佛尊顏後依靠如今修持的善習力，猶如兒子熟悉母親一般認出，滿心歡喜，於安樂、明清、喜悅的狀態中死亡，解脫於光明中而無有絲毫死亡的痛苦。

臨終時如果遇到一位上師，該是何等的喜悅，如若面見阿彌陀佛，那無以言表的歡喜之情就更不用說了。我們現在的什麼善習、惡習臨終時都會回想起，因此平時串習此往生極樂世界之四種因至關重要。如《養生篇》(116)云：「一切眾生之功過，皆以串習為根本，習慣悉皆依自己，是故串習德最勝。」

---

(116)《養生篇》：古印度龍樹所撰，勸誡首陀羅種姓、講述世道的一部論著名。

從前，在北方的牧民中，一位宰殺過許多旱獺的人臨死時口中喊著：「請殺掉這些旱獺，快把牠們趕走！」另有一個獵人在說「給我拿火槍來，這些鹿子要殺我」的慘叫聲中死去；一個喜歡吸鼻煙的人作吸鼻煙的姿勢而死；一個裁縫作縫紉的姿勢而死；一位商人說「拿賬本來」，他邊數帳邊死去了；竹青寺的一位老僧人平時常念施水儀軌，因此念誦著施水咒「桑巴……」而逝；一位法相師邊說「給，傑達秋堅[117]」邊作辯論手勢而圓寂等等。耳聞目睹的此類實例不勝枚舉，因此我們要養成（隨時隨地祈禱觀想阿彌陀佛）的良好習慣。

所謂的死苦，對於捨棄今世的高僧大德而言，只有斷盡壽命的痛苦而無有其他苦惱。而對於罪業深重的人來說，（那就是苦不堪言了，）諸如：感受氣息分解的痛苦；顯現迷亂習氣的痛苦；雖畏懼死亡卻無法再繼續生存，雖然對親朋好友、財物依依不捨，但他們也不能跟隨自己等離開今世的痛苦；如同要赴刑場的囚犯一樣畏懼來世的痛苦；因下等人事後追悔，對自己以前未取捨善惡極端後悔，以至於手指抓胸、嚎啕大哭、淚水盈眶、滿心報怨，卻必須感受孑然一身、赤身裸體、赤手空拳地離開人世的痛苦。關於諸如此類的無量痛苦在《教王經》等佛經中有宣說。《入行論》中云：「因憂眼紅腫，

[117]「給，傑達秋堅」：給，是擬聲詞；傑達秋堅，辯論時開頭語，義為諸法由……生。

面頰淚雙垂，親友已絕望，吾見閻魔使。憶罪懷憂苦，聞聲懼墮獄，狂亂穢覆身，屆時復何如？」至尊米拉日巴也曾說：「若見罪人之死亡，開示因果善知識。」

願八大菩薩，神力臨空中，

指示極樂道，接引得往生。

所以，在危在旦夕之時，即將出現中陰的恐怖景象之際，祈願文殊菩薩等八大菩薩以神變力降臨在自前的虛空中，一邊以悅耳的音聲說「善男子善來」，一邊指示通往極樂世界的道路，並在五彩繽紛的虹光中伴隨著樂器妙音在前方領路，自己不需見到中陰而被接引到極樂世界。宗喀巴大師說的「願我一旦命終時，明現佛陀無量光，如海眷眾所圍繞，信悲遍滿我相續。願現中陰境即時，八大佛子示正道，往生樂刹以化身，接引不淨刹土眾……」也與此相同。《彌陀經》中說：「其人臨命終時，阿彌陀佛與諸聖眾，現在其前，是人終時心不顛倒，即得往生阿彌陀佛極樂國土。」《普賢行願品》中也說：「願我臨欲命終時，盡除一切諸障礙，面見彼佛阿彌陀，即得往生安樂刹。」又《寶篋經》中說：「凡聽聞六字真言『嗡嘛呢吧咪吽』者，命終時由十二佛陀、八大菩薩所引路而往生極樂世界。」我們必須認識到這是阿彌陀佛的發心力、發願力與自己積資淨障、恭敬誠信力所致。

己二（發願死時斷除對輪迴之貪執）分二：一、對輪迴之痛苦生起厭離心；二、斷除貪執。

庚一、對輪迴之痛苦生起厭離心：

惡趣苦難忍，人天樂無常，

願生畏彼心。無始至今生，

漫長漂輪迴，願生厭離心。

發願死後斷除往生極樂世界之障——對輪迴的貪執，首先思維諸多危害之苦：我們如果對此三界輪迴詳加觀察就會發現，它無有絲毫可貪戀的地方，八熱地獄燒煮之苦，八寒地獄嚴寒之苦，孤獨地獄近邊地獄剎那生死、砍殺斷割等苦都極難忍受。

往昔，阿難尊者的兩個外甥不修善法，懈怠度日。這時，目犍連將他倆帶到地獄。他們見後驚恐萬分，生起了出離心，上午想起地獄，午飯難以下嚥，下午回憶地獄，所吃的食物會全部嘔出。於是他們勇猛精進，最終獲得了阿羅漢果位。

《親友書》中云：「即便見聞地獄圖，憶念讀誦或造形，亦能生起怖畏心，何況真受異熟果？」僅僅是看見地獄的圖案或聽到地獄的痛苦也會生起恐怖，何況說親身感受呢……

餓鬼界也有許多不同種類的痛苦，最主要就是飢渴之苦。

昔日，晝辛吉尊者去餓鬼界時，到了一座餓鬼大城市，因為口乾舌燥，於是便問：「這裡有水嗎？」結果聚來了成千上萬身如柴燼一般的餓鬼，它們圍著晝辛吉吵吵嚷嚷地說：「給我們水吧！」晝辛吉說：「我也渴得要死，怎麼給你們水啊？」餓鬼們說：「我們自從轉生到這裡已過了十二年，期間不用說是喝水，甚至連水的名聲也沒聽過，今天才從你口中聽到。」這是由於：它們曾經轉生為諸多吝嗇的富人時，不上供下施還以傲慢心譏諷他人，以致轉生於此。[118]

所有餓鬼共同的痛苦，例如冬季太陽也寒氣逼人、夏季月亮也十分炙熱等四季顛倒現象，諸如此類的痛苦不可計數。

佛在經中說「當視憶旁生」。我們通過耳聞目睹，就完全能夠知道所有旁生都在感受著被人役使、互相啖食等等痛苦，生存在海中或山裡的旁生自食己肉，小旁生在大旁生身上築窩並吃著牠們等有許多痛苦。總體來說，旁生恆時遭受愚癡的痛苦。

如果僅僅聽到三惡趣痛苦的聲音也會覺得難以忍受，那麼真正感受時就更無法忍耐了。如果連即生中微不足道的寒熱飢渴也忍受不了，就像活魚落在熱沙中一樣，那麼怎麼能忍受得了長達數劫的惡趣痛苦呢？在此之前，我們曾經無數次轉生在三惡趣中，從今以後一定要想方設法、精進努力，爭取不墮入惡趣中，要生起像阿難的兩個外甥那樣的出離心。

---

[118]詳見《根本說一切有部毘奈耶皮革事》中億耳長者子的公案。

即使獲得善趣天、人的果報也擺脫不了痛苦。所謂的天人死墮之苦是指天人七天之前出現死相，（他們以天眼通）見到自己（死後）墮入惡趣，結果臨終前七天中所感受的痛苦比以前數劫中享受的安樂還多；人類則有生死變異、愛別離、怨憎會，疾病、戰爭、飢荒等苦，這一點是顯而易見的。人間、天境的眾生由於迷亂而將痛苦執為安樂，其實所有表面上的幸福快樂就好似春天的陽焰一樣瞬間即逝，絕對不離無常痛苦的本性。如《親友書》中云：「帝釋堪稱世間供，以業感召亦墮地，縱然曾為轉輪王，於輪迴中復成僕。」思維此等道理，我們猶如乞丐果腹般的（安樂）有什麼恆久性呢？

總而言之，如《念處經》中說：「地獄有情受獄火，餓鬼感受飢餓苦，旁生感受互食苦，人間感受短命苦，非天感受爭鬥苦，天境感受放逸苦。輪迴猶如針之尖，何時亦無有安樂。」認識到輪迴善趣惡趣一切處都如同羅剎洲及無解脫的牢獄一般，而祈願對輪迴生起畏懼之心。了知輪迴的痛苦與極樂世界的安樂二者的差別猶如火坑與涼室之間的差別一樣以後，就要進行選擇。思維漫長的輪迴痛苦，從無有初始的輪迴開始，迄今為止在此輪迴中感受的漫長痛苦，如果一個具有宿命通的人觀察，真的會口吐鮮血。也就是說，轉生在地獄中所喝的銅汁鐵水，轉為餓鬼所食的膿液、不淨物，成為旁生所飲的乳汁、互相吸食的血液，成為人因哀傷所流的淚水、從母親體內吸吮的乳汁等如若積聚一處，則比（四大）海洋的水還多；乃至轉為螻蟻以上散落的頭顱、手腳、死後散失的骨架等若積聚一處，則會比須彌山還高。熱扎⑪⑲回憶起往世後，他作了一首悲哀懺文，其中說道：「骨肉若集等須彌，膿血若集如大海，宿業若積說不盡，輾轉生死三界中，仍造無義唐捐事。」

此外，《親友書》、《念處經》以及引導文中也廣述了輪迴的過患。如果能夠閱覽，則可從中了知。

舉例來說：華傑比丘到了垂暮之年，仍舊十分懈怠，不能勤修善法。為了使他生起厭離之心，目犍連尊者將他帶到海邊。在那裡有一座堅硬如石的骨架大山，高達七百由旬，已將太陽遮蔽，山的陰影映在大海中使海面成了漆黑一片。他們二位爬上這座山，越過山谷般的肋骨中間。這時，華傑比丘問目犍連尊者：「這座山是怎麼形成的？」尊者說：「此山是你前世的骨架。」接著詳細講述起來：「遠古時代，你曾是一位名叫法勝的國王。當時，一個人違犯了法律，大臣們將此事呈稟國王。國王正在忙著打牌玩樂瑣事，就順口說：『依照我的法律處治吧！』眾臣對照國法發現此人應處以死刑，於是就處死了他。國王打完牌後問屬下：『那個人犯了什麼罪，如何處治的？』大臣們稟道：『按陛下的旨意，已依法

(119)熱扎：曾為一比丘時，因破密乘戒而墮落，後來得到解脫。此人在《蓮花生大師傳記》中有廣說。

處死。』國王聽後追悔莫及，說道：『我殺了人，成了昏君，以後不想再執政了。』之後便流浪在山中。以此殺人之業，他死後在這個海中轉為一條大鯨魚，身體長達七百由旬。一旦牠閉嘴入睡，就長達一百年不醒。當牠甦醒時，萬分飢餓，因而張開大口，結果海水流入牠的口中也好似奔流的海洋一般。凡是造了惡業的大臣等眾人都在牠的身體中間轉為小鯨魚或寄生蟲，並以牠的體肉為食，牠因此疼痛難忍，於是便在水晶山上蹭來蹭去，結果殺死了身上所有的含生，使海洋一百聞距以內的海水變成血紅一片。那條鯨魚千百年來不斷感受這樣的痛苦。死後屍體被海浪沖到這裡，被烈日晒乾，經過雨水淋濕，體肉全部掉盡，剩下的骨架就成了這座山。」[120]

如果殺一個人也要感受這樣的痛苦，那麼以殺數多人之業而長期墮在地獄（所要感受的痛苦）就更不用說了。

願我們對有如此漫長痛苦的輪迴發自內心生起厭離。如今已獲得了人身，並了知正法，此時此刻自己能夠認清輪迴，應當瀟灑地說：「輪迴，你安閒而住吧，從今以後我不再陪你，而要前往極樂世界。」必須向輪迴揮手告別，否則，過去如水滴般的罪惡將來也要感受如海洋般的痛苦。

庚二、斷除貪執：

設使人轉人，受生老病死，

[120] 詳見《賢愚經》中福增比丘的公案。

濁世違緣多，人天之安樂，
猶如雜毒食，願毫無貪求。

儘管大多數人希求人生的安樂，但實際上也無有利益。即使可以從人轉生為人，然而也要感受最初出生、中間衰老、末了病痛、最終死亡的無量痛苦，這些道理在前文中也已經講述過。富裕者有謀財、守財、毀財等痛苦；貧窮者有無財、絕望、尋求的痛苦；高官有貪求高位、擔憂下台的痛苦等等。無論轉生為哪種人都無有安樂可言。

尤其是當今正值濁世，一切變化無常猶如野馬翻身[121]一樣時間不定，遇到的常常是不行正法之人。例如，夕陽西下時貓頭鷹會到處亂跑。同樣，佛教接近隱沒時，罪孽深重的醜陋人降生於世，飢饉、疾疫、刀兵的邪教日趨猖獗，安樂、幸福、正法的佛教日漸隱沒。誠如鄔金蓮師說：「空中出現噩星時，偏執宗派起爭論，地山發出惡聲時，邊地刀兵遍中土（藏地），不聞了義真教時，一地興起一凶魔。」又說：「驟然改變裝束時，邊地眾人皆入藏，飢疫刀兵氾濫時，眾生唯有依靠山。」又說：「眾生亂行罪業時，出現地震降雷雨，佛教寺宇內爭時，邊地軍隊入中土。邊地漢人遍境時，藏地毫無自由也……」所指的就是時濁。此外，五毒十分粗大即煩惱濁；人壽短暫不定故為壽濁；具有嚴重邪見等為見濁；眾生相續

[121]野馬翻身：因野馬翻身十分迅速以此來比喻濁世一切變化無常。

難以調化稱為眾生濁。在五濁更為猖獗的此時，無論考慮哪方面都只是生厭煩之處。

特別是（如今）處於佛教濁、眾生濁之時，修法會遇到重重違緣，誠如（蓮師）所說：「惡魔黑教興盛時，修持正法違緣多。」阿底峽尊者也曾說過：「魔類擅長諂誑術，以財誘惑大貪者，以假法騙修行人，以自詡誘淨戒者，以我慢欺有智者；以歌舞誘散亂者，以韶華誘諸多人，以妙飾誘眾多人，以惡友敵騙多人……」

思維這些道理，似乎在如今這樣的惡世中獲得人身還不如賢劫時轉為旁生。因此，我們務必要小心謹慎。

也許有人認為這種說法太過分了，不致於這麼嚴重吧。

可是只說好話怎麼能治病救人呢？看看這個時代，所有凡愚將痛苦執為安樂。如果稍微說一點真理，那麼具有緣分者很容易對輪迴生起厭離心。可見，人天的幸福安樂也像雜毒的食物一般，苦樂混雜在一起無法分開。所以，但願我們對此沒有絲毫的貪求，現在就完全放下。

食財親友朋，無常如夢幻，

願毫無貪戀。

其實，現在我們的家宅好似蟲穴一般，按理來說沒有什麼捨不得的，可是惡業深重的人卻像豬狗貪著不淨物一樣緊緊抓著不放。這些人真是可憐！我們看看大慈大悲導師釋迦牟尼佛曾經如丟唾液般捨棄了王位的一切榮華富貴而成佛、鄔金蓮師也是放棄了繼承父王恩扎布德的王位而獲得金剛持果位等等前輩大德的行為吧！古代，新龍的一位長官害怕受害而拋棄家室遷往他鄉。想到惡世諸如此類的痛苦及後世的痛苦，還有什麼割捨不下的呢？請諸位深思。

此外，如果貪戀親友們，則（死後）將在他們中轉成魔鬼等，因此萬萬不要貪執解脫的怨敵（指親友）。

倘若貪著飲食則（死後也會一直貪執著。）有關公案如下：

據說，雅多的寺廟中有一個老僧人，秋天時，他買了一腿肉，捨不得吃，一直藏在柴房裡。他死後，其餘的財產食物全部被布施了。可是每到晚上，人們就能看到有一腿肉被狗群追著在寺院裡到處奔跑，之後又回到那位老僧人家裡。當時正在閉關的華智仁波切說：「看來那裡貯存著一腿肉，你們把它拿來燒焦煙作佛事。」這樣一來也就相安無事了。

另有一個小孩夭折之後，一位具證上師為他作超度佛事時，這個小孩的神識一直往酥油桶裡跑。上師對（眷屬）說：「看看桶裡有什麼？」原來有一個別人給他（小孩）的燒餅，當上師把燒餅用來燒焦煙作迴向以後，才超度了他。

貪著財產受用的相關公案：

往昔，鹿野苑有一位富裕施主，他通過作大量生意而賺得了七個金瓶，由於吝嗇而將七個金瓶埋在地下。他死後轉生為一條毒蛇守護著那些金瓶。最終那城市已空。那條蛇經歷了許許多多次的死亡，又再度轉生為蛇並纏繞在那些金瓶上，數萬年之中不斷轉為金瓶旁邊的蛇。終於有一天，牠知道了自己因為貪著金子以至於投生為惡劣之身，由此生起厭離之心。於是牠隱藏在路邊的草叢中喊過路的一個人。那個人四處觀瞧卻什麼也沒發現。那條蛇又喊：「到我跟前來！」那人（發現了牠，）說：「你是毒蛇，會害我的，我不敢過去。」毒蛇說：「我要是想害你，你不過來，我也能害你。」那人戰戰兢兢地過去了。毒蛇對他說：「我這兒有七個金瓶，請您帶去供養僧眾。」那人便將蛇裝在箱子裡帶到僧眾面前。用那些金子購買了鮮花和飲食而供養僧眾，那條蛇也高高興興地抬起頭來看，並且聽聞了佛法。牠死後轉生到三十三天。那條蛇即是舍利子尊者的前世；那個人即是世尊的前世。[122]

一位比丘貪著自己的缽盂，死後在缽中轉生為一條蛇，眷屬將此缽供養世尊。世尊擦拭缽盂時，裡面的蛇嗔惱萬分，躥入森林裡，口中燃起嗔恨之火將森林焚盡；牠的神識被地獄烈火燃燒；那位比丘的屍體在尸陀林裡被焚燒。由於貪執一個資具而於一日內燃起了三次大火。

據說，一位比丘貪著自己的一顆精美松耳石，死後

[122]詳見《賢愚經》卷3。

轉生為一隻青蛙。牠的四肢緊緊抱著那顆松耳石不讓人取，死也不放。人們只好將牠四腳朝天，向牠身上倒開水，才拿到了那顆松耳石。

從前，哲蚌寺的一位僧人把自己所擁有的許多銀幣藏在牆縫裡，他死後轉生為一隻蜘蛛在銀子上走來走去，並發出「瑟瑟」聲。隔壁的僧人們聽到聲音後，便去查看，（發現了銀幣和蜘蛛。）他們將銀幣和罪業深重的蜘蛛帶到繞多上師前。上師說：「將它們交給某位屠夫[123]。」那位屠夫一口吃了那隻蜘蛛，彈一聲響指將牠超度了。

一位比丘因貪著法衣而轉生成蛇。

薩巴施主的妻子長得十分漂亮，她與其他商人一起去海洲取寶時命絕身亡，死後因貪執自己肉身的美色而轉為一條蛇，在她屍體的口鼻中鑽來鑽去。這是目犍連尊者親眼所見的。貪執充滿業惑不淨物幻身的漂亮外皮有什麼用呢？其實身體就像塗著美色的不淨物或用綾羅綢緞包裹的荊棘一樣。[124]

一個牧童因貪著石簧[125]，死後在床下轉生成一條石簧蛇。

一位老人因貪著打火器[126]，死後轉成一隻烏龜（形似打

[123]屠夫：他是佛菩薩所化現的。
[124]詳見《賢愚經》卷4。
[125]石簧：投石簧，蜂蝗石子帶。毛繩中間成一小兜，放入石子，雙折掄舞，乘勢鬆其一端，將石拋出的工具。
[126]打火器：古代藏族所用的一種點火的工具，包括（火絨、火石、火鐮）一般繫於腰間的小袋子。

火器），鐵的兩端分別刺入頭部尾部。

有許多類似的公案。

貪著家畜死後轉生為家畜之中的公案也為數不少：

從前舍衛城的一位貧窮施主因為貪著一頭有背傷的牛，死後轉生為牛背傷口中的一隻小蟲，隨即便蝕食（傷口中的膿血）。每天牠都要經歷七次生死。

貪執財產受用是痛苦的根源，甚至在今生中也會遭殃：昔日世尊和阿難尊者去化緣，在路上看到了一個金瓶。世尊說：「這是一條毒蛇，它很快會散布毒氣。」說完就離開了。正在那裡割草的一位老人聽到這話後想：應當去看看那條蛇在哪裡。於是便去觀瞧，結果看見了一個金瓶。他想：比丘們的毒蛇這麼好看啊，被這樣的蛇所纏也心甘情願。於是他把金瓶帶回家裡。勝光王聽說此事後開始追查，那位老人密而不說，差點兒被判處死刑(127)。《因緣品》中也說：「愚者為財毀，不尋求來世，毀願以貪欲，亦可毀自他。」又說：「如同手持黑蛇腰，將毀彼等非法者。」

貪執知心朋友們也是如此：往昔，一人與他人的妻子行邪淫，結果被那個女人的丈夫殺死了。他的神識因貪戀那個女人而轉生到她的胎中。經中說有些貪戀女人的人死後將轉生為女人腹中的寄生蟲。也有許多在好友中轉生為惡魔。

---

(127)詳見《十誦律》卷15。

除了善知識以外，輪迴中沒有助伴。律藏中說：「出生獨自生，死亦獨自死，獨自受痛苦，輪迴無友伴。」又云：「若未見凡愚，將恒時安樂。」因此，我們應當如屍體般捨棄好似怨敵一樣的凡愚惡友。

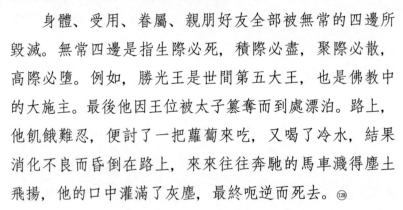

身體、受用、眷屬、親朋好友全部被無常的四邊所毀滅。無常四邊是指生際必死，積際必盡，聚際必散，高際必墮。例如，勝光王是世間第五大王，也是佛教中的大施主。最後他因王位被太子篡奪而到處漂泊。路上，他飢餓難忍，便討了一把蘿蔔來吃，又喝了冷水，結果消化不良而昏倒在路上，來來往往奔馳的馬車濺得塵土飛揚，他的口中灌滿了灰塵，最終呃逆而死去。[128]

明年的此時自他所有人在何處誰也不知道，因此我們必須思維諸法無常、不定的道理。如寂天菩薩說：「一切皆無常，誰貪無常法。」不僅無常總有一天會到來，而且暫時的這些顯現也無有實質，如夢如幻。經中說：「三有眾生如夢境……」龍樹菩薩也曾說：「如是無常與無我，無依無怙無存處，輪迴無實如芭蕉，人君汝心當厭離。」

思維此等道理後，但願我們對任何事物也毫無貪執之心，從現在起就全然放下。

故鄉屬地宅，猶如夢境宅，

願知不成實。

如果貪戀自己的故鄉、歸自己所屬的領域，則將來

---

[128]詳見《根本說一切有部毘奈耶雜事》卷7。

會在這些地方轉為小蟲以上的含生。如若貪戀家宅，則如下面公案：往昔一個吝嗇的老婦女由於吝嗇而極為貪執財物及家室，她死後轉為自家的一條母狗，牠舊習復甦，日日夜夜擔心有盜賊來，因此圍著家宅保護。如今的大多數聰明的家犬肯定是自己父母家人等吝嗇者的轉世。所以，願我們了知這些都如夢中的境域、家宅一樣實際不成實有。可見，一切顯現都是為愚癡無明大睡眠所遮的夢境。因此，具有智慧的人們對於無而明現的萬事萬物通過遣除四邊執的理智去觀察就會認識到一切皆無實義，從而遠離貪執，這是解脫道的殊勝要訣。如龍樹菩薩曾說：「如同某位繪畫師，描繪恐怖羅剎像，彼像令自生畏懼，輪迴患人亦復然。」三界輪迴的一切顯現的的確確無實有、是空性。自己如果心裡常常思維「是無實、是空性」，對斷除實執或多或少會有幫助，甚至對此僅生起（可能是無實空性的合理）懷疑也有很大的利益。如聖天論師說：「薄福於此法，都不生疑惑，若誰略生疑，亦能壞三有。」

從現在開始我們就必須斷除對任何事物的強烈貪執之心。經常串習並觀想：我什麼也不貪戀，一切都沒有什麼必要，這些無有恆常、無有穩固、無有實質、誘騙凡夫的虛幻法有什麼用處呢？現在內心執著實有並貪執這些法，僅說臨終時不貪著，則沒有任何利益。

夢境中的神識要比白天的神識清晰。進一步說，中陰的神識要比臨終的神識清明九倍，因此瞬間憶念立刻就會投生為低劣之身等。從即日起就要放下一切，專心意念觀想往生極樂世界，在有生之年一直念念不忘，這一點相當重要，這也是往生（破瓦）法。對於我們這些沒有修行境界的人來說，除此之外再沒有能斷絕中陰的其他教言了。或者說，儘管有（其他教言）但如果不實修，則臨終結生的教言也無有比這更殊勝的。

己三、發願往生極樂世界：

無解輪迴海，如罪犯脫獄，
願義無反顧，趨往極樂剎。

如是斷絕貪執而往生極樂世界之理：對暫時難以解脫用否定詞，願罪業深重的人離開漫長無有解脫之期猶如鯨魚所居處——恐怖大海般的輪迴，就像重罪的囚犯從牢獄中解脫出來一樣，義無反顧地趨向西方極樂世界。逃脫監獄的囚犯因畏懼刑法、牢獄的痛苦而不願回頭看一眼。同樣，如果想到上述輪迴的過患則也不願意再回顧。

所謂的回顧，是指貪戀世間的資具等。例如，曾有一位上師，他在前往清淨剎土時聽到僧人們在彈奏他那精美的樂器，於是他回頭一看，結果投生為惡魔。

願斷諸貪執，如鷲脫網羅，
瞬間便越過，向西方空中，
無量世界剎，詣至極樂國。

所以，願我們徹底斷絕一切貪執後，猶如鷹鷲從網羅中解脫出來，又如鵝王飛翔或白綾被風吹動一樣，中陰神識如急掣之風一般，向西方的虛空中瞬間便越過無量世間界，到達極樂剎土。譬如，雖然徒步行路十分遙遠，但是內心剎那便可意念。同樣，無有阻礙的中陰意生身被善業之風所吹，以願力相迎，再加上信心歡喜心的推動，無需經過長途跋涉的艱辛（頃刻就可往生到極樂世界）。

己四（發願往生後所獲之功德）分五：一、願獲得妙相隨好身；二、願斷除疑障；三、願得授記聞佛法；四、願赴其他清淨剎；五、願遊不清淨剎土。

庚一、願獲得妙相隨好身：

願面見彼剎，住世無量光，
淨除諸罪障。四生中最勝，
蓮花蕊中生，願得化身生，
剎那身圓滿，願獲相隨好。

願剛一往生到極樂剎土便立即面見於彼剎中住世的阿彌陀佛尊顏，如同昔日珍珠鬘公主朝拜世尊的畫像結果摧毀了見斷⑫⑨一樣淨除惡趣之因等一地的所有罪障。

如果依靠現在的這個凡夫身分修持往生極樂世界的四因，即生不需要得地。《寶性論》等論中說：死時若是大資糧道者，則面見佛陀尊顏、聞佛語後得見道。佛經中也說：「即使以願力和善業力得以往生極樂世界，但罪業深重者，於八萬年期間，聽聞阿彌陀佛宣講正法，

⑫⑨見斷：證得見道時所斷除之障礙。

卻不解其義，僅能見佛光，而不得親見佛真身，也得不到佛光照射。爾後淨除罪障，方能見其顏、知法義、得授記。」這裡所講的和下文中「於蓮花中降生後不得面見佛陀」等道理，可以證明凡夫能往生極樂世界的說法。《佛說大阿彌陀經》中說：「我作佛時，十方無央數世界諸天人民，聞我名號，燒香散花然燈懸繒，飯食沙門起立塔寺，齋戒清淨益作諸善，一心繫念於我，雖止於一晝夜不絕，亦必生我剎，不得是願終不作佛。我作佛時，十方無央數世界諸天人民，至心信樂欲生我剎，十聲念我名號必遂來生，惟除五逆誹謗正法，不得是願終不作佛。」這是阿彌陀佛的發願力所致。若是罪障深重者及有懷疑者，則不得面見阿彌陀佛，當面見佛陀時就會淨除業障。

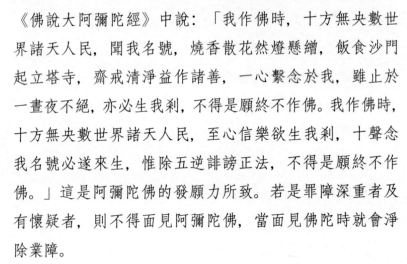

化生、胎生、濕生、卵生四生之中最殊勝的是化生，因為對自己及父母無害的緣故。化生也有許多種，其中在蓮花中化生最為殊勝。因此，願我們在珍寶蓮花的花蕊中僅以意幻便得以化生。如同在中陰界時想要入胎投生即能入胎一樣，專心希求於極樂世界蓮花中化生，這一點極其重要。化生不需要像胎生那樣漫長，剎那間整個身體全部圓滿，但願獲得具足妙相隨好的殊勝身體。

庚二、願斷除疑障：

因疑不往生，於五百年中，

雖具樂受用，聽聞佛語聲，

然花不綻放，延誤見佛顏，

願我無此過，往生花即開。

此外，智慧淺薄、具有貪執、尋思、分別之人會想：到底能不能往生呢？即懷有疑慮、三心二意的人儘管以修持（往生極樂世界）四因之力可以往生彼刹，但因為懷疑之障將於五百年中住在蓮花裡，並且認為（蓮花）是一個樂園和無量宮，雖然具足安樂受用而無有粗大的痛苦，可實際上這裡（蓮花中）也是一個珍寶牢獄。雖說能夠聽到佛的法語聲，而在此期間蓮花不綻放，因此有既延誤面見阿彌陀佛和諸菩薩的尊顏又延誤聽聞浩瀚妙法及修持廣大善行等的過失。倘若自己、他人毫無懷疑地修持四因，則不可能出現此類過患。願自他不出現這類過失，往生極樂世界後，蓮花立即開放，面見阿彌陀佛具足妙相隨好的尊顏。經中說：「彌勒菩薩請問世尊：『我見彼刹有些眾生住於蓮花中，有些於蓮花上金剛跏趺而坐，其因為何？』世尊答言：『前者懷有疑心修持善法發願往生，後者無有懷疑修持善法故……』宣說了諸多喻義。這種過失也是由於對佛語不誠信而導致的，具有堅定信心的人不會出現此類過失。

因此，（我們平時）也要這樣發願：願我們誠信佛語。一般來說，佛語有了義、不了義的各種差別，然而，如果尋思觀察此等往生法門了義、不了義則不能獲得成就。如頌云：「分別觀察尋思者，彼將遠離諸悉地。」縱有虛空成為有實法、日月墜於地上的可能，但阿彌陀佛的願力及佛語何時也不可能欺惑我們。對於佛陀智慧力所洞悉之義，聲聞、緣覺阿羅漢也不能了知。雖然我們自己不知道能否往生極樂世界等，可是佛陀不可能不知曉，因此我們應以佛陀的遍知智慧作證，遣除猶豫不決的心理而修持往生極樂世界的四因。如寂天菩薩說：「牟尼無欺言，奉行必獲益。」

佛陀宣說極樂剎土莊嚴時，阿難尊者說：「世尊，我對彼剎無有疑惑、懷疑、猶豫，我為了遣除未來眾生之疑惑、懷疑、猶豫而向如來請問此義。」對此我們應當誠信。

願見無量光，以福力神變，
手掌中放出，不可思供雲，
願供佛眷屬。

願我們一到佛陀面前便以如今修持四因的福德力及佛陀的發願力加持而生的神變力，從雙手掌心放射出不可思議的所欲供雲供養阿彌陀佛及其眷屬。

如今極樂法會中，作供養時，不是兩手空空，而是盡力供養，到那時（往生極樂世界後）只要意念手中就會出現供品。依靠這樣的神變和福德力也可前往其他剎土而積累廣大福德。

庚三、願得授記聞佛法：

爾時願如來，展右手摸頂，

得菩提授記。聞深廣法已，

願熟解自續。

獲得八地時，如來伸出他那由百種福德而成象鼻般的右手為我摸頂並說：「善男子，你於未來某時某地成佛，佛號某某。」願獲得殊勝大菩提的授記。

一旦聽聞到甚深空性、廣大六度萬行等無量法門後，願成熟、解脫自相續。我們從現在開始聽聞一句法義而生起一剎那信心也要成熟這個堅固的相續，想方設法使自心相續脫離邪見等粗重的煩惱。到那時聽聞法要同時就可成熟解脫心相續。

願佛二長子，觀音大勢至，

加持並攝受。

此外，願佛陀的主要二大長子觀音菩薩和大勢至菩薩也以正法加持我相續，並以大慈大悲心攝受我。

每日中十方，無量佛菩薩，

供養無量光，蒞觀彼剎時，

願承侍彼等，獲得法甘露。

每日中，十方的無量佛菩薩以願力為供養阿彌陀佛、參觀極樂世界而光臨時，願我也供養承侍他們，並在其前獲得正法甘露。如經云：「為拜導師無量光，圓滿佛陀及菩薩，從恒河沙數佛剎，前往極樂世界也。」

庚四、願赴其他清淨剎：

以無礙神變，願上午前赴，

現喜具德刹，妙圓密嚴刹。

獲得一地時具有一刹那現見一百刹土、面見一百尊佛等無礙神變，願以此神變力於上午時前往東方現喜刹土、南方具德刹土、北方事業妙圓刹土、中部密嚴刹土，（加上極樂世界本身）即五部佛刹。

不動寶生佛，不空毗盧佛，

求灌頂加持，受戒作廣供，

傍晚無艱難，返回極樂國。

向那些刹土中安住的不動佛、寶生佛、不空成就佛、毗盧遮那佛等五部佛及諸菩薩請求金剛乘的灌頂、加持、戒律等顯密數多法要，為表酬謝以眾多供品供養他們，在傍晚時分毫無艱難地返回自己的住處——極樂國土。

普陀楊柳宮，鄔金妙拂洲，

十億化身刹，願見觀世音，

度母金剛手，蓮師十億尊。

此外，位於南方的普陀山、東北的楊柳宮、西南妙拂洲中的銅色吉祥山、西方鄔金空行刹等百俱胝（十億）度化眾生的化身刹土中安住著觀世音菩薩、至尊度母、金剛手及蓮師等百俱胝主尊。

奉如海供品，求灌頂深教，

速直返自刹。

願我們能面見這些菩薩並奉獻內外密如海的供品，請求法相因乘的法門及金剛乘的共與不共灌頂、甚深教言，之後依靠佛陀的加持力和自己的神變力，無有阻礙迅速地返回自己居住的極樂世界。經中說：「以神變力遊眾剎，供養數俱胝佛陀，於善逝前作供養，傍晚返回極樂剎。」並非見到的只是化身剎土及化身而根本見不到報身，因為獲得一地以後也有相應見到報身等的種種情況。

實際上，極樂世界沒有日月、星辰、晝夜等名詞，只是以佛的智慧安立為晝夜、年月等。雖然沒有晝夜的差別，但根據蓮花開閉、鳥兒是否鳴叫等也可區分白天、夜晚。極樂世界的上午、下午、年、劫等是以佛的遍知智慧而說的，按照人間晝夜來計算，我們此世間的一劫等同於極樂世界的一天。

庚五、願遊不清淨剎土：

願天眼明見，生前友侍徒，
加持並護佑，亡時接彼剎。

願那時以清淨無垢的天眼明晰見到現在與自己有法緣、未破誓言等遺留下的親友、侍者、弟子等，保護他們免遭違緣逆境，使之具足順緣，並以等持等加持他們的相續，待他們命終時再接引到極樂世界。以此（前面提到的眾生）為主，發願饒益不清淨的一切眾生。如《普賢行願品》中云：「彼佛眾會咸清淨，我時於勝蓮華生，親覩如來無量光，現前授我菩提記，蒙彼如來授記已，化身無數百俱胝，智力廣大遍十方，普利一切眾生界。」

這些道理在下文中也有提及。聖者龍樹菩薩、薩迦法王根嘎釀波等印藏新舊派的諸多大成就者，如今都住在極樂世界，我們也應當精勤追隨他們。

賢劫一大劫，極樂剎一日，

無數劫無死，願恆住彼剎。

此賢劫中的一大劫，相當於極樂世界的一天[130]。願於以此計算的無數無量劫中連死亡之聲也不復存在、恆時在極樂世界具足妙身而安住，當然這裡不包括依願力顯示死亡。

彌勒至勝解，賢劫諸佛陀，

降臨此剎時，以神變詣此，

供佛聞正法，爾後願無礙，

返回極樂剎。

未來從怙主彌勒佛到勝解佛之間賢劫殊勝的導師千佛等降臨（出世）於此娑婆世界時，願自己也以神變力來到此世間，供養這些佛陀，並在轉法輪的佛陀前聽聞正法，之後再以無礙神通返回極樂世界。

前文中已大量引經據典。

所以說，從現在起必須精進積累資糧，發清淨願。若等待以後死亡時指望一位上師，那位上師也要依靠阿彌陀佛，再看能否將死者引到極樂世界，除此之外別無

[130]《大方廣佛華嚴經（卷45）》：「此娑婆世界。釋迦牟尼佛剎一劫。於極樂世界阿彌陀佛剎。為一日一夜。」

他法。而到那時，（這樣往生）是極為困難的，誠如鄔金蓮花生大士說：「神識未離肉身勤行法，靈牌之上灌頂時已遲，意識漂泊中陰如愚狗，彼時引導善趣有困難。」

通常而言，雖有發願能否得以實現要根據賢劫惡劫的說法，但是發願能得實現之因主要是觀待積累福德資糧，所以具有福德的人可以實現一切所願。如頌云：「具有福德者，成辦諸所願。」尤其是，發願往生極樂世界完全依靠自己的信願與阿彌陀佛如今已得實現的諸多宿願力，如果這二種願力和合，那麼很容易成辦所願（往生極樂世界）。

若有微乎其微的有漏善根，則發惡願也很容易實現：往昔，一個叫能空的年輕人被許多軍兵殺害，臨死時他發了惡願，以他曾供養舍利子尊者齋食的善業力，惡願成熟，結果他轉成了一個牧區的黑夜叉。

鄔金蓮師、靜命堪布、國王赤松德贊昔日修道時，建造夏絨卡繡佛塔過程中一頭運土的公黃牛因發惡願而投生為朗達瑪國王。

一位名叫德巴的施主有一位阿羅漢哥哥名為近部。那位阿羅漢在家時曾與德巴的妻子作過邪淫。德巴一直懷恨在心，又有女人從中挑撥。於是，德巴給了一個獵人五百兩黃金讓他殺死那位阿羅漢。那個獵人不敢去殺，結果放毒箭射中了德巴。德巴臨死時想：一定是近部施計殺了我，願我死後殺死他。因為發了這樣的惡願，他死後在近部住所門下轉成一條蛇，近部尊者開門時將牠夾死，又在門框上轉成一條蛇，不久又喪命。後來在凳子下面轉成一條蛇，結果又被凳腿壓死了。之後在上方（天棚）的綠板中轉成蛇。（這條蛇）落到正在坐禪的近部阿羅漢身上，致使他的身體裂成百瓣而圓寂。[131]

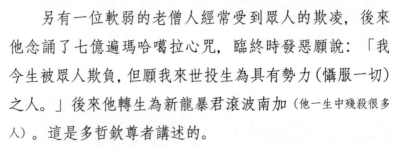

另有一位軟弱的老僧人經常受到眾人的欺凌，後來他念誦了七億遍瑪哈噶拉心咒，臨終時發惡願說：「我今生被眾人欺負，但願我來世投生為具有勢力（懾服一切）之人。」後來他轉生為新龍暴君滾波南加（他一生中殘殺很多人）。這是多哲欽尊者講述的。

據說東方有位大官名叫瓦多，他與革蒙的蔣揚夏巴結仇多年，爭鬥不休，最後蔣揚夏巴也未能制服瓦多。瓦多死後，他的盲眼兒子瓦龍繼續與蔣揚夏巴作戰，最終瓦龍失敗了。後來瓦龍念誦了兩億觀音心咒，因臨終時發惡願而轉生為一個惡魔，在革蒙興妖作怪。諸如此類的公案多之又多。

因此，即使做成一件善事也要發善願，正確迴向，萬萬不能作顛倒迴向。

此極樂願文是因易修、果易成的稀有捷道。當今的人們都能夠修持此四因，只要修持，那麼任何人往生極樂世界也不會有困難。往生後，無論如何下劣的人再不可能由業力牽引墮入惡趣，因為依靠阿彌陀佛強有力的

---

[131]詳見《賢愚經》卷10。

發願，最終只會成佛而不會退轉。因此，希望大家對此不要尋思觀察，否則會斷絕隨行別人的疑惑者和具信心者的資糧，危險性極大。

一般來說，只有得地以上的聖者才能往生報身刹土。化身刹土中也有諸如五濁氾濫、器情世界十分衰敗的刹土，此類刹土，雖然容易往生，但因為這些刹土是業力之地，所以很容易退轉。有些清淨化身刹土中遍布著大菩薩等器情世界十分圓滿，因此除了得地菩薩以外，其他人很難往生於此。

對於極樂世界來說，僅僅依靠積累修持四因的資糧及阿彌陀佛的願力也很容易往生。對某一（刹土）有信心就容易修成。修此法的人們都是對極樂世界有極大信心的，甚至在家人互相問好也說：「願你往生極樂世界。[132]」如《普賢行願品》說：「面見彼佛阿彌陀，即得往生安樂刹，我既往生彼國已，現前成就此大願。」這是相互祝福的吉祥緣起，也是佛陀的加持力。如《入行論》中云：「猶於烏雲暗夜中，刹那閃電極明亮，如是因佛威德力，世人暫萌修福意。」哪怕是念誦一句觀音心咒的善根也應當誠心發願：「願自他一切眾生往生極樂世界。」從勝解行地到佛果之間的一切修法均可包括在《普賢行願品》中。其中，初學者也應發願依靠凡夫身分修持往生極樂世界之因，往生後現前成就一切所願。

---

[132]相當於漢傳佛教常用的口語「阿彌陀佛」。

戊二（思維剎土功德而發願）分二：一、總說；二、別說。

己一、總說：

八百一十萬俱胝，那由他佛之佛剎，

功德莊嚴皆合一，願生勝過諸剎土，

無上殊勝極樂剎。

往昔，世自在王如來在俱胝年中為法藏比丘宣說八百一十萬俱胝那由他佛的所有佛剎之一切功德莊嚴。法藏比丘也都銘記於心，在五劫中觀想，並將所有剎土的莊嚴功德合而為一，發願受持勝過其他一切剎土、圓滿殊勝、至高無上的剎土。之後他在多生累劫中積累資糧，圓滿修成剎土，就是如今得以現前的極樂世界，願我們往生彼剎。即使對於此剎土微小的殊勝功德，若加以廣說，則佛陀於數劫中也說之不盡。在這裡是為了令大家心生歡喜、積累資糧而簡明扼要地作了說明。

己二（別說）分二：一、器世界之功德；二、情世界之功德。

庚一分三：一、大地之功德；二、妙樹之功德；三、水與花之功德。

辛一、大地之功德：

珍寶大地平如掌，寬敞明亮光閃閃，

壓陷抬反富彈性，願生輕滑舒適剎。

在極樂世界，由許多珍寶組成的大地無有高低不平之處，而是平坦宛如少女的手掌。無論從何處觀看都毫無凹凸，面積極其廣大，無邊無垠，無有垢染十分明淨，並且以珍寶自身的光芒及阿彌陀佛身體的光芒照射在地上面而閃閃發光。又不是像石頭一樣堅硬，一落腳則會陷下四指深，抬足則完全反彈回來，極為柔軟，腳一接觸就會產生無比的舒適感[133]，猶如絲綢的軟墊一般所觸十分光滑，無有沉重感而是極其輕柔，願我們往生彼剎。

想到我們現在所在器情粗糙、痛苦自性的這個不清淨剎土後生起厭煩心，觀想寂樂功德之自性的極樂世界後生起無比歡喜心，以強烈希求心發願往生，這一點十分重要。

辛二、妙樹之功德：

眾寶所成如意樹，樹葉錦緞珍果飾，

彼上幻鳥出妙音，鳴唱深廣妙法音。

願生極為希有剎。

在極樂世界，每一珍寶樹木都是色彩繽紛，每一顆樹木全是由金根、銀幹、琉璃枝、水晶葉、冰珠石瓣、紅珍珠花、瑪瑙果實七寶而成。有些是由一種珍寶組成或者兩種、三種等珍寶而成，各不相同。此類樹也是依靠阿彌陀佛的福德力和自己所積的福德力所致的增上果，能如願滿足自己心中所想的一切所需。寶樹的邊緣由許

[133]《稱讚淨土佛攝受經（卷1）》云：「極樂世界，淨佛土中，周遍大地，真金合成，其觸柔軟，香潔光明。」

許多多的羅樹（達拉樹）圍繞，由樹葉冠冕等各種珍寶飾品和上品錦緞、種種果實及眾多珍寶瓔珞嚴飾。樹上有不是惡趣旁生而是阿彌陀佛幻化的各種鳥類，如好聲鳥、布穀鳥、杜鵑、鸚鵡等，有如海螺般純白、如松石般碧藍、如珊瑚般鮮紅等各種顏色，令人見而悅意。他們發出如琵琶聲般悅耳的妙音，令人一聽便心神安謐。鳴唱深廣的妙法歌，讚頌三寶的功德等，傳出各種各樣的聲音，從而剎那間可息滅心中的迷亂分別念，產生無比安樂的感受等。所以，願我們往生到如此極為稀有的剎土中。

辛三、水與花之功德：

眾具八支香水河，如是甘露諸浴池，
七寶階梯寶磚圍，芳香蓮花具果實，
蓮花散射無量光，光端嚴飾化身佛，
願生極其希奇剎。

在極樂世界，由於天樹達瑪拉、沉香、漢香、蛇心栴檀等香樹的樹根浸在水中而使河水妙香撲鼻，又因為遍布金沙而遠離泥垢，悄無聲息地緩緩流淌，具足本性清涼、味甘美、形相輕、所觸柔軟、無垢（無臭）、色淨、若飲不傷腹、不損喉八種功德的眾多河流被千姿百態的鮮花掩映，中間有天鵝、黃鴨、丹頂鶴等競相嬉戲。那些水深達十由旬，面寬從百由旬到千由旬之間。同樣，甘露自性的諸浴池也是由七寶階梯及紅珍珠等寶磚圍繞；可順利進入其內，只要沐浴一次，自相續中便可生起殊勝禪定。浴池的外面四周到處遍布著天界的青蓮花、蓮花、睡蓮、白蓮等具有芳香果實的鮮花，面積可達一由旬等。所有蓮花都放射出無量光芒，每一光端都有無數化身佛嚴飾，他們前往佛未出世的其他剎土中饒益眾生。因此，願我們往生具足極其稀奇美景的極樂剎土。

庚二、情世界之功德：

無八無暇惡趣聲，病魔煩惱三五毒，
怨敵貧乏戰爭等，彼剎未聞諸痛苦，
願生極其安樂剎。

在極樂世界，連八無暇、三惡趣的名聲也不會聽到，更何況說真正感受那些痛苦呢？既沒有貪心等三毒、五毒煩惱，也沒有由煩惱引起的殺生等惡業。在此剎土中，因集諦業惑產生的四病患、八萬男女魔、盜竊掠奪的怨敵、財食貧困缺乏、相互發生戰爭砍殺等一切痛苦的名聲也不曾聽過，更何況說真正出現呢？願我們往生如此極其安樂的剎土。

無有女人無胎生，皆由蓮花苞中生，
諸身無別金黃色，頂髻等相隨好飾，
五眼五通悉具足，願生無量功德剎。

在極樂世界，甚至連惡業所感的女人名稱也不存在，沒有從不淨母胎中降生的，凡是生就是由蓮花苞中化生，並且所有的身體無有大小、美醜等差別，一律具足金黃色，由頭上頂髻等妙相隨好嚴飾，因為具備神境通、天眼通、天耳通、宿命通、他心通、神足通六通，所以一剎那間便可前往俱胝那由他剎土，現見一切剎土，聽聞那裡的一切粗細聲音，了知那裡一切眾生的心相續。具足肉眼、天眼、慧眼、法眼、相似的佛眼五眼，而無有自他之想，並具有慈愛、憐憫一切眾生的慈悲心及陀羅尼辯才等如海的智慧，因為禪定獲得自在使得內心猶如山王一般等等功德無量無邊。願我們往生具足無量功德的剎土。在此對五眼的功德並沒有引用教證來說明。

自然眾寶無量宮，所欲受用意念生，
無勤任運所需成，無有你我無我執，
所欲供雲手掌生，行持無上大乘法，
願生諸樂之源剎。

在極樂世界，有不是通過辛勤勞作建造而是由福德力自然顯現、由各種珍寶組成的成百上千層殿宇所嚴飾的無量宮，衣物、飾品等一切所欲受用也僅以意念便可出現，不需勤作，一切所需任運自成，令人心滿意足，而且既不存在「你的我的」之說，也無有人我執、法我執。因此，理所應當對現今我們所擁有的、需要歷盡積累守護增長痛苦的家室及財物等生起厭離心，而發願往生極樂世界。在那裡，所需要的一切供雲，只要心裡一想便出現在掌中，一剎那也能積累廣大的福德資糧。而在這裡（娑婆世界中）雖然想要積累福德，但因為往昔的業力所致供品極其乏少。在極樂世界沒有任何扶親滅敵、經商

務農等事，所有眷屬全部是享用無上大乘正法者。《白蓮花經》中說：「（極樂剎土）

無有聲聞緣覺。」《彌陀經》中也說：「淨除聲聞。」在極樂世界中無有墮入寂滅一邊的聲聞緣覺，遍滿變為大菩薩的聲聞阿羅漢及一來大菩薩[134]。這裡並不存在意想不到的死墮等。因此，願我們往生於身心安樂、一切功德之源的極樂世界。

香風普降妙花雨，諸樹河蓮中恆生，

悅意色聲香味觸，受用以及供雲聚，

雖無女人眾化身，供養天女恆時供。

此外，上午從四方飄來的香氣芬芳的風吹動那些樹木時，就會降下相當於站立七人身量許的妙花雨，令人舒心悅意。以前枯萎的花被風一掃而空，鮮花又如前一樣鋪遍大地，晝夜各降三次花雨。中間也有由大地功德嚴飾、賞心悅目的寂靜處。

所有樹木、蓮花、河流中，恆時生出悅意而美麗的色法、動聽的聲音、芬芳的香氣、甘美的味道、柔軟的所觸等一切受用供雲。雖然在此無有不清淨的女人，但卻有佛陀幻化的天子天女眾和七千七千等許許多多的供養天女，她們時時以各種供品供養每一位菩薩。

欲安住時無量宮，欲睡眠時妙寶座，

具眾錦緞被墊枕。

---

[134]一來大菩薩：指一生中成佛的菩薩。

想安住時，只要心裡意念便可出現珍寶無量殿；想睡覺時，只要心裡意念就會出現美妙的珍寶座，上面有天界棉布等色彩斑斕、層層絲綢錦緞的被墊枕等臥具。

鳥樹河流樂器等，欲聞時出妙法音，

不欲之時即不聞，

想聽聲音的時候，幻化的百靈鳥（梵語為迦蘭陀鳥）等鳥類的鳴唱、樹被風吹動的聲音、河流的妙音以及空中天人的樂器等都會發出宣說三寶、十地、十波羅蜜多等妙法的音聲。聽後不離隨念。假設想入定坐禪等而不想聽聲，則任何聲音也不會傳入耳中。

彼等甘露池溪流，冷暖適度隨所欲，

願生如意所成刹。

那些甘露、池塘、河流也是隨自己的意願想熱就熱，想涼就涼，沐浴時水僅僅沒過身體等，水的多少也隨各自的要求而現。願我們往生於一切稱心如意的極樂刹土。

戊三、思維主尊功德而發願：

彼刹阿彌陀佛尊，住無數劫不涅槃，

願於此間承侍彼。

在此極樂世界，圓滿正等覺阿彌陀佛的壽量無法衡量，於不可思議的無數劫中不趣涅槃而住世。願我們於此期間在佛陀身邊恭敬承侍。

一旦佛陀趣涅槃，二恆河沙數劫中，

教法住世之時期，不離補處觀世音，

願於期間持正法。

因為極樂世界是殊勝化身刹土，所以有朝一日阿彌陀佛色身會示現趨入寂滅的法身界中，之後其教法證法在二恆河沙數劫中住世，爾時阿彌陀佛的繼承人是法太子觀世音菩薩，願我不離他左右並能於此期間繼承、護持、弘揚教法證法。

黃昏法沒次黎明，觀音現前成正覺，
爾後彼佛名號為，勝光妙聚王如來，
願供奉彼聞正法，壽量六百六十萬，
俱胝那由他劫久，願恆恭敬承侍彼，
不忘總持受持法。

當（阿彌陀佛的教法、證法）住世期圓滿時，在黃昏時分其佛教正法隱沒，到了次日黎明之時，法太子觀世音菩薩現前成佛，佛號勝光妙聚王[135]。爾時，願我供養、侍奉他並在其前聽聞、受持、宣揚正法。勝光妙聚王佛壽量長達六百六十萬俱胝那由他劫之久。願我那時恆常恭敬承侍供養他，並能以不忘陀羅尼（總持）受持一切正法。現在我們絕不能對他人講法製造違緣而要提供順緣。如果自己也能銘記此《極樂願文》及一句以上的法義，那麼未來就會獲得不忘陀羅尼。

涅槃之後彼教法，住世六億三十萬，

[135]《觀世音菩薩授記經》中稱為普光功德山王如來，《悲華經》中是遍出功德光明佛。

俱胝劫間持正法，願恆不離大勢至。

大勢至現前成佛，爾後彼佛名號為，

堅德寶聚王如來，壽量教法等觀音，

願於期間恆承侍，供品供養持諸法。

彼佛（勝光妙聚王佛）示現涅槃後，其教法住世六億三十萬俱胝劫，願我能在此期間受持一切正法並且恆時不離其繼承人大勢至菩薩。爾後，大勢至菩薩成佛，佛號堅德寶聚王[136]，他的壽量教法（住世期）全部與觀世音菩薩相同，願我於此期間也能恆時承侍供養彼佛（堅德寶聚王佛）並受持佛教一切正法。這些在《大悲白蓮經》中有廣述，若有興趣可參閱。

戊四、發願自己最終成佛：

願我壽命盡立即，於彼剎或他淨剎，

獲得無上正等覺。

祈願我住在極樂世界的壽命一旦完結之時，以先前圓滿的福慧資糧，立即在極樂世界或其他清淨剎土中獲得無上圓滿正等覺果位。

成佛後如無量光，僅聞名號熟解眾，

化身無數引眾生，無勤任運利有情。

成佛之後也與怙主阿陀彌佛一樣，具有眾生僅聞我名號就能成熟解脫相續、不可思議的功德與智慧，以幻

[136]《觀世音菩薩授記經》中稱為善住功德寶王如來，《悲華經》中是善住珍寶山王如來。

化出無數化身引導十方眾生等不可思議的大悲事業，無勤之中恆時以周遍任運的方式饒益無量無邊的有情。

這以上已宣說了往生極樂世界的第四因——迴向及發願。

見此痛苦輪迴牢獄已，深深生起厭離善緣眾，
若以喜心嚮往清淨剎，願佛對此心願作證人。

第四因——發清淨願終

《彌陀經》中主要宣說往生極樂世界的第一因，即再三觀想阿彌陀佛。《無死鼓聲經》⑬⑦中宣說了觀想彼剎器情世界的所有功德，發願獲得此等功德，因而這是一大要點。這部《極樂願文》淺顯易懂，所以在家男女們在念誦時心不能散亂而要一心專注在詞義上，口中念誦詞句的同時心裡要發願。

對於極樂世界中的圓滿安樂，自己也要參看極樂世界唐卡或者聆聽上師講解時看看依靠極樂願文的詞句是否已明白，並且要銘記於心，這一點相當關鍵。甚至僅僅了知而憶念極樂世界的一朵花或那些鳥類的功德，也可清淨心裡的障礙並積累廣大福德，因為這些都是阿彌

⑬⑦《無死鼓聲經》：即漢地《鼓音聲王經》，全稱為《阿彌陀鼓音聲王陀羅尼經》。全一卷，譯者不詳。內容為佛在瞻波大城，為諸比丘說阿彌陀佛父、母、子、侍者、上首，及魔等名。次說神咒，十日修行。必生彼國。

陀佛的願力與福德力所形成的，所以與觀想真佛的功德無有差別。

一般來說，（大多數凡夫人）如果聽到某處有一個美麗安樂的地方就會十分嚮往，再三詢問那裡的情況。對於宣說了極樂世界的幸福安樂受用的諸多功德，則毫無興趣，毫不羨慕，也不知道詢問彼剎情況，這些人實在是愚不可及，他們已經步入了可怕的歧途。看看現在，有的人聽到別人說「在一隱蔽地方有許多飲食」的話，於是捨棄自己的一切資具立即前往，結果白白地空跑一趟而一無所得，最後垂頭喪氣、十分沮喪地返回來。任何（經論中）也沒有說過不需要積累一分資糧便可不捨肉身往生清淨剎土。我們無需對極樂世界的有無產生懷疑，也不需要歷經千辛萬苦便可往生，往生以後不需返回。如今我們毫不費力地精進積累資糧，發願往生，則不費艱辛便可抵達極樂世界並享受究竟的幸福安樂。

丙二、以宣說持佛號之功德而結尾：

善逝壽量及福德，德智威光皆無量，

法身無量光佛陀，壽智無量出有壞。

祈禱從即生起便可獲得持佛名號的加持，正如前所說善逝無量光身壽的無量功德，（阿彌陀佛）於許多大劫中積累浩如煙海的福德智慧資糧，而具足了因二資的無量功德、果十力四無畏等如海的無量斷證功德；五智等智悲力的無量功德；見無違逆、勝過他眾的廣大福德、威光無量等色身的功德；四身五身任運自成的無量功德。

何人持誦您名號，除非往昔業異熟，

水火毒兵夜羅剎，佛說諸畏皆可救。

以信心專注隨念此等無量功德之後需要持誦佛號，持誦他的任何一種名號都可以：法身無量光佛，怙主阿彌陀佛，因為壽量、智慧不可估量，所以也稱為出有壞。任何善男信女持誦善逝您的此等不同名號並且毫無懷疑地祈禱，這些人除非是往昔惡業的異熟果暫時成熟不可避免以外，其他違緣障礙的損害，諸如水、火、毒、兵器，羅剎、夜叉等一切怖畏皆能救脫，這是大能仁在《無死鼓聲經》中所說的無欺教言，對此一定要深信不疑。

我持佛號頂禮您，祈救一切怖畏苦。

吉祥圓滿祈加持！

我觀想根本上師等一切皈依處集於您一身，以「一切所作您盡知」的信心受持（心中意念）您的名號，並且口中念誦，身體恭敬頂禮，誠心祈禱您救脫暫時的一切怖畏及究竟生死中有的所有痛苦，還有前面迴向支中所說的暫時諸利益以及此處所講的遣除壽障等。

總而言之，願今生來世身語意時時刻刻與正法相應，息滅修法的一切違緣，如意成辦順緣，最終往生極樂世界後成佛等，祈禱您加持賜予生生世世中吉祥圓滿的善妙。心裡這般思維後就要發願。

如是由憶念佛陀的功德而生起信心，功德極大。如《因緣品》中云：「何人百年中，每月千供施，不及信佛福，十六分之一。」

在如今的濁世，裡裡外外的恐懼多到極點，依靠祈禱世間的大力天神等其他任何方法也難以救護，沒有比祈禱一切皈依處的總集圓滿正等覺阿彌陀佛更殊勝的了。尤其是邊鄙邪教氾濫猖獗之時，許多惡物、惡咒的危害頻頻出現，如果祈禱阿彌陀佛，這些根本不能損害到自己。這是殊勝上師的口傳教言，望大家切切莫忘，銘刻於心。

《日藏經》中說：「有情誰人皈依佛，俱胝魔眾不能害，縱然破戒心煩亂，彼亦定能趨涅槃。」即使墮入劫末熊熊烈火之中，如若祈禱佛陀，也不可能被焚燒，甚至也能救離地獄火，更何況說一般的火災？

從前，一群商主去海島（取寶），途中一條大鯨魚劫持住船隻不放。這時有些人祈禱世間神等。其中一位居士商主知道如果祈禱佛陀則可解脫怖畏，便對大家說：

「我們頂禮佛陀吧。」結果鯨魚鬆開了船隻，他們順利到達目的地。那條鯨魚因聽到佛號，死後轉生到天界中。[138]

以信心皈依佛陀的人，毒蛇、大黑龍的毒氣也不能損害他。這方面的公案有許多：據說，一人晚間行路，在途中休息時將盤臥在地上的毒蛇誤認為是一段木頭而坐在上面。當毒蛇準備害他時，他祈禱至尊度母而倖免於難。

如云：「不共戴天的仇敵投以兵器時，如果憶念佛陀則不會被兵器所傷，並且敵方的兵器將折斷；如果憶念觀世音菩薩，那麼怨敵的兵器會散落；倘若祈禱鄔金蓮花生大士，則劊子手將驚恐失措，兵器落地。」

如若受皈依戒則何時也不會被兵器擊中等等，經中也講了許多。

有一次，眾多商人在一處設營居住時，一個凶猛的非人夜叉與妖作怪使黑風四起，商人們不知所措，後來祈禱佛陀。佛陀刹那間便降臨那裡，解救了他們。

一個名為黑珠內的夜叉，在牧區地方坑害百姓，向人們收取他們的兒子來吃。（人們要向它交稅般地將兒子交給他。）輪到一對夫妻，他們要將獨生兒子用來交稅，因為那位母親皈依圓滿正等覺佛陀，佛陀知曉後，瞬間降臨到那裡，為夜叉宣說正法使它皈依。施主將食物與兒子帶到夜叉面前時，夜叉接受食品，而將那個孩子送到世尊手

[138]詳見《眾經撰雜譬喻》卷2中摩竭大魚的公案。

中。世尊將孩子遞到施主手裡，使他也解脫了危難。

佛陀的化身巴拉哈馬王使許多商人從羅剎洲中獲得解脫等。[139]

皈依祈禱佛陀，能救脫野人的怖畏：從前，一戶人家的女人去參加節日宴會時，借了別人的一件衣服，結果弄丟了。她讓一個跛足老裁縫縫紉，因擔心裁縫被自己的丈夫發現，於是將他裝在一個口袋裡，晚上放在室內深處。這時，來了一個盜賊，取出她家中的袋子背走了。路上他覺得袋子特別沉重，暗想：這個袋子裡一定全是珍寶。繼續向前走。走著走著，老裁縫在裡面撒尿，漏到了袋子的外面。盜賊正好看見月亮升起。他又想，從月亮升起漏水這一點來看，這袋子裡一定有水晶珍寶。到了一處森林中，他打開袋子一看，裡面竟然是一個老跛子。所有的盜賊氣急敗壞，準備殺他。老裁縫非常害怕，他立即皈依佛陀。佛陀瞬間便降臨到那裡，連同野人一同予以調伏。[140]

救脫野獸等之威脅也同樣有公案：一個小女孩去採花，那裡有一頭吃人的狂象，準備吃她。她驚恐萬分，馬上祈禱度母，結果狂象對女孩生起歡喜心，用鼻子把她抬起，恭敬承侍並帶到城市中。人們甚感稀奇，都說：「這個凶猛的狂象都能這般恭敬承侍，這個女孩一定是具廣大福德之人。」後來她成了國王的王妃。

[139]詳見《六度集經》中驅耶馬王的公案。
[140]此例於《百業經》第十三跛子公案中有廣述。

一個叫勒滾秋嘉的獵人，赤身裸體，從一棵樹後，準備暗中向獐子射火箭，這時一個人熊從後面走過來把他壓在下面搓揉，他知道念誦蓮師遣除違緣的祈禱文：「虎豹熊羆及毒蛇，曠野險隘猝相逢，意勿疑豫敬祈請，我與勇猛護法俱，驅除毒有情無疑，祈請鄔金蓮花生，遂欲賜成願加持。」祈禱蓮師救護，結果人熊放鬆下來，待了一會兒就從他身上緩緩下來了，僅用眼角看了一下便逃走了。有許許多多此類公案。

關於救脫被國王懲罰之難，許多經論中說：如果祈禱佛菩薩則可從囹圄中解脫出來。聽說莫涅[141]地方有一個老盜賊，在加拉時期入獄並被判處無期徒刑，被投在十分恐怖的牢房中，手腳全部帶上鐐銬。因為他念誦《遣除違緣祈禱文》而並沒有感受悲慘的苦痛。一天，他感到所有的手銬腳鐐好像都自然解開了，他想：這是怎麼回事？一看，果然解開了。這時鐵門也自動打開了，一位身著白衣的人喊他：「你不想走嗎？」他想：在光天化日之下，別人會看見吧。但他仍戰戰兢兢地（跟著那人）逃出牢房。路上雖然遇到了許多人，但他們誰也沒有看到他，他順利地回到家裡。所以，若祈禱阿彌陀佛及其化身，則今生也可獲得加持，現世現報。

此外，（有則公案：）勝光王有一個相貌醜陋具有諸多噩兆的女兒，後來嫁於別人為妻。那家人也不敢讓

[141]莫涅：四川康定縣和道孚縣一帶。

她露面，把她藏在一房子裡鎖上門。她十分悲傷，祈禱佛陀。佛陀親自降臨，身體放光而打開了房門，她一見到佛的身體，自身的一切惡業異熟果都得以清淨，變得美如仙女。[142]

尤其當今是以忿怒法不能調伏而是以寂靜法方可調伏的時代。所以，以慈悲眾生的方式使他們皈依，則沒有依此不能調伏的鬼神，特別是突如其來的壽障疾病極其繁多。因人們毀壞十善的戒律而勤造不善業，以至於天人與非天之間也時常發生戰爭。因為人類無有善法而天人就會慘遭失敗。非天得勝後便會向欲界人間散發毒氣，導致二十一種不同的妖病等十分流行，到處煙霧彌漫，狂風大作，灰塵飛揚，其中有許多極其微小的昆蟲，散布到人們頭腳之間，引起各種瘟疫傳染病，致使經常發生暴死。如今大多數難以辨認、無藥可救的疾病等多屬於此類情況，若祈禱阿彌陀佛對此也必定有利益。這在《無死鼓聲經》及《長壽陀羅尼經》[143]中多處有廣述。

據說從前，許多婆羅門患了一種病，全身傷痕累累。他們對著一尊度母石像祈禱，結果從度母佛像的指尖上流出水滴。他們飲了這水，並用水沐浴身體，最後大病痊癒。有許多公案。

---

[142]詳見《賢愚經》中金剛女的公案。

[143]《長壽陀羅尼經》：即漢地《無量壽王陀羅尼經》，全稱為《大乘聖無量壽決定光明王如來陀羅尼經》。全一卷，趙宋法天譯。佛向妙吉祥菩薩說西方無量壽之陀羅尼，能增壽命，得大利益。

如是僅僅祈禱也獲得加持等，是指毫無懷疑的祈禱，而並非是指滿腹懷疑者可以迅速獲得如此加持，此理前文也已宣說。持誦名號而祈禱者，暫時可獲得利益，最終往生極樂世界。如經中云：「自此向西方，極樂世界剎，彼處住如來，善逝無量壽，何人誦彼名，將往生彼剎。」因此精進念誦「頂禮供養皈依真實應供、善逝、出有壞、圓滿正等覺阿彌陀佛」、「祈禱阿彌陀佛尊，加持往生極樂剎」意義極大。

丙三、發願順緣——以諦實語、陀羅尼咒加持：

願以佛所獲三身，法性不變真實諦，

僧眾不退之加持，成就所發之大願。

總的來說，如上所述，如果真的具備廣大資糧，便可如願以償。得地的聖者們發什麼願都會實現；具有清淨戒律的人以及依靠殊勝福田或以清淨殊勝的意樂發願也容易實現。如果不具備這樣的自力，那麼依靠三寶的威德力和加持力，誠心祈禱並誦諦實語，三寶絕不會欺惑我們，依此加持力，必定能成就自己所發的宏願。因此，願依靠獲得法報化三身的佛寶等同於法界虛空般的加持，法性真如永恆不變真諦之自性、《寶性論》中所說「如前後亦然，無變之法性」的法寶之加持，魔等誰也不能使之退轉的聖者僧寶相續中證悟功德的加持及大諦實力無有阻礙、稱心如意地成就我上面所發的許多大願。念誦上面的那些發願偈時，如果能夠憶念此諦實語的意義，那是最好不過的。自己念誦諦實語的同時要觀想：佛菩薩們也以金剛語說：「願你的一切願望如是成就。」依此心生歡喜。由此可見，對實現願望不需要產生懷疑。

誦「頂禮三寶」及陀羅尼咒「達雅塔，班則智亞阿瓦布達呢意娑哈」，這是願五根完全得以清淨的增變咒。其咒語之意義於此未宣說。頂禮增倍咒：「納麼瑪則西日耶，納麼色西日耶，納麼厄達瑪西日耶娑哈。」咒義為：頂禮妙吉祥，頂禮善吉祥，頂禮勝吉祥。「娑哈」是願成就所願之義。這些咒語是善逝如來所加持的殊勝陀羅尼咒。因此，我們如果念誦，則是增上諸多善根、成就所願的方便法。

實修法：專心致志隨詞句憶念意義，並念誦「與我結緣者……成就所發之大願」三遍。之後念誦龍樹菩薩的極樂願文，大班智達羅桑秋堅的極樂願文，宗喀巴大師的極樂願文，果仁巴大師的極樂願文，智悲光尊者的極樂願文等。這些都是得地聖者所造的願文，具有極大的加持力，如果念誦，利益頗巨。（不要執著這些是不同宗派的念誦法。）在念誦儀軌上並不存在宗派的分歧，我們需要禁忌的是造惡業而不是修善法。之後念誦《普賢行願品》。

如此明觀福田時再三觀想阿彌陀佛及極樂世界，盡量積資淨障（因），以利他的善良意樂發菩提心（緣），以強烈的希求心猛厲發清淨願。在家男女們也應當歸納總結而理解此往生極樂世界的四因。在家出家所有的人都要把此法作為一切修法的根本。

如今末法濁世的眾生積累了深重數多的佛制罪和自性罪，以此必將走向惡趣。如佛陀取了少量塵土放在指甲上說：「從惡趣轉生到善趣的眾生數量就像這（指甲上的微塵）一樣，從善趣墮入惡趣的眾生則多如大地的微塵。[144]」

所以說，此法門是顯宗的捷道，很容易成就。當今的人們勤奮修持沒有不能成就的。尤其是喬美仁波切所造的此殊勝願文，以及無等華智仁波切舉行極樂法會的傳統，為如今我們這些人提供了切合時宜的法緣。通過這種方式可使不可思議的眾生往生極樂世界。大慈大悲的傳承上師們再三親口承諾：「凡是在此極樂法會中精進修（淨土法門）的所有人如果沒有往生極樂世界，圓滿正等覺佛陀和我等已欺騙了你們。」因此，我們一定要對佛語、上師的教言生起誠信，通過這一極樂法會努力成辦自他利益。生於濁世末期，如果有使我們不必墮入惡趣而往生清淨剎土的一個捷徑，卻仍不肯精進修持的人真是沒有心了。

---

[144]《涅槃經》記載，爾時世尊取地少土置之爪上，告迦葉言：「是土多耶？十方世界地土多乎？」迦葉菩薩白佛言：「世尊，爪上土者不比十方所有土也。」「善男子，有人捨身還得人身，捨三惡身得受人身，諸根完具生於中國，具足正信能修習道，修習道已能得解脫，得解脫已能入涅槃，如爪上土。捨人身已得三惡身，捨三惡身得三惡身，諸根不具生於邊地，信邪倒見修習邪見，不得解脫常樂涅槃，如十方界所有地土。」

本來，能夠聽聞、修持珍寶般的經藏之義也一定是往昔的宿緣及積累福報的結果。因此，應該生起無比的歡喜心，誠如所謂：「罪業深重的人當中算是有福報的人了。」《彌陀經》中云：「若不積福德，不會聞此法，何人具福德，則彼聞此經。⑭⑤」

所以，在講聞此極樂願文上，理應下一番功夫。當為一些在家人傳講時，如果不願意從字面上逐句講解，就以概括的方式將四因歸納為科判而詳細傳講業因果引導，這一點十分重要。為了讓大家獲得佛菩薩的加持、生起誠信，每天可適當穿插講一些簡略的公案故事。本來，這部願文淺顯易懂，對於稍有智慧的人來說，對頌詞不作解釋，只是學習輕而易舉就能精通，但為了使那些實在無法理解的人能夠隨詞句憶念意義，才既作了字面解釋又加以引導。

我造此論時並沒有著重於措詞上，而盡可能讓在家人容易理解。公案故事與佛經中的記載在詞句上稍有不同，只因我是片面性歸納而寫的；引用的那些教證多數是根據自己背誦、記在心中而寫下來的，意義上無有相違之處，但如果教證來源有出入等，則希望不要責怪，予以修改即可。我想，此論遵照無等華智仁波切師徒們的口傳，該獲得口耳傳承的加持。

⑭⑤《佛說大阿彌陀經》云：「若不往昔修福慧，於此正法不能聞，已曾欽奉諸如來，故有因緣聞此義。」

結文:

如是能仁教法之樂園，裝飾賢妙願文之蓮花，
以吾慧日令其已綻放，如我凡夫歡喜取此飾。
驚濤駭浪輪迴之大海，為業煩惱狂風所吹動，
眾生航船入老鯨魚口，了知此情當依不放逸。
以如皎潔皓月之光輝，極樂世界讚文之甘露，
為苦熱惱所迫難忍者，欲求喜樂清涼生定解。
壽命飄搖不定如閃電，瀕臨隱沒中有黑暗中，
仍不知曉妄想常久住，懈怠者為死主繩所縛。
身著四因日月光白衣，見無死剎歡喜露皓齒，
大悲之主疾步來迎時，黑色死主老翁極羞澀。
罪苦愚癡睡眠至今日，愚為夢中美女屢引誘，
能王樂器妙音喚醒彼，此時喜看解脫之舞蹈。
信心不退不求輪迴法，善惡業果視為生命想，
於佛教言生起真定解，如是之人邁近清淨剎。
生於末劫遠離聖怙主，陷入惡友怨敵詭計中，
業惑魔女媚眼睨視等，此等之時以持佛號救。
佛教將為散亂瑣事毀，為不知法理惡業擔累，
此時若能弘揚此法者，如同世尊再現於世間。
縱然廣聞卻忘思維義，雖講數多卻乏修功德，
未經詳察如我瘋行者，所造之論無有美滋味。
然以佛經口傳百味精，拌入清淨意樂食品中，
獻給貧愚老母諸有情，略表還清債務報恩德。

鬆解詞藻詩學腰帶故，定遭諸歌舞者譏竊笑，
若有凡夫意根迷亂法，具慧長老大德前懺悔。
未雜愚者分別欺詐行，未貪自享寂樂味一邊，
智慧方便印持此善根，迴向成就弘法利生業。
諸眾老母往生極樂剎，本人跟隨文殊菩薩尊，
願意步入三有虛幻城，祈願於此不生畏懼心。
佛教夕陽已落於西山，愚眾星宿黑暗中狂笑，
僅以悅耳佛號細妙音，願除當今濁世諸傲慢。
天眾聖者彈奏妙樂器，人類手捧十善之鮮花，
增上所需受用喜樂緣，願息疾疫飢饉刀兵劫。
佛子高僧大德之足下，富足施主以信敬承侍，
願以講辯著之三事業，興盛佛教喜宴增吉祥！

喬美仁波切此《極樂願文》之注疏，結合舉行極樂法會的方式而造，遵照大恩上師口傳引導，以教證嚴飾，誰人閱讀都會感到易懂。比丘羅桑曲傑扎巴或索南曲智於宗薩寺隨意而撰寫，以此善根迴向眾生，願彼等往生極樂世界！

公元二OOO年九月九日
譯於色達喇榮五明佛學院
二OO六年六月二十五日重新校訂

吉祥圓滿！

淨土教言

——開啟信心之佛教明日

全知麥彭仁波切　著

索達吉堪布　譯

那摩格日瑪吉果卡亞（頂禮上師文殊師利菩薩）！

佛號入耳之剎那，大菩提道不退等，

能賜無量勝德者，阿彌陀佛護此眾！

在此，凡是具有緣分的人，所追求的目標中最為殊勝的即是不住有寂的涅槃，而不用歷經艱難險阻輕而易舉便可獲得這一果位的殊妙方便，就是發願往生極樂世界。因為依靠阿彌陀佛的發願力很容易往生極樂世界，已經往生的所有菩薩全部是一來菩薩，而且善逝的無垢聖教中說：住於無量剎土中的一切佛陀再三讚歎極樂世界具有遠遠超勝其他剎土的無量功德。

所以，關於往生極樂世界的因，《極樂世界功德莊嚴經》中說：「阿難陀[146]，若有眾生屢屢觀想如來身相，積累眾多無邊之善根，發菩提心，為往生彼淨土而發願、迴向，彼等臨命終時，如來、應供、正等覺阿彌陀佛由諸多比丘眾圍繞將現於其前。彼等眾生見出有壞[147]阿彌陀

[146]阿難陀：即釋迦牟尼佛十大弟子之中多聞第一的阿難尊者。
[147]出有壞：梵語薄伽梵之藏文意譯，漢譯為「世尊」。「出」謂超出生死涅槃二邊；「有」謂有六功德；「壞」謂壞滅四魔。

佛後，以極其清淨之心而死去，即能往生極樂世界。」此經中宣說了觀想阿彌陀佛、積累無量善根、發菩提心、一切善根為往生極樂世界而迴向並發願——往生極樂世界的這四種因。其中，主要的因素就是憶念阿彌陀佛和渴求往生極樂世界，積累善根與標誌著大乘種性的發無上菩提心作為它的輔助因素。因此，為了說明對阿彌陀佛虔誠信奉占主導地位，佛在《極樂世界功德莊嚴經》中說：「阿難陀，若善男子、善女人，欲求即生現見善逝阿彌陀佛，當發無上真實圓滿菩提心，並以增上清淨意樂為往生彼佛淨土真心信奉，積累善根，圓滿迴向。」為了說明渴求往生淨土的願望居於首位，此經中又說：「阿難陀，何者常觀想阿彌陀佛，並積累無量眾多之善根，真心依奉，彼等臨命終時，與如來、應供、正等覺阿彌陀佛身色、形象、大小、隨從比丘僧眾完全相同的佛化身住於其前。彼等因現見善逝，以具有極為清淨之等持及不忘失之正念，死後即能往生彼佛淨土。」

歸納起來說明對阿彌陀佛虔誠信奉及渴求往生極樂世界最為主要以及具足這兩種條件能往生的道理，《極樂世界功德莊嚴經》中說：「阿難陀，若有眾生，甚至一發心隨念如來，欲求往生彼剎，若有講授甚深妙法，則甚感難得，毫不懈怠，不怯不畏，甚至一發心觀想善逝阿彌陀佛，生起渴求之心，彼等於夢中能見善逝阿彌陀佛，終將往生極樂世界，於無上真實圓滿菩提道中不退轉。阿難陀，彼等善逝照見此相而於十方無量無邊世界中，普皆念誦阿彌陀佛名號且稱揚讚歎。」《無死鼓聲經》中也說：「自此向西方，極樂世界剎，彼處住如來，善逝無量壽，誰誦其名號，將往生彼剎。」我們必須要遵照諸如此類的佛經中三番五次明確提到的教義生起堅定不移的誠信，換句話說，一定要認識到極樂世界功德超勝之處。

極樂世界擁有這樣的功德也唯一是善逝阿彌陀佛的發願力與智慧力幻變的，所以對所依（極樂世界）和能依（阿彌陀佛）生起勝解是主因。《無死鼓聲總持經》中云：「具信善男或善女，誰有信心、勝解及恭敬心，將往生淨土。」又如《淨土經》中也說：「諸眾成善逝，淨智通勝義，彼等數劫中，雖說極樂讚，而彼讚頌時，縱盡俱胝劫，極樂讚不盡，辯才亦不盡；極微數世界，何人粉成塵，較彼多世界，滿寶作布施，何人已聽聞，阿彌陀佛名，極樂勝功德，歡喜而合掌，此福勝前福。故聞彼佛德，當喜生誠信，為生極樂剎，猛厲起勝解，何人若能聞，極樂世界名，彼福諸勝剎，不及無法喻。較通達佛語，智者福更多，為能得勝義，信心為根本，是故聞此已，斷除諸懷疑。」此外經中又說：「諸法依緣生，住於意樂上，何者發何願，即得如是果。」及「佛說諸善法，根本為勝解。」因此說，生起信心至關重要。

生不起信心的障礙有未知、邪知與懷疑三種，為此必須斷除這三種障礙。

未知：如果不知道、不了解極樂世界與阿彌陀佛的殊勝功德，就不會希求往生極樂世界，如同劣種愚人不知道珍寶的價值也就不會問津它的情況費力尋求一樣。首先應當聽聞無垢經教中稱歎極樂世界的一切功德並為人宣講。誠如佛在經中說：「彌勒，若聞如來、應供、正等覺阿彌陀佛名號，則彼等眾生獲得一切善妙，任何眾生甚至對善逝阿彌陀佛生起一念信心，對此法門生起堅定不移之誠信將不會信受劣法；彌勒，是故汝應生勝解，汝應通達此義。諸天、魔、梵天、比丘、婆羅門等一切世眾亦當受持、讀誦、精通此法門，並為他眾廣泛正確宣說，歡喜修持；彌勒，甚至一晝夜間受持、讀誦、精通此法門，亦當誠心誠意為他眾廣泛正確宣說，乃至繕寫經函後亦當受持並對之作本師⑭想。何人欲求迅速令無量眾生於正等覺菩提果位中不退轉、親睹善逝出有壞無量壽佛並希望自己也完全受持具有殊勝圓滿功德莊嚴之佛剎，則為了聞此法門，應當跨越遍布火焰之三千大千世界而聽聞。聽受之後，亦當由衷歡喜。為獲得、精通、受持、繕寫、修持此法門而發猛厲精進。甚至在擠牛奶如此短暫時間裡，也為他眾宣說。越過布滿火焰之三千大千世界，亦不應生一後悔心。何以故？彌勒，如是眾多俱胝那由他菩薩眾皆因曾聽聞此廣妙法門，而於無上

⑭本師：應敬重此法如敬重本師釋迦牟尼佛。

真實圓滿正等覺菩提中不退轉。」

邪見：儘管聽聞了如此殊勝的法門，可是那些往昔未曾積累資糧的人們，非但不對此信服，反而對所說的教義生起邪見，這就像外道一樣。在不承認聖教為正量的這些人面前，為了使他們通達真正的教義，要依靠方便加以調伏；或者通過說理的途徑進行教化。依靠方便加以調伏就是靠大顯神變使他們皈入佛門；憑藉說理的途徑進行教化就是通過正理的渠道證明佛陀是量士夫⑭⑨，正確建立佛教是解脫的津梁，由此使他們對佛陀不可思議的誓願力和智慧生起定解，結果必然對以三觀察⑮⓪證明清淨的《極樂世界莊嚴經》等經教也就是能推知、衡量最極隱蔽所量的無欺聖教生起誠信。

懷疑：雖然承認自己是佛教徒，卻因為信仰下乘導致聽聞極樂世界的廣大功德以後，心裡會萌生這樣的念頭：只有聖者才能往生到這樣的剎土，而一般的凡夫人僅以持佛號等，不能夠往生吧。滿腹懷疑並且口中也這樣說。要知道此類人已經失毀了重大意義。我們借助聖教能夠推知：凡夫人也有憑藉信心與渴求心的力量往生極樂世界等情況。如頌云：「往生第三處⑮①，依論即有理。」對於極隱蔽之所量，只有通過無欺的聖教來深入領會它

---

⑭⑨量士夫：量指正量，士夫指補特伽羅。因為佛的身口意清淨，無諸垢染，故為量士夫。
⑮⓪三觀察：經過現量、比量及聖教量的觀察。
⑮①第三處：即聖教量。第一處為現量，第二處為比量。

的廣大實義，這是一切智士仁人的傳統。極樂世界的器情功德極為廣大，而且凡是聽到善逝阿彌陀佛名號並渴求往生的人都必定能夠往生(，這也是由阿彌陀佛的發願力決定的)。往昔，在善逝世自在王如來前，名為法藏的比丘發願受持比功德圓滿的八百一十萬俱胝那由他莊嚴佛剎更殊勝的剎土，為了圓滿所發的這些宏願而修學無量菩薩行，達到究竟，如今圓滿實現了往昔的一切誓願，於名為極樂世界的剎土中成佛、住世，宣說正法。因此，我們依靠阿彌陀佛的發願力，很容易往生到極樂世界。如果得以往生，那當然有重大的意義。經中說：「出有壞，吾證菩提之時，於無量無邊佛剎中，任何眾生聞吾名號，彼等為往生我剎，發心並迴向諸善根。除被五無間罪及捨法罪障所覆外之一切眾生，彼等甚至十發心，願生我剎，若彼等不能往生，爾時願吾不現前成就無上正等覺菩提果位……」這裡以及前面所說的往生極樂世界之四因，我們要依靠諸如此類的教證生起定解。

若有人認為：此極樂世界勝過其他淨土，而且所有往生者全部具足總持、等持、神通等無量功德，因此不是聖者不可能往生極樂。

駁斥：既然你承認聖教中所說的「已往生者都具有如是功德等」，那麼為何不承認聖教中所宣說的往生之因呢？不費吹灰之力就能成就這般極其廣大的功德，這完全是憑藉佛陀的願力與智慧力，而不是由眾生各自之力成熟才形成的。

如果有人說：「經典中所說的念誦佛號便可往生淨土等義，是別時意趣[152]，其密意是指一旦獲得聖者果位（一地以上）後方可往生。」

駁斥：經中明明說：「僅以念誦佛號便可往生淨土。」雖然有些人念誦佛號死後並不一定立即往生，可是總有一天必定會往生，佛陀所言始終無有欺惑，而有些具足信心的人死後立即得以往生的情況也是存在的。因此說，死後必定往生的聖言真實不虛。當然也有以密意說成其他時候能往生的。否則，誰能一口咬定說：所有持誦佛號者均可往生等絕對是指他時將成熟之義？因為人的業力、緣分、根基次第無量無邊，對此佛陀的幻變也無量無邊。以聽聞佛號，也會有死後立即往生極樂世界的人，這一點沒有任何理證能夠推翻。

若有人認為：假設是生起了聖者之證悟的修行人死後能夠立即往生。可是，現在根本沒有見到這些殊勝功德，所以死後也不能馬上往生極樂世界。

駁斥：倘若今生修道中已經現前了聖者的證悟境界或不久即將現前，那麼即使沒有重新加上以聽聞佛號等便能往生這樣事半功倍的其他因，也無疑能夠往生。而這裡，經中明明說：除造五無間罪及捨法罪外，皆可往生，僅聞佛號者，雖有懷疑亦可往生，僅以發清淨心也可往

[152]別時意趣：佛說法之四意趣之一，指在餘時方能得到利益。

生等等。可見，經中說的是凡夫人聽聞佛號並發願能往生極樂世界，而並沒有說聖者聞佛號發願才能往生。

若有人認為：經的密意是指凡夫位時以發願的因作為前提，等到獲得菩薩果位以後才能往生極樂世界。

駁斥：如果是這樣，那麼經中為何說僅以信心、願力便可往生呢？

若有人認為：「雖然依靠信力願力還不能往生，但是如果生起信心、希求心則逐漸獲得聖者的證悟智慧，之後可往生極樂世界，此經是有密意的。」

駁斥：對於佛經中所說「唯以信心願力即能往生」的教義，無有任何直接能害的理證，因為依靠佛陀的發願力與智慧力，如果聽聞佛號並生起希求心，那麼僅僅憑這些因的力量，臨命終時便可現見善逝化身，虔誠起信，一心專注，不忘之正念等五根轉變成五力，在短時間內即可生起聖道的證悟。為什麼呢？就好比咒語加持的種子很快就會成熟一樣，毫不費力以頓超方式引生聖道證悟的可能性是有的，否則，一切密咒的甚深方便、明咒的甚深功德以及善逝的甚深幻變等也應成了懷疑之處，因為（按照你們的想法）這些事半功倍的情況不可能實現的緣故，假設有這種可能性，那麼憑著信心願力往生極樂世界是可以實現的。舉個例子來說，相傳有母女倆死在恆河與雅穆奴河的匯合處，死後轉生到色界天。儘管她們未曾修成生色界天的禪定之因，但依靠相互之間懷有強烈慈愛的善心力，當時便成就禪定而往生到天界。此外，在滅劫之時，人們通過法性力無勤便可成就禪定。還有僅以善逝、菩薩摸頂便能成就數劫中也難成就的禪定等殊勝功德。此理與上述的道理相同。

若有人認為：經中也宣說了需要積累無量資糧。發願得以實現的因要依賴於資糧，如果不具備廣大資糧，那麼僅僅依靠發願等也不能往生淨土。

駁斥：一般來說，發願得以實現的因的確是積累資糧，同時也要承認，根據眾生積累資糧的業力、根基、緣分的差別，存在著死後立即往生、他世往生極樂世界的各種情況。然而，如果具足強烈的信心、希求心，不依靠他緣便可圓滿一切廣大資糧之因，因為凡是聽聞極樂世界及阿彌陀佛名號的人，往昔必定積累過廣大資糧。經中說：「未來時，至佛法隱沒之間，於此廣大法門，諸佛皆讚歎，諸佛皆稱揚，諸佛皆恩賜，此法能速成一切種智。耳聞此法之彼等一切眾生獲得極妙善、生起諸善根，侍奉過往昔如來，蒙受佛陀加持，耳聞佛號能心生歡喜、獲得殊妙喜樂。並且受持、諷誦、精通、為他眾真實廣說、歡喜修持，甚至以繕寫作供養也會獲得諸多福德，不可勝數。」佛經中又說：「若不積福德，不會聞此法，成就菩薩者，彼將聞此語。」又云：「何人聽聞此勝法，憶念善逝得歡喜，何人誠信佛菩薩，彼等過去為我友。」根據諸如此類的教義可以推知：如今能聽到猶如寶藏般十分難得的佛陀名號之人，往昔必定積累過廣大資糧、將來必定會往生極樂世界。否則，不僅我們這些凡夫人不能了知自己前世後世的情況如何、有無解脫和一切種智的緣分等，而且諸大阿羅漢也不能如理了知他人的相續，例如，華傑施主的善根⑮（，大阿羅漢目犍連尊者也未能知曉）。由於眾生的業力、緣分、根基千差萬別致使所成就的果也各不相同。但是我們完全能夠知道，如果是信心十足、欲樂強烈的人，他不可能沒有緣分。對阿彌陀佛與極樂世界生起信心，也可以成就廣大的資糧。如前文列舉了經中所說此勝過塵數剎滿寶作布施的功德等道理。佛經中還說：「聽聞善逝名號者，菩提道中不退轉，直至菩提果之間，獲得不忘陀羅尼。」又說：「不轉女身獲　總持，持梵淨行轉貴族，獲得殊勝三摩地，歡喜受持菩薩行，值遇勝喜善根等，將得無量之功德。」

總之，極樂世界的殊勝功德是不可思議的，往生到這裡的眾生都現見住於菩提樹王下的善逝如來以後現前聖者的斷證功德，均獲得不退轉果位，遠遠超勝其他聖者的廣大功德，通過此種方式在一生中就能圓滿經行諸道等難以思測的功德。所以說，如果以自力修持獲得與極樂世界菩薩同等的功德，則需要經過無數大劫，但對於（修淨土法）具有信心和希求心的有緣者來說，依靠

---

⑮華傑施主之善根：無量劫前華傑施主曾為一蟲身，落入水中時順水流繞塔三周，以此種下善根。

善逝阿彌陀佛的宿願與不可思議的智慧力，以及大慈大悲力，如被人牽拽頭髮般被接引到極樂世界，並自在富有廣大功德，猶如窮人長久百般辛苦所尋覓的財富也無法與突然獲得如意寶者的財富相比。因此，依靠眾生的善緣與佛陀不可思議的智慧二者因緣和合，極為難修的聖道也會毫不費力地成就。

本來，經中也說：旁生的行走等有快慢五種（，同樣，證道也有快慢五種）。此外，密宗成就者，將粗身變為清淨身，便得欲界色界持明果位，此身被殊勝本尊攝受，從而能圓滿有學道及無學道果。密宗金剛乘道中說：「在濁世短暫的一生中，也可成就雙運果位。」如果善加觀察此理就能認識到：諸法能力不可思議，依靠這種加持力，能夠順利成辦極其廣大之事，這一點極為稀有，而以正理無法證明這些不可能。同樣，毫不費力地往生極樂世界並非辦不到，因為善逝如來的無量智慧幻變對此成為事勢理[154]，並且確鑿可靠的正教作為此理的正量。

有些劣種尋思者為何只承認極樂世界具有廣大功德這一部分聖教，而不承認依靠廣大功德之因，以聽聞阿彌陀佛名號等即能往生極樂世界的另一部分聖教呢？這些人，對極為隱蔽的所量之義，不以遵照聖教善加觀察的智慧力來辨別，而以愚者的胡言亂語來攪亂善逝聖教的意義。世間俗眾，本來被粗猛疑惑所逼迫，再加上前

[154]事勢理：法性力，亦即與空性無二之自然規律。

者就更增添疑惑了，本來產生合理懷疑的人想往生極樂世界，但聽到這樣的話，反而生起非理懷疑，使所積累的往生極樂世界等有重大意義的善根都失壞了。智慧尚未穩固隨波逐流的人，本來欲求往生極樂世界，聽到此話後，只會被毀壞而已。

實際上，無有任何事勢理可以證明僅持佛號不能往生。對於極樂世界的功德與往生之因這二者無有任何直接能害的量。所以，沒有任何證據說往生極樂世界之因是非理的。假設無有任何道理，只是憑著自己的感覺而不相信往生極樂世界之因，到頭來對淨土的功德、佛陀的智慧、聖道的甚深方便一切法也會產生懷疑，以至於退失道心。如佛在經中說：「彌勒，如是我行善逝之事業，汝莫生疑，而當精勤，於佛陀無障無礙之智慧，勿生疑惑，否則，汝將進入具極其殊勝之珍寶的牢獄中！」又說：「彌勒，為使此法門不失壞，皆當交付於汝。為使佛法不隱沒，汝當精勤，切莫錯亂佛陀教言，否則，將長久遭受損害、不利、不安、痛苦，墮入邪道。」知道此理後，我們應當說：「這樣的道理全是由如來不可思議的智慧力所生。」並且堅定不疑，誠心歡喜，一心希求。

此外，有人認為：僅僅依靠信心和希求心不能往生。

駁斥：實際上，他們以為佛陀的宏願和智慧不具備這樣的能力，而對真實的聖教生起疑惑，這是極不應理的。如《梵施請問經》中云：「於佛生疑陷入大深淵，世間諸眾無法救彼人，淺慧之人退出佛門故，彼者無怙即將墮惡趣」；又如《淨土經》中云：「持有邪見劣種怯弱者，對於佛法不能起信心，誰於往昔佛陀作供養，彼等即學世間怙主行。猶如盲眼士夫於暗室，不知道路豈能明示之？聲聞尚不了知佛智慧，其餘一切眾生何堪言？佛陀明知佛陀之功德，天龍夜叉聲聞不能知，宣說勝妙佛陀之智慧，此亦非為辟支佛之道，設若一切眾生成善逝，精通勝義清淨智慧者，彼等經劫抑或超劫中，縱然讚說一佛之功德，彼等終將趨入勝涅槃，眾多俱胝劫中雖宣說，然亦未盡如來智慧量。如是佛陀智慧誠希有！是故智者應知此等理。何者誠信佛陀我語言，依照如來智慧而讚說：唯有遍智如來知諸法，極為難得暇滿之人身，更為難遇如來出於世，信心以及智慧更難得，故為獲得實義當精勤。」

具有善緣、歡喜甚深教義的人能夠認識到：一切眾生的業力、根基、緣分迥然有別，通過無量次第成就果位付出的辛勤也有大有小，諸法的能力不可思議，這是不可否認的，並且也能通曉依靠善逝如來的智慧力，輕鬆便可獲得如此巨大的利益，這一點合情合理。如《極樂世界功德莊嚴經》中說：「阿難，能夠了知業之異熟、現行業力不可思議，諸佛出有壞之善根、神變、加持等亦不可思議，誰亦無法通曉、思維其邊其量。否則佛之境界成了非不可思議。」譬如，憑藉密咒成就本尊時，僅僅依靠本尊摸頂便可獲得神通，這是密咒的威力，修行者不需要先修禪定等成就神通之因，假設以前已成就，那麼密咒又有什麼甚深特殊的能力呢？同樣，對於經續中所說的僅以成就之物的能力現見諸佛菩薩的身相及獲得其加持或聞法便現見真諦等這些道理萬萬不可生邪見，凡承認自己是佛教徒的人都不應對往生極樂世界的道理產生懷疑，這些與上述的道理完全相同。

可見，往生極樂世界者所獲得的廣大功德是由聽聞阿彌陀佛名號後生起信心而引生的，這也完全是來自於阿彌陀佛的殊勝稀有之願力。因此說，這一淨土法門具有超勝稀有的特色。如經中說：「出有壞，您之諸根，極為清淨。」以此為主進行了廣說。

所以，對此經極為恭敬並具有殊勝緣分的人，如同聽話的兒子可從仙人父親的教誨中獲得利益一樣，對善逝教言生起信心，隨之如理而行，無疑能往生極樂世界。那些隨法行者憑依理證的力量對佛語生起誠信並對佛陀不可思議的智慧生起清淨定解，此等善緣者猶如明目者依靠陽光可現見色法一般，對所宣說的此極為隱蔽的所量教義首先隨信而行，再進一步依理悟入，如此可獲得所抉擇的無等意義。一切所知中具有無與倫比的功德者就是佛陀出有壞，而獲得佛果的因即是行持無量菩薩行。想要修學菩薩行並救度一切眾生擺脫危難心懷慈悲的人，善加觀察時，了知一切眾生因被粗猛業惑所迫、不具備卓越智慧等而難以通達一切深廣聖道，令他們輕而易舉便可圓滿一切普賢行願的殊勝方便，就是發願往生極樂世界。其原因是：依靠佛陀的願力和智慧力，僅以信心希求心便能往生極樂世界，往生後無勤而獲得信力等勝妙功德，不會退轉，將圓滿一切普賢行。佛徹見此理後在《普賢行願品》中說：「願我臨欲命終時，盡除一切諸障礙，面見彼佛阿彌陀，即得往生安樂剎，我既往生彼國已，現前成就此大願。」所以，修持此法極為容易，並且具有重大意義。

想要精勤修持往生極樂世界修法的人應當了知有晝夜兩種修法。白日修法：在白天，按照經中所說的來觀想憶念極樂世界的一切能依所依功德，對此生起清淨信及渴求往生的欲樂信，對佛陀的甚深幻變之理生起猛烈的勝解信，並且連續不斷觀想極樂世界的形象，盡心盡力積累善業資糧，以往生極樂世界的強烈希求心作迴向。就竅訣而言，能迅速積累無邊資糧、淨除罪障、增上善法的攝要即是七支供，所以應當勤修七支供，通過念誦阿彌陀佛名號，誦持陀羅尼咒，虔誠祈禱聖者勿捨誓願等瑜伽。夜間修法：臨睡之時，觀想自己住於極樂世界並親見阿彌陀佛，在不離這種強烈希求心的正念中入眠。有關白日修煉淨土法與夜間修往生法的殊勝方便要點，新派、舊派及經教伏藏品的竅訣次第中有廣述，應當從中了知。

總而言之，首先了知往生的功德和能夠往生的道理後，日夜不斷生起信心、發起精進並將一切善根迴向往生極樂世界，若能如是行持，上等者今生便能親見導師阿彌陀佛並得授記，獲得往生極樂世界的把握；中等者出現獲得加持的驗相；下等者也可夢見極樂世界和阿彌陀佛的形象，這些都是往生極樂世界的徵兆，因為依靠意樂力，在夢中顯現，至少也必定種下了習氣的種子，以細微的意樂習氣，也能往生，這是佛陀的誓願力所致。

即便是沒有獲得如此明顯的驗相，然而不用說今生再三生起信心與意樂會往生，甚至讓臨終者耳邊聽到阿彌陀佛名號，並對極樂世界生起嚮往之心也能往生，因為臨死時的神識具有極強之力，再加上阿彌陀佛的殊勝願力。在中陰界憶念佛號也能作為立即往生彼剎的因，這是由於在中陰界時神識容易轉變，並且阿彌陀佛的誓願力量極其強大。由此可見，今生、臨終、中陰的這些修法要訣極為關鍵。

因此，一切具有智慧的善緣者依靠這樣的如來聖教，自相續不費艱辛、輕輕鬆鬆便能獲得菩薩的殊勝奇妙功德，理應修學如此殊勝的方便法。

戒律清淨聞思已究竟，以強信心勤積廣資糧，
恆時精進修持極樂剎，善妙應行圓滿瑜伽要，
無等大恩上師如意寶，金言勸請造此論文時，

吾發殊勝無垢清淨心，離諸貪嗔破立分別念。
為遣餘眾於此實修要，所執微乎其微疑惑障，
以及著論無邊功德故，我思此理精勤造此論。
彼之善聚猶如妙日光，遣除一切能障懷疑暗，
顯明深廣殊勝妙智慧，及與彼因無垢經教典。
願諸眾生具足勝信德，如理成就無量光壽佛，
善逝如來廣大諸宏願，以及無邊如海之智慧。

此論是因我等最初之大善知識、圓滿三學功德者，行持菩薩行自在暢遊極樂世界、無等恩惠名稱幢吉祥賢足比丘賜予吉祥哈達、稿紙等，並再三勸請，其弟子麥彭嘉揚南嘉於達倉靜處，為回報上師恩德而造此論作供養，依此善根願諸眾生，往生極樂世界，善哉！吉祥！

譯於色達喇榮五明佛學院漢經堂

二〇〇六年四月十五日重新校訂

ༀ༔ འོད་དཔག་མེད་ཀྱི་སྒྲུབ་ཐབས་བདེ་ཆེན་མྱུར་ལམ་བཞུགས་སོ༔

阿彌陀佛極樂捷徑修法

蓮花生大士　伏藏

列繞朗巴大師　開取

索達吉堪布　譯

འོད་དཔག་མེད་ལ་ཕྱག་འཚལ་ལོ༔
頂禮阿彌陀佛尊

འོད་དཔག་མེད་ཀྱི་སྒྲུབ་ཐབས་ནི༔
阿彌陀佛之修法

དང་པོ་སྐྱབས་འགྲོ་སེམས་བསྐྱེད་བྱ༔
首先皈依及發心

དེ་ནས་སྒོམ་བཟླས་འདི་ལ་འཇུག༔
復次進入此念修

ཆོས་རྣམས་ཐམས་ཅད་སྟོང་པའི་ངང་༔
秋　南　談　加　東　波　昂
於一切法空性中

ཀུན་ཁྱབ་བརྩེ་བའི་སྙིང་རྗེ་བསྒོམ༔
根　恰　賊　窩　娘　吉　棍
觀修周遍慈悲心

སྟོང་ཉིད་སྙིང་རྗེ་དེ་ཡི་ངང་༔
東 涅 娘 借得頁 昂

空性悲心之本性

སྣང་སྲིད་བདེ་ཆེན་ཞིང་གི་དབུས༔
囊 哲 得 親 秧哥 微

現有極樂世界中

པད་ཟླའི་གདན་ལ་རང་རིག་ཧྲཱི༔
巴 地 單 拉 讓 熱 舍

蓮月墊上觀心舍（ཧྲཱི༔）

དེ་ལས་འོད་འཕྲོས་དོན་གཉིས་སྒྲུབ༔
得 類 哦 出 噸 尼 哲

由彼發光成二利

ཡོངས་གྱུར་བདག་ཉིད་བཅོམ་ལྡན་འདས༔
擁 吉 打 涅 君 單 地

自身成為出有壞

སྣང་བ་མཐའ་ཡས་སྐུ་མདོག་དམར༔
囊 瓦 他 易 哥 到 瑪

阿彌陀佛身紅色

ཞལ་གཅིག་ཕྱག་གཉིས་མཉམ་གཞག་སྟེང་༔
呀 記 夏 尼 年 呀 當

一面二臂定印上

ལྷུང་བཟེད་བདུད་རྩིས་གང་བ་བསྣམས༔
東 賊 德 賊 剛 瓦 南

即托充滿甘露缽

ཞབས་གཉིས་མི་འགྱུར་སྐྱིལ་ཀྲུང་བཞུགས༔
呀 尼 摸 借 借 中 耶

雙足不變跏趺坐

ཆོས་གོས་རྣམ་གསུམ་སྐུ་ལ་མཛེས༔
秋 姑 南 色 哥拉 賊

著三法衣極莊嚴

མཚན་དང་དཔེ་བྱད་ཡོངས་སུ་རྫོགས༔
參 當 灰 夏 擁 色 造

圓滿妙相及隨好

སངས་རྒྱས་སྐུ་ལྔའི་བདག་ཉིད་མཆོག༔
桑 記 哥 內 打 涅 橋

圓覺五身勝本性

སྣང་ལ་རང་བཞིན་མེད་པ་ཡི༔
囊 拉 讓 音 美 巴頁

現而無有自性者

ཐུགས་ཀར་ཟླ་སྟེང་ཧྲཱིཿདམར་པོར༔
特 嘎 打當 舍 瑪 波

心間月上紅舍 (ཧྲཱིཿ:) 字

སྔགས་ཀྱིས་གཡས་སུ་བསྐོར་བ་ལས༔
阿 記 耶 色 姑 瓦 類

密咒圍其右旋繞

阿彌陀佛極樂捷徑修法

འོད་འཕྲོས་བདེ་གཤེགས་ཐམས་ཅད་ཀྱང༔
哦 出 得 夏 談 借 降
由彼發光而迎請

བསྒོམ་པ་ལྷ་ཐུར་སྤྱན་དྲངས་བསྟིམ༔
棍 巴打哦 先 張 頓
一切智尊入自身

ཛཿ་ཧཱུྃ་བཾ་ཧོཿ༔
匝吽哇目火

ཐུགས་ལས་འོད་འཕྲོས་དོན་གཉིས་བྱས༔
阿 類 哦 處 頓 尼 西
心咒發光行二利

གཟུགས་སྣང་དག་པ་འོད་དཔག་མེད༔
熱 囊 打巴哦 花 美
色現清淨無量光

སྒྲ་གྲགས་སྙིང་པོ་ཐུགས་ཀྱི་སྒྲ༔
札 札 娘 波 阿 借札
聲響清淨密咒音

རྟོག་ཚོགས་དག་པ་ཡེ་ཤེས་ལྔ༔
到 措 打巴耶 西 阿
識聚清淨五智慧

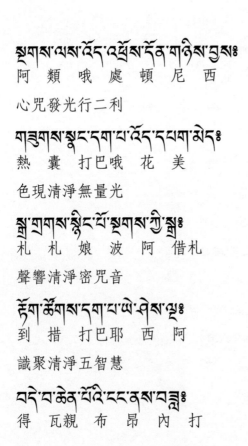

བདེ་བ་ཆེན་པོའི་ངང་ནས་བཟླ༔
得 瓦親 布 昂 內 打

大樂之中誦心咒

ཨོཾ་ཨ་མི་དྷེ་ཝ་ཨ་ཡུ་སིདྡྷི་ཧཱུྃ་ཧྲཱི༔

嗡　阿莫得瓦阿耶斯德吽舍

ཡི་གེ་བཅུ་གཅིག་རྩ་བའི་སྔགས༔　འབུམ་ཕྲག་གསུམ་གྱིས་དངོས་གྲུབ་ཐོབ༔

一十一字根本咒　　　三十萬遍得悉地

དེ་ནས་ལྷ་སྣང་མི་དམིགས་བཞག༔　རྗེས་སུ་བསྔོ་བ་སྨོན་ལམ་བྱ༔

佛現攝於無緣中　　　此後發願作迴向

ཚེ་འདིར་དུས་མིན་འཆི་བ་ཞི༔　ཕྱི་མ་བདེ་ཆེན་ཐར་ལམ་ཟིན༔

消除現世諸橫死　　　來世往生極樂剎

དེ་ཕྱིར་སྐལ་ལྡན་ཉམས་སུ་ལོངས༔

是故具緣當修持？

ས་མ་ཡ༔ ལས་རབ་གླིང་པའི་གཏེར་མ་ཤོག་སེར་ལས་རྒྱལ་དབང་ཐུབ་བསྟན་རྒྱ་མཚོས་ཕབ་པའོ༔

薩瑪雅！列繞朗巴之伏藏黃紙文（空行文字），由嘉旺土單加措（十三世達賴喇嘛）抉擇成藏文。

ཡོན་ཏན་རྒྱ་མཚོ་དང་ཐུབ་བསྟན་ཆོས་འཕེལ།།

雲嘎上師與托嘎如意寶印

ཆོས་རྗེ་འཇིགས་མེད་ཕུན་ཚོགས།།

法王晉美彭措印

༄༅། །སྨོན་ལམ་རྒྱ་མཚོའི་ཡང་སྙིང་བཞུགས་སོ།།
願海精髓

བགྲང་ཡས་ཚོགས་ཟུང་དཔལ་གྱིས་བསྐྲུན་པའི་སྐུ།།
章 伊 措 榮 華 吉 陣 波 格

無邊福慧二資所成身

ཡན་ལག་དྲུག་ཅུ་ལྡན་པ་ཚངས་དབྱངས་གསུང་།།
嚴 拉 哲 皆丹 巴 倉 央 松

具足六十支分梵音語

སྟོབས་བཅུའི་ཡོན་ཏན་ཀུན་ནས་རྫོགས་པའི་ཐུགས།།
多 吉 雲 丹 根 內 作 波 特

十力功德周遍圓滿意

ཐུབ་དབང་ལྷ་ཡི་ལྷ་མཆོག་དགོངས་སུ་གསོལ།།
特 旺 拉耶拉 巧 恭 色 所

能仁尊中勝尊祈垂念

སྡུག་བསྔལ་གསུམ་གྱིས་ཅེས་ཅེར་མནར་བའི་ཚོགས།།
德 阿 色 吉 其 且 那 沃措

為三大苦所逼之眾生

གང་གིས་བརྩེ་ཆེན་ཐུགས་རྗེས་ཉེ་བར་བཟུང་།།
剛 給 賊 欽 特 吉 涅 瓦 宗

誰以大慈大悲親攝受

དོན་གཉིས་འདོད་པ་ཡིད་བཞིན་འཇོ་བའི་ཕྱིར།།
敦 尼 多 巴 耶 因 久 沃 協

為令二利所願如意成

ལྷ་མེད་བྱང་ཆུབ་མཆོག་ཏུ་ཐུགས་བསྐྱེད་ལྟར།།
拉美 向 切 巧 德 特 皆 達

而發無上殊勝菩提心

བདག་ཀྱང་མཁའ་མཉམ་འགྲོ་ཀུན་མ་སྟོང་བར།།
達 將 喀 年 卓 根瑪 東 瓦

我亦乃至等空眾生盡

རང་དོན་ཞི་བདེའི་དཔལ་ལ་མི་ཆགས་པར།།
讓 敦 耶 迪 華 拉麼 洽 巴

不貪自利寂樂之享受

གཞན་ཕན་ལྷག་པའི་བསམ་སྤྱོད་རྒྱན་བཞིན་བསྟེན།།
言 盼 拉 波 三 秀 堅 因 定

依於利他如飾勝意行

འཇུག་པར་བྱའོ་སྲིད་པའི་གྲོང་ཁྱེར་ལ།།
皆 巴 夏奧哲 波 中 且 拉

欣然趣入三有輪迴城

སྐྱེ་བ་ཀུན་ཏུ་ཡབ་གཅིག་མཁྱེན་པའི་གཏེར།།
皆瓦根 德雅 吉 欽 波 得

生生世世至親遍智藏

འཇམ་དཔལ་དཔའ་བོས་དགྱེས་བཞིན་རྗེས་སུ་བཟུང་།།
將 華 華 悟 吉 因 吉 色 宗

文殊勇士歡喜而攝受

ཀུན་ཏུ་བཟང་པོའི་སྨོན་ལམ་ལས་བསྟན་པའི།།
根　德　桑　布　門　藍　類　丹　波

由從普賢大願所開顯

བྱང་ཆུབ་སྤྱོད་པ་རྒྱ་མཚོ་མཐར་ཕྱིན་ཤོག།
向　切　秀　巴嘉　措　塔　欣　效

祈願圓滿如海菩薩行

མ་འོང་རྣ་འདྲེན་དགུ་བརྒྱ་དགུ་བཅུ་དྲུག།
瑪嗡南　珍　格　嘉　格　傑　哲

未來九百九十六導師

ཞིང་འདིར་མངོན་འཚང་རྒྱ་བའི་ཚུལ་སྟོན་ཚེ།།
央　德　溫　倉　嘉　沃　策　敦　才

於此剎中示現成佛時

རྟག་ཏུ་ཞབས་འབྲིང་ཉེར་གནས་མཆོག་ཏུ་གྱུར།།
達　德　雅　莊　涅　內　巧　德　皆

恆時成為隨行勝侍從

རླབས་ཆེན་ཕྲིན་ལས་སྤེལ་བའི་མཐུ་ཐོབ་ཤོག།
拉　欽　春　蕾　貝　沃　特　托　效

願獲廣弘事業威猛力

བཟང་ངན་ལས་ཀྱིས་འབྲེལ་བའི་སེམས་ཅན་རྣམས།།
桑　安　類　吉　追　沃　森　堅　南

凡結善惡之緣諸有情

ཚེ་འདི་འཕོས་ཚེ་བདེ་ཆེན་ཞིང་དུ་སྐྱེས།།
才　德　普　才　得　欽　央　德　吉

此生命終往生極樂剎

འོད་མཚན་སྟོང་འབར་གསུང་གིས་ལུང་བསྟན་ཐོབ།།
奧　燦　東　巴　頌　給　隆　丹　托

獲得阿彌陀佛親授記

མཁྱེན་བརྩེ་ནུས་པའི་རྩལ་ཆེན་རྫོགས་པར་ཤོག།
欽　賊　尼　波　匝　欽　作　巴　效

祈願圓滿智悲力威德

དྲི་མེད་རྒྱལ་བསྟན་དར་ཞིང་ཡུན་དུ་གནས།།
哲美　嘉　丹　達　央　因　德　內

無垢聖教興盛常住世

རིས་མེད་འགྲོ་རྣམས་ཕན་བདེའི་དཔལ་གྱིས་འཚོ།།
瑞　美　卓　南　盼　迪　華　吉　措

無偏眾生享受勝利樂

དུས་ཀུན་ཡིད་ལ་སྨོན་པ་འདི་ཁོ་ན།།
迪　根　耶　拉　門巴　德括那

恆常唯一意念此宏願

མཐུན་འགྱུར་གསུང་གི་དབུགས་དབྱུང་དེང་འདིར་སྩོལ།།
屯　皆　頌　格　沃　永　當　德　作

祈願成辦順緣賜安慰

བཀྲ་ཤིས་གང་ཞིག་ཕུན་ཚོགས་སྡེ་བཞིའི་གཏེར།།
札　西　剛　耶　彭　措　得　伊　得

一切吉祥圓滿四部藏

མ་ལུས་སྐྱེ་དགུའི་ཉེར་འཚོའི་གསོས་སུ་སྨིན།།
瑪 利皆 給 涅 促 蘇 色 門

成熟眾生存活之妙藥

མི་ཤིས་རྒུད་པ་བཙལ་ཀྱང་མི་རྙེད་པའི།།
麼 悉 格巴 匝 將 麼 涅 波

不祥衰敗雖尋亦不得

མི་ཤིས་རྒུད་པ་བཙལ་ཀྱང་མི་རྙེད་པའི།།
給 拉 囊 韋 薩 色 恰 巴 效

祈願善妙光明照三地

ཅེས་ཡུལ་དབུས་རྡོ་རྗེ་གདན་བྱང་ཆུབ་ཤིང་གིས་བརྒྱན་པ། དེ་བཞིན་གཤེགས་པའི་ཁྲི་དྲུང་དུ་ངག་དབང་བློ་གྲོས་མཚུངས་མེད་ཀྱིས་སྨྲས་པ་དེ་བཞིན་དུ་འགྲུབ་པར་རྒྱལ་བ་སྲས་བཅས་རྣམས་ཀྱིས་བྱིན་གྱིས་བརླབ་ཏུ་གསོལ། སྒྲ་ཕབ་འཁོར་ལོ་ལས་གྲུས་སློབ་བསོད་དར་རྒྱས་ནས་དེ་ལྟར་སྨོན་བཞིན་ཡི་གེར་བཀོད་པ་དགེའོ། །རབ་བྱུང་བཅུ་བདུན་པའི་ལྕགས་རྟ་ཟླ་༩་ཚེས་༡༠་ལ། སྤྱི་ལོ་༡༩༩༠་ཟླ་༡༡་པའི་ཚེས་༢༩་ལའོ།། ། །

於中土金剛座菩提樹莊嚴之世尊法座前，阿旺羅珠宗美（法王如意寶晉美彭措）祈願諸佛菩薩加持如是成就。弟子索達吉由錄音整理成文，並亦如是發願。善哉！鐵馬年九月十日（公元一九九〇年十一月二十九日）

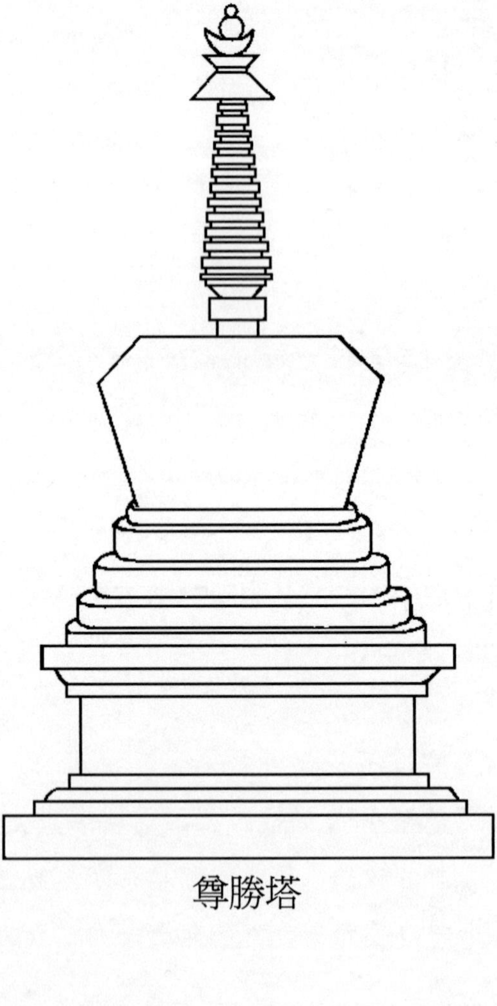

尊勝塔